Kornelia Christine Rebel

Tarot

Geheimer Spiegel unserer Seele

Das Standardwerk zum Legen, Deuten, Üben

Achiel Verlag

Kornelia Christine Rebel

Tarot

Geheimer Spiegel unserer Seele

Das Standardwerk zum Legen, Deuten, Üben

Bibliografische Information der Deutschen Nationalbibliothek
Die Deutsche Nationalbibliothek verzeichnet diese Publikation in der Deutschen Nationalbibliografie; detaillierte bibliographische Daten sind im Internet über http://dnb.dnb.de abrufbar.

1. Auflage 2023

Herstellung Plureos Bad Hersfeld
Herausgeber & Vertrieb:

Achiel Verlag
Gartenstr. 10 - 56462 Höhn

Lektorat:	Dr. Angela Fetzner
Covergestaltung:	ZERO Werbeagentur, München unter Verwendung von Motiven von shutterstock.com
Cover-Foto:	© february.boxroom@gmail.com depositphotos.com
Abbildungen:	Karten-Fotos von wikipedia commons © public domain da älter als 70 Jahre
Autorinnenfoto:	© privat

ISBN 9783986680428

Inhaltsverzeichnis

Liebe Leserin und lieber Leser!

Herzlich willkommen! Es freut mich sehr, dass Du dieses Buch in Händen hältst. Während Du dieses Buch liest, entsteht eine spirituelle Verbindung zwischen uns. Diese ist zwar indirekt und schließt persönliche Plauderstündchen aus. Aber sie existiert dennoch und verbindet uns im Universum durch die Kraft der Gedanken.

Ich schwebe gerade im warmen Salzwasser des Indischen Ozeans, während mir diese Gedanken kommen, die ich hier niederschreibe. Nach langer Zeit besuche ich wieder Goa in Indien, wo ich 24 Jahre gelebt habe. Während ich mich im Wasser treiben lasse, breitet sich ein Gefühl des Akzeptierens in mir aus – wie eine wohlige Decke aus Samt und Seide, die mich umhüllt.

Alles ist gut, in diesem Moment, obwohl unser Planet und auch mein Leben kaum als perfekt bezeichnet werden können. In den vergangenen Jahrzehnten habe ich viel erlebt, Tarotkarten haben mich dabei auf all meinen Wegen begleitet. Sie haben mir Mut gegeben und mich gelegentlich dazu veranlasst, meinen Kurs zu ändern. Seit vielen Jahren betrachte ich sie als ein Mittel, um mit meinem hohen Selbst und meinen spirituellen Führern in anderen Dimensionen zu kommunizieren.

Aber wie kam ich überhaupt zum Tarot? Während einer Studentenparty in Erlangen vor ziemlich genau 40 Jahren legte mir jemand die Karten. Seit diesem Tag war meine Faszination für Tarot geweckt.

Einige Zeit später kaufte ich mir selbst ein Kartenset und begann, die Karten zu legen. Damals gab es noch kein Internet, Wissen war vor allem in Büchern zu finden. Obwohl ich mehrere Bücher über Tarot gelesen hatte, verstand ich in den ersten Jahren nur ***Bahnhof***. Ich konnte die Karten nie wirklich mit Ereignissen in meinem Leben in Beziehung setzen – ganz zu schweigen von spiritueller Führung.

Aus diesem Grund habe ich mir das Ziel gesetzt, ein Buch über Tarot zu schreiben. Es soll Anfängern helfen, schnell einen Einstieg in die magische Welt des Tarots zu finden. Deshalb findest du hier nicht nur einen Überblick über die Tarotkarten, ihre Geschichte und verschiedene Legemuster. Du bekommst auch Tipps, wie Du die Karten problemlos in Deinen Alltag integrieren kannst. Darüber hinaus erfährst Du, wie Du verschiedene Ressourcen, auch das Internet, für Deine persönliche Praxis nutzen kannst.

Als ich einer Freundin erzählte, dass ich ein Buch über Tarot schreibe, war ihre erste Reaktion: ***„Noch ein Tarotbuch? Es gibt doch schon so viele."*** Damit hat sie sicher recht. – Allerdings hat mich diese Aussage dazu angestachelt, wirklich originelle und hilfreiche Informationen zu Papier zu bringen, welche ich selbst bei meinem Studium des Tarots vermisst habe und welche ich mir mühsam beschaffen musste.

In meinem Leben durfte ich, auch was Tarot betrifft, einen reichen Schatz an Erfahrungen sammeln. Seit vielen Jahren kommen sowohl Freunde als auch Unbekannte regelmäßig zu mir, um sich von mir die Karten legen zu lassen. Dank Zoom funktioniert das mittlerweile selbst weltweit mühelos.

In meinem Buch finden Anfänger alle Informationen, um ihre Tarotkarten zu einem ständigen Begleiter zu machen – ohne sich in einem spirituellen Voodoo zu verfangen. Tarot kann Dein Leben ungemein bereichern, wenn Du es zu nutzen verstehst.

Ich danke Dir für Dein Vertrauen und hoffe, dass ich Dich mit meinem Buch inspirieren kann.

Goa, März 2023 Kornelia C. Rebel

Anmerkung

Der Einfachheit halber verzichte ich in diesem Buch auf Gendern mit Sternchen oder Doppelpunkten. Ich beziehe mich bei allen meinen Aussagen auf sämtliche Geschlechter, unabhängig davon, ob ein männliches oder weibliches Substantiv dies ausdrückt.

Basiswissen: Was ist Tarot und wie funktioniert es?

Tarot ist ein mächtiges Werkzeug, das Hunderte von Jahren spirituellen Wissens vereint. Es hilft uns, durch Eintauchen in unser Unterbewusstsein eine Verbindung zu unserem hohen Selbst und unseren Geistführern herzustellen. Die Tarotkarten bilden eine Brücke, die uns von der sichtbaren Welt in die verborgenen Bereiche unserer Seele führt.

Stell dir vor, Du betrittst einen geheimnisvollen Garten voller Symbole und Bilder. Jede Karte im Tarot ist wie eine Blume in diesem Garten - ein einzigartiges Symbol, das eine Botschaft für uns bereithält. Diese Bilder sprechen zu uns auf einer tiefen, intuitiven Ebene und öffnen den Zugang zu unserem inneren Wissen.

78 Karten voller Weisheit

Das Tarotdeck besteht aus 78 Karten, die in zwei Hauptteile unterteilt sind: die große Arkana und die kleine Arkana. Die große Arkana besteht aus 22 Trümpfen, die uns die grundlegenden Archetypen des menschlichen Lebens präsentieren. Jede Karte repräsentiert eine Facette unseres Seins und erzählt eine Geschichte, die uns auf unserer Reise durch das Leben begleitet.

Wir können die große Arkana wie eine Heldenreise betrachten. Sie beginnt bei der 0, dem Narren, dem Symbol für das Unbewusste. Über typische Stationen im Leben jedes Menschen nähern wir uns der 21, der Welt. Hier sind wir der Meister der materiellen Dimension, ein erleuchtetes Wesen.

Die kleine Arkana besteht aus 56 Karten, die in vier Farben oder ***Farbfamilien*** unterteilt sind: Kelche, Münzen, Schwerter und Stäbe. Jede Farbe ist mit einer Grundfunktion des menschlichen Gehirns verbunden. Stäbe stehen für Aktion, Schwerter für Denken, Münzen für Sinnesempfindungen und Kelche für Gefühle.

Die Zahlen spiegeln verschiedene Aspekte unseres Alltags wider.

Wie funktioniert Tarot?

Wenn wir eine Frage stellen oder uns auf eine bestimmte Situation konzentrieren, mischen wir die Karten und legen sie in einem speziellen Muster aus, das als ***Spread*** bezeichnet wird. Jede Karte, die aufgedeckt wird, enthüllt einen Aspekt oder eine Antwort, die uns dabei hilft, die tiefere Bedeutung der Situation zu verstehen.

Beim Arbeiten mit dem Tarot ist es wichtig, unsere Intuition einzusetzen und auf unsere innere Stimme zu hören. Die Karten sind wie Spiegel, die uns unser eigenes Wissen und unsere eigenen Antworten reflektieren. Sie bieten uns eine Möglichkeit, uns selbst besser kennenzulernen und von unserer eigenen Weisheit zu profitieren.

Werkzeug für bewusste Gestaltung unseres Lebens

Die Tarotkarten eröffnen uns mühelos einen Dialog mit unserem Unterbewusstsein und gleichermaßen mit unseren Geistführern. Mit diesem Werkzeug können wir verborgene Motive ebenso erkennen wie unser Verhältnis zur Umwelt und zu den Mitmenschen. Das hilft uns, Herausforderungen zu verstehen und unseren Lebensweg bewusster zu gestalten.

Das Quantenfeld und die Quantenphysik erklären, warum die Tarotkarten dies ermöglichen. Seit der Formulierung der Heisenbergschen Unschärferelation im Jahr 1927 wissen wir, dass der Beobachter das Beobachtete immer verändert. Die Quantenphysik zeigt uns, dass alles miteinander verbunden ist, dass es auf einer bestimmten Ebene des Daseins keine Trennung gibt.

Zugang zu Quantenfeld und Akasha-Chronik

Das Tarot ermöglicht es uns, in das Quantenfeld einzutauchen und die universale Weisheit anzuzapfen, die in der ***Akasha-Chronik*** für uns bereitsteht. Der Begriff ***Akasha*** stammt aus dem Sanskrit (आकाश ākāśa) und bedeutet Himmel, Raum und Äther – es handelt sich also um ein Element, das alles durchdringt. Die ***Akasha Chronik*** wird auch ***„Das feinstoffliche Buch des Lebens"*** genannt. Wir können diese Chronik als eine Art kosmische Festplatte betrachten, die alle Handlungen, Gefühle und Gedanken in einem interdimensionalen Raum abspeichert.

In diesem Buch werden wir gemeinsam in die faszinierende Welt des Tarots und der Quantenverbindung eintauchen. Ich werde Dir praktische Übungen an die Hand geben, um Deine Intuition zu stärken und Dich auf eine spannende Reise zu Deinem hohen Selbst und Deinen Geistführern mitzunehmen. Lass uns gemeinsam die Magie des Tarots und die Einheit des Universums entdecken und die Tore zu einer tieferen spirituellen Verbindung öffnen.

Historischer Hintergrund der Tarotkarten

Die Geschichte der Tarot-Karten ist nicht genau geklärt - es gibt verschiedene Theorien darüber, wo und wann diese entstanden sind. Einige Theorien gehen davon aus, dass ihr Ursprung im Italien des 15. Jahrhunderts liegt. Andere verorten den Ursprung der Tarot-Karten in Ägypten oder in anderen Ländern des Orients.

Eine besonders außergewöhnliche Legende über den Ursprung des Tarots stammt von dem französischen Mystiker **Gérard Encausse (1865-1916), aka Papus.** Der Okkultist, Rosenkreuzer und Mitbegründer der Theosophischen Gesellschaft verbreitete die Geschichte, dass Tarot im alten Ägypten erfunden wurde, um dort als Kommunikationswerkzeug verwendet zu werden.

Tarot als Vehikel für altägyptische Weisheit?

Demnach beratschlagten die Weisen des Landes vor Tausenden von Jahren, wie ihr Wissen vor Zerstörung bewahrt werden könnte. Die Idee, Zeichen und Symbole in die Wände der Pyramiden einzumeißeln, erschien ihnen als zu vergänglich. Schließlich einigten sie sich darauf, das Laster des Kartenspiels mit geheimer Weisheit zu verbrämen. In Bildern auf Spielkarten sollte das geheime Wissen Jahrtausende überdauern.

Diese Legende beflügelt zugegebenermaßen die Fantasie, aber es gibt keine Beweise für den Ursprung des Tarots in Ägypten. Auch ein Ursprung in hebräisch-kabbalistischen Lehren ist nicht belegt.

Spielkarten im 14. Jahrhundert

Bekannt und urkundlich dokumentiert ist dagegen, dass Spielkarten in Europa seit dem 14. Jahrhundert bekannt sind. Offensichtlich war das Kartenspiel damals schon weit verbreitet. Erwähnungen in Urkunden beziehen sich meist auf Verbote dieses lästerlichen Tuns.

Die ersten Tarotkarten mit spirituellen Symbolen waren die Tarocchi-Karten. Sie waren zu Beginn des 15. Jahrhunderts in Norditalien sehr beliebt, allerdings nur in höheren Gesellschaftsschichten. Adlige Familien nutzten diese Karten als Unterhaltungsspiel. Diese frühen Tarotdecks waren reich an allegorischen Bildern und verwendeten Symbole, die auf mythologischen, biblischen und historischen Geschichten basierten.

Visconti-Sforza- und Marseille-Tarot

Die meisten dieser frühen Tarotkarten gehören zum Visconti-Sforza-Tarot. Hierbei handelt es sich um rund 300 Spielkarten, die aus 20 verschiedenen Kartenspielen stammen. Sie wurden vor allem von den Herzogsfamilien Visconti und Sforza benutzt, die in Mailand und Umgebung angesiedelt waren.

Im Laufe der Zeit entwickelten sich verschiedene regionale Varianten des Tarots, darunter das berühmte ***Marseille Tarot***. Dieses Deck, benannt nach der Stadt Marseille in Frankreich, wurde im 18. Jahrhundert populär und beeinflusste maßgeblich die Gestaltung vieler späterer Tarotdecks.

Beim Marseille Tarot wurden nur die vier Grundfarben Gelb, Grün, Rot und Blau eingesetzt. Die Bilder basieren auf Holzschnitten und wirken eher grob. Dennoch ist dieses Tarotdeck richtungsweisend, denn es bestimmte die Folge der 22 großen Trümpfe. Alle nachfolgenden Tarotspiele haben die große Arkana des Marseille Tarots übernommen – bisweilen allerdings mit einigen Änderungen.

Oswald Wirth und Okkultismus

Die modernen Tarot-Karten gehen auf den Schweizer Okkultisten, Schriftsteller und Maler Oswald Wirth (1860-1943) zurück. Er veröffentlichte 1888 ein fast schon revolutionäres Tarotdeck. Dafür interpretierte er die traditionellen Karten neu und passte ihre Gestaltung an die damals aktuellen Ansichten über okkulte Themen an.

Der Okkultismus entstand im 18. Jahrhundert als Gegenbewegung zur Aufklärung und der damit verbundenen industriellen Revolution. Die mechanistische und materialistische Weltanschauung der Naturwissenschaften wurde mit Spekulationen über eine okkulte Kraft ersetzt, die der gesamten materiellen Existenz zugrundeliegt – ähnlich wie das Quantenfeld.

Im 19. Jahrhundert entstanden im Zuge des Okkultismus zahlreiche esoterische Vereinigungen, unter anderem die Theosophische Gesellschaft und der ***Hermetic Order of the Golden Dawn*** in England.

Werkzeug für spirituelle Entwicklung

Oswald Wirth hatte ein starkes Interesse an okkulten Praktiken und esoterischen Lehren. Er glaubte, dass die Tarot-Karten ein wertvolles Werkzeug für spirituelle Entwicklung und Selbsterkenntnis sein können. Allerdings hielt er eine neue Interpretation für nötig, um die traditionellen Karten der modernen Welt zugänglich zu machen. Seine Karten zeigten deshalb viele Symbole, die auf Kabbala, Astrologie und anderen spirituellen Traditionen basieren.
Wirths Entwürfe wurden zu einem Meilenstein in der Geschichte der Tarot-Karten und haben auch das ***Rider-Waite-Tarot*** beeinflusst, das auch als ***Rider-Waite-Smith-Tarot*** bekannt ist. Dieses Tarot Deck ist weltweit das populärste Set von Tarotkarten und dient deshalb auch in diesem Buch als Grundlage für die Interpretation der Tarotkarten.

Richtungsweisend: Hermetic Order of the Golden Dawn

Das Rider-Waite-Tarot wurde von dem britischen Autor und Mystiker Arthur Edward Waite (1857-1942) und der Künstlerin Pamela Colman Smith (1878-1951) entworfen und im Jahr 1909 veröffentlicht. Beide waren Mitglieder des ***Hermetic Order of the Golden Dawn***, einer magischen Geheimgesellschaft, die 1888 in England gegründet wurde. Das Rider im Namen der Tarotkarten stammt vom Verlag, der die Karten veröffentlichte.
Waite hatte vorher mit Wirths Tarot gearbeitet und war von seinen Entwürfen beeinflusst, insbesondere von der Idee, dass Tarot-Karten ein Werkzeug für Selbsterkenntnis und spirituelle Entwicklung sein können. Waite und Smith ließen sich von Wirth inspirieren, verwendeten jedoch ihre eigene Symbolik und Interpretationen für die Karten.

Zum ersten Mal Symbole auf allen Karten

Arthur Edward Waite bat die Künstlerin Pamela Colman Smith, ihm bei der Gestaltung zu helfen. Aus ihrer Zusammenarbeit gingen die 78 Karten des Decks hervor.

Waite gab genaue Anweisungen, welche Symbole und Bilder auf jeder Karte enthalten sein sollten, Smith setzte die Anweisungen anschließend um.

Das Rider-Waite-Tarot wurde erstmals 1909 veröffentlicht. Es war das erste Tarot-Deck, das Bilder und Symbole auf allen Karten der großen und kleinen Arkana zeigte. Das Tarotdeck wurde schnell populär und hat bis heute nichts von seiner Ausstrahlung und Aktualität verloren.

Nach wie vor weltweit beliebt

Die Designs von Pamela Colman Smith sprechen auch heute noch die Menschen an. Leider war ihre Zusammenarbeit mit Arthur Edward Waite nur von kurzer Dauer. Zum ersten Treffen im Jahr 1901 kam es durch eine gemeinsame Freundin, Annie Horniman, die ebenfalls eine aktive Okkultistin war. Horniman hatte Waite zuvor bei seinen Forschungen über Tarot und andere esoterische Themen unterstützt und war auch eine Förderin von Smiths Kunst.

Waite und Smith fanden schnell heraus, dass sie viele Interessen teilten, darunter die okkulte Philosophie und ihr Geschmack für Kunst. Smith war eine talentierte Illustratorin und hatte bereits Erfahrung mit der Gestaltung von Bühnenbildern und Kostümen für Theaterproduktionen.

Waite und Smith arbeiteten an mehreren gemeinsamen Projekten zusammen. Unter anderem illustrierte sie ein Buch von Waite. Nach der Fertigstellung des Rider-Waite-Tarots trennten sich ihre Wege. Doch ihr Vermächtnis dauert an. Das Rider-Waite-Tarot gilt heute noch als eines der wichtigsten Tarot-Decks. Die künstlerische Gestaltung von Pamela Colman Smith hat eine ganze Generation von Künstlern und Illustratoren beeinflusst.

Traurig: Die weibliche Hilfskraft

Es ist nicht genau bekannt, warum Arthur Edward Waite und Pamela Colman Smith nach erfolgreicher Zusammenarbeit getrennte Wege gingen. Man vermutet jedoch, dass ihre Zusammenarbeit bereits bei der Gestaltung des Rider-Waite-Tarots nicht ohne Spannungen verlief.

Eine mögliche Ursache für ihre Trennung könnte jedoch mit Fragen des Urheberrechts an dem Tarot-Deck zusammenhängen.

Es ist bekannt, dass Waite das Copyright für das Buch ***The Key to the Tarot***, das er gemeinsam mit Smith veröffentlicht hatte, behielt. Das Copyright für die Bilder des Tarot-Decks war jedoch nicht klar festgelegt.

Es gibt Hinweise darauf, dass sich Smith von Waite ausgenutzt fühlte. Sie war allein für die künstlerische Gestaltung des Rider-Waite-Tarots verantwortlich, erhielt aber dafür nur ein geringes Honorar. Außerdem bezeichnete Waite Pamela Colman Smith häufig als Hilfskraft. In einem Brief an einen Freund beklagte sie sich über Waites ***„Kritik und Gräuel"***.

Grundlage für das Verständnis aller Tarotkarten

Dennoch bleibt das Rider-Waite-Smith-Tarot wegweisend für viele Tarotdecks und es prägte die moderne Interpretation des Tarots. Es führte auch zu einer breiten Akzeptanz des Tarots als Werkzeug für persönliches Wachstum und spirituelle Erkenntnis.

Heute gibt es unzählige Tarotdecks, die von Künstlern und Tarot-Enthusiasten auf der ganzen Welt gestaltet wurden. Jedes Deck bietet seine eigene Interpretation der Tarot-Symbole an sowie eine Vielzahl von Perspektiven.

In diesem Buch konzentrieren wir uns auf das Rider-Waite-Tarot: Seine Symbolik und die Gestaltung der großen Trümpfe bietet Dir eine solide Grundlage für das Verständnis aller Tarotkarten.

Wie kannst Du Tarot-Karten verwenden?

Wenn wir an Tarotkarten denken, kommt vielen unweigerlich eine Zigeunerin mit Kristallkugel und schwarz umrandeten Augen in den Sinn. Das Wahrsagen der Zukunft fasziniert jeden Menschen, auch wenn viele dies als Hokuspokus ablehnen. Die Tarotkarten können tatsächlich auf künftige Ereignisse hinweisen.

Allerdings macht es mehr Sinn, die Karten für eine Analyse des gegenwärtigen Moments zu nutzen. Denn die Zukunft besteht aus einer Vielzahl von möglichen Ereignissen und Zeitlinien – während wir im gegenwärtigen Moment wählen, wie wir die kommende Zeit beeinflussen.

Tiefer Einblick in unbewusste Motive

Dafür bieten uns die Tarotkarten eine facettenreiche Methode. Sie erlauben uns, einen tiefen Einblick in unsere Gedanken, Gefühle und Handlungsmuster zu gewinnen. Wir können das Tarot als einen magischen Spiegel verstehen. Er führt uns in unsere innere Welt, indem er uns im Außen symbolische Bilder präsentiert.

Symbole sind mächtige Werkzeuge, die tief in unser Bewusstsein eindringen können. Sie agieren als Brücke zwischen dem rationalen Verstand und dem intuitiven, emotionalen Teil unseres Wesens. Die Symbole der Tarotkarten beruhen auf verschiedenen esoterischen Lehren wie Astrologie und Kabbala.

Kommunikation mit der Seele

Tarotkarten wandeln komplexe Ideen und universelle Konzepte in visuelle Darstellungen um. Diese Bilder sprechen die Sprache des Unbewussten und können auf einer tiefen Ebene mit unserer Seele kommunizieren. Sie öffnen die Tür zu unserer Intuition, die jenseits der begrenzten Logik unseres Verstandes liegt.

Die Verknüpfung mit Astrologie ermöglicht es, kosmische Kräfte und Zyklen des Lebens zu verstehen. Die Verbindung zur Kabbala zeigt uns geheime Mysterien des Universums und die Zusammenhänge zwischen verschiedenen Dimensionen des Seins.

Archetypen des kollektiven Unbewussten

Jede Tarotkarte repräsentiert eine einzigartige Energie, die eine Fülle von Bedeutungen in sich trägt. Beim Betrachten und Deuten der Karten öffnen sich unsere Gedanken und Emotionen für diese reiche Symbolik. Auf diese Weise verbinden wir uns mit den ***Archetypen des kollektiven Unbewussten***, die der Psychiater **Carl Gustav Jung (1875-1961)** beschrieben hat. Die Karten machen uns bewusst, wie diese Archetypen in unserem eigenen Leben wirken.

Die Symbole im Tarot haben die Fähigkeit, tief verwurzelte Erinnerungen, Erfahrungen und Emotionen in uns hervorzurufen. Sie dienen als Projektionsfläche, auf der wir unsere eigenen Gedanken und Gefühle erkennen können. Durch die Auseinandersetzung mit den Symbolen können wir uns selbst besser verstehen und in tiefere Schichten unseres Bewusstseins eintauchen.

Universelle Qualität der menschlichen Erfahrung

Die gleichen Archetypen und Symbole, die in den Tarotkarten auftauchen, finden sich in Mythen, Märchen und spirituellen Traditionen auf der ganzen Welt wieder. Dies zeigt uns, dass die menschliche Erfahrung in gewisser Weise universell ist. Symbole kommunizieren mit einer wortlos verständlichen Sprache, die über kulturelle und geografische Grenzen hinweg verbindet.

Indem wir uns mit der Symbolik und Bedeutung der Karten auseinandersetzen, können wir unsere eigene Motivation sowie Herausforderungen und Potenziale besser verstehen. Jede Karte ist ein Schatzkästchen an Informationen, deren individuelle Bedeutung nur wir selbst erschließen und verstehen können. Das hilft uns, den eigenen Weg klarer zu sehen und tiefer in unsere Persönlichkeit einzutauchen.

Freier Wille beeinflusst die Zukunft

Das Tarot kann Dir zeigen, wo Deine Reise hingeht. Es liefert aber keine klaren und fixen Vorhersagen über die Zukunft. Vielmehr präsentiert es uns verschiedene Möglichkeiten und Perspektiven, die uns zur Verfügung stehen. Es erinnert uns daran, dass wir als Individuen über einen freien Willen verfügen und dass unsere Entscheidungen und Handlungen den Verlauf unseres Lebens maßgeblich beeinflussen können.

Das Tarot zeigt uns, dass sich die Zukunft dynamisch entwickelt und diese sich an die momentanen Energien und unsere eigenen Entscheidungen anpasst. Es eröffnet uns ein breites Spektrum an Potenzialen und ermutigt uns, aktiv an unserer eigenen Entwicklung teilzunehmen.

Intuitive Wahrnehmung schärfen

Durch die Verwendung des Tarots können wir unsere intuitive Wahrnehmung schärfen und einen tieferen Zugang zu unserem höheren Selbst und unserer inneren Weisheit erlangen. Mittels Tarotkarten können wir mühelos Kontakt mit unserer inneren Führung und den spirituellen Dimensionen aufnehmen. Dies hilft uns dabei, unser Potenzial in der materiellen Existenz zu entfalten.

Du kannst das Tarot auf vielfältige Weise in Deinen Alltag integrieren.

Du kannst täglich eine Karte ziehen, um Dich auf den Tag einzustimmen. Ein Tarot-Tagebuch dokumentiert Deinen persönlichen Wachstumsprozess und hilft Dir, über Erfahrungen zu reflektieren.

Tarotkarten als lebendige Werkzeuge

Verschiedene Legemuster und Techniken helfen Dir, spezifische Fragen oder Themenbereiche zu erforschen. Das beliebte Drei-Karten-Spread bietet Einblicke in die Vergangenheit, in die Gegenwart und in mögliche Entwicklungen in der Zukunft. Das komplexe keltische Kreuz gewährt Einsichten in die Dynamik einer Situation.

Du kannst das Tarot als ein lebendiges Werkzeug betrachten, das Dir jederzeit zur Verfügung steht. Es ist ein Fahrzeug der Selbsterkenntnis und des spirituellen Wachstums, das Dich auf Deinem individuellen Pfad der Entwicklung begleitet.

Meditationen mit Tarot-Karten und ihrer Symbolik führen Dich in einen Raum der inneren Stille und stellen eine Verbindung zu unseren inneren Quellen der Weisheit her.

Was brauchst Du für den Start?

In diesem Buch geht es darum, dass Du als Anfänger schnell und mühelos die Karten verstehen lernst. Das ist mein Anliegen, denn ich selbst habe viele Jahre gebraucht, um den Sinn der Tarotkarten zu entschlüsseln.

Die beste Voraussetzung für ein rasches Verständnis ist eine offene Haltung. Idealerweise fühlst Du Dich wie ein neugieriges Kind, das bereit ist, in eine Welt voller Wunder einzutauchen. Sei empfänglich für die Geheimnisse, die das Tarot enthüllen kann, und erlaube Dir, das Unerklärliche zu erforschen.

Steter Tropfen höhlt den Stein

Die Bereitschaft, zu üben, ist ebenfalls von großer Bedeutung. Jeder Künstler oder Musiker braucht Zeit und Hingabe, um sein Talent zu entwickeln. Du musst nicht jeden Tag Stunden mit dem Studium des Tarots verbringen. Die Devise lautet hier eher ***mäßig, aber regelmäßig***. Wenn Du dieses Motto beherzigst, findest Du rasch einen Einstieg in die Sprache der Karten.

Übe jeden Tag ein paar Minuten mit den Karten. So werden sie Deine vertrauten Begleiter, die Dir Antworten auf Fragen des Lebens geben.

Freude am Erkunden der Magie des Lebens ist der Schlüssel, um das Tarot mit Begeisterung zu erforschen. Betrachte die Karten als Tore zu einer geheimnisvollen und inspirierenden Dimension. Bleibe dabei, auch wenn Du am Anfang vielleicht nur wenig verstehst. Mit der Zeit wirst Du entdecken, dass die Karten immer die Wahrheit sprechen. ***Die Karten lügen nicht.*** - Das versichere ich auch immer den Menschen, die zu mir kommen, um sich die Karten legen zu lassen oder sich beraten zu lassen.

Finde Dein persönliches Tarotdeck

Die Basis für Deinen Weg in die Geheimnisse des Tarots ist Dein eigenes Tarotdeck, das zu Dir spricht. Wähle ein Deck aus, dessen Bilder und Symbole Deine Intuition ansprechen und mit dem Du eine Verbindung spürst. Das Deck sollte dich inspirieren und faszinieren, sodass Du Dich gerne mit ihm beschäftigst. Wichtig ist auch, dass Du die Bilder als schön empfindest.

Zusätzlich zu Deinem Tarotdeck ist ein spezielles Notizbuch von unschätzbarem Wert. Hier kannst du Deine eigenen Interpretationen, Gefühle und Erkenntnisse festhalten. Das Notizbuch wird zu Deinem Tagebuch der Reise in die Welt der Magie. Hier kannst Du Deine Fortschritte festhalten und nach einer Weile sehen, ob die Karten recht hatten.

Zu guter Letzt gilt: ***Sei geduldig mit Dir selbst***. 78 Karten mit verschiedenen Symbolen warten darauf, dass Du sie entdeckst. Erlaube Dir dabei, zu experimentieren und zu wachsen. Denke immer daran, dass es zwar klassische Interpretationen für jede Karte gibt. Das bedeutet jedoch nicht, dass dies auf Dich zutreffen muss. Die Karten sind ein Weg der Kommunikation und infolgedessen hängt ihre Bedeutung vom Moment ab. Erlaube Dir, Deine ganz persönlichen Inhalte zu finden.

Die Karten des Tarots

Das Tarot besteht aus insgesamt 78 Karten, die in zwei Hauptgruppen unterteilt sind: die große Arkana und die kleine Arkana. Der Begriff ***Arkana*** stammt aus dem Lateinischen und bedeutet ***Geheimnisse*** oder ***Mysterien***. Diese Bezeichnung spiegelt die tiefgründige Natur des Tarots wider, die Verbindung zwischen Unbewussten und hohem Selbst – oder wie auch immer wir diese verschiedenen Ebenen der Existenz bezeichnen mögen.

Die große Arkana: Wichtige Entwicklungsschritte

22 Karten bilden die große Arkana. Sie sind auch als ***Trümpfe*** oder ***Trumpfkarten*** bekannt. Die einzigartige Symbolik jeder Trumpfkarte repräsentiert archetypische Energien und typische Situationen im Leben eines Menschen. Die große Arkana beschäftigt sich mit grundlegenden Themen und Entwicklungsschritten auf unserem Lebensweg.

Jede Karte erzählt eine Geschichte einer bestimmten Phase oder Herausforderung in unserem Leben. Die großen Trümpfe können wir in 3 Reihen einteilen, die sich auf den Stand der persönlichen Entwicklung beziehen. Die Reihe des Selbst, Trumpf 1 bis 7, die Reihe der Herausforderungen, Trumpf 8 bis 14, und die Reihe der spirituellen Entwicklung, Trumpf 15 bis 21.

Rider Waite Tarot Karten der Großen Arkana

Die kleine Arkana: Situationen im Alltag

Die kleine Arkana besteht aus 56 Karten, die in vier Gruppen unterteilt sind, die sogenannten Farben:

- Stäbe
- Kelche
- Schwerter
- Münzen (Pentagramme, Scheiben)

Jede Farbe repräsentiert eine Grundfunktion des menschlichen Gehirns und ein Element. Stäbe stehen für Aktion und Feuer, Kelche für Gefühle und Wasser, Schwerter für Denken und Luft sowie Münzen für Sinnesempfindungen und Erde.

Die Karten der kleinen Arkana ähneln einem normalen Kartenspiel mit Zahlenkarten von 1 bis 10 sowie vier Hofkarten. Diese Karten beschäftigen sich mit alltäglichen Erfahrungen, Beziehungen, Herausforderungen und Entscheidungen. Die Hofkarten König, Königin sowie Ritter und Bube symbolisieren entweder Personen in Deiner Umgebung oder Aspekte Deiner eigenen Persönlichkeit. Die Bezeichnung der Hofkarten unterscheidet sich häufig bei verschiedenen Tarotdecks. Es geht jedoch immer um verschiedene Reifegrade der persönlichen Entwicklung.

Führung, um Entscheidungen bewusst zu treffen

Der Unterschied zwischen der großen und der kleinen Arkana liegt in ihrer symbolischen Tiefe und ihrer Bedeutungsebene. Die große Arkana zeigt uns die grundlegenden Themen und die spirituelle Entwicklung auf unserem Lebensweg, während uns die kleine Arkana Einblick in konkrete Erfahrungen und Herausforderungen des täglichen Lebens gibt.

Das Studium der 78 Karten des Tarots ermöglicht es uns, uns selbst besser zu verstehen, unsere Potenziale zu entdecken und Entscheidungen bewusst zu treffen. Jede Karte enthält eine Fülle von Symbolen und Botschaften, die Du erforschen und dann interpretieren kannst. Auf diese Weise verbinden uns die Karten mit unserem inneren Wissen und unserer Intuition.

Rider Waite Tarot Karten der Kleinen Arkana - Stäbe

Rider Waite Tarot Karten der Kleinen Arkana - Kelche

Rider Waite Tarot Karten der Kleinen Arkana - Schwerter

Rider Waite Tarot Karten der Kleinen Arkana - Münzen

Die Symbolik des Tarots: Mischung aus vielen Traditionen

Jede Karte der großen Arkana hat eine einzigartige Symbolik und stellt eine bestimmte Energie oder ein bestimmtes Thema dar. Um die Grundlagen der Symbolik zu erfassen, können wir uns zunächst mit den allgemeinen Archetypen vertraut machen, die in den Trümpfen repräsentiert sind. Archetypen sind universelle Muster und Symbole, die in den Tiefen unseres kollektiven Unterbewusstseins existieren und uns auf einer Ebene jenseits von Worten ansprechen.

Der Schweizer Psychiater **Carl Gustav Jung** hat das Konzept der Archetypen in den 1930er Jahren entwickelt. Sie beschreiben Charaktere, die in der menschlichen Psyche verankert sind und häufig in Märchen und Legenden erscheinen. Zum Beispiel ist der Narr der Reisende, der sich ohne Vorurteile auf die Reise des Lebens begibt. Die Hohepriesterin dagegen verkörpert die weibliche Intuition und das verborgene Wissen von Träumen, Visionen und Gefühlen.

Symbole haben individuelle Bedeutung

Darüber hinaus können wir uns mit den spezifischen Symbolen in den Karten auseinandersetzen. Die Symbole auf den Karten können Elemente aus der Natur, mythologische Figuren, religiöse Symbole oder Verknüpfungen zu esoterischen Lehren umfassen. Symbole übermitteln Informationen ohne Worte. Ihre Bedeutung ist sowohl universell als auch subjektiv. Beim Lesen der Tarotkarten ist es deshalb wichtig, Deiner eigenen Sicht der Dinge zu vertrauen.

Die Interpretation der Symbolik ist nie in Stein gemeißelt, sondern hängt immer auch von unserer persönlichen Intuition und Erfahrung ab. Deshalb ist jede Begegnung mit dem Tarot eine Reise des Entdeckens und der inneren Forschung. Wenn wir uns mit Symbolen vertraut machen, können wir unsere Fähigkeit entwickeln, sie intuitiv zu lesen.

Richtungsweisende Symbolik des Rider-Waite-Tarots

Der ***Rider-Waite-Tarot*** ist für seine klare Symbolik und Zugänglichkeit bekannt. Dieses Deck führte eine zusammenhängende Symbolik und Bildsprache ein, die bis heute weit verbreitet ist. Arthur Edward Waite und Pamela Colman Smith, die beiden Schöpfer dieser Karten, prägten gemeinsam diese Tarotkarten.

Arthur Edward Waite war ein okkulter Autor und Gelehrter des 19. und 20. Jahrhunderts. Er war Mitglied des ***Hermetic Order of the Golden Dawn***, einer esoterischen Gesellschaft mit Sitz in London, die sich mit Magie, Alchemie und Kabbala beschäftigte. Waite wollte mit seinem Tarot Deck Laien einen einfachen Zugang zur Symbolik der Karten bieten. Er legte großen Wert auf die Verbindung des Tarots mit der Kabbala und den esoterischen Traditionen.

Illustrationen von Pixie

Pamela Colman Smith, oft auch Pixie genannt, war eine talentierte Künstlerin und Waites Mitarbeiterin bei der Gestaltung des ***Rider-Waite-Tarots***. Sie erschuf die Illustrationen der Karten und trug maßgeblich zur Symbolik des Decks bei. Ihre Kunstwerke zeichnen sich durch ihre lebendigen Farben und ansprechenden Szenen aus. Sie ermöglichen es, die Bedeutung der Karten intuitiv zu erfassen.

Die Symbolik des Rider-Waite-Tarots basiert auf traditionellen Tarot-Symbolen. Im Gegensatz zu früheren Tarotdecks, die oft nur abstrakte Symbole verwendeten, enthält das Rider-Waite-Tarot lebhafte und detaillierte Bilder auf jeder Karte. Waite integrierte auch kabbalistische Elemente und Freimaurer-Symbole in das Deck.

Beispielsweise sind die Sterne auf der Karte ***10 Kelche*** wie das Malkuth der Kabbala angeordnet. Auf der Karte ***Die Hohepriesterin*** erscheinen die Säulen Boaz und Jachin, die auch in der Freimaurer-Tradition eine Rolle spielen. Die Anzahl der auf jeder Karte dargestellten Elemente, wie zum Beispiel Blumen, Sterne oder Figuren, trägt eine numerologische Bedeutung. Sie kann die Interpretation der Karte erleichtern. Astrologische Zeichen verbinden Karten mit Planeten und Sternzeichen.

Numerologie, Astrologie, Kabbala, und Freimaurer

Symbole aus diesen vier verschiedenen Traditionen sind auf den meisten Tarotkarten zu sehen. Ein kurzer historischer Überblick erleichtert das Verständnis ihrer Bildsprache.

Numerologie: Die Schwingung der Zahlen

Die Numerologie ist eine uralte Wissenschaft, die sich mit den symbolischen Bedeutungen von Zahlen befasst. Seit Jahrtausenden wissen Menschen, dass Zahlen unser Leben beeinflussen können. Die Numerologie interpretiert einzelne Zahlen, aber auch Zahlenmuster.

Ihre Ursprünge reichen bis in die antiken Zivilisationen von Babylonien, Ägypten, Griechenland und China zurück. Die Weisen und Philosophen erkannten, dass Zahlen eine universelle Sprache sind, die in den Strukturen des Universums und der Natur zum Ausdruck kommt. Die Weisen verstanden Zahlen als Symbole der Geheimnisse des Lebens.

Grundzahlen 1 bis 9

Jede Zahl hat in der Numerologie ihre eigene Schwingung und Bedeutung. Die Zahlen 1 bis 9 werden als Grundzahlen betrachtet, die bestimmte Eigenschaften und Energien repräsentieren. Zum Beispiel steht die ***Eins*** für Individualität, Anfänge und Pioniergeist, während die ***Neun*** Vollendung, Aktion und spirituelles Wachstum verkörpert.

Die Zahl 0 gilt nicht als Grundzahl, sondern eher als eine Art Platzhalter. Sie repräsentiert das Absolute, das Unendliche und das Ewige. Die 0 steht für das kosmische Bewusstsein, die Quelle aller Existenz und das göttliche Potenzial. In der Numerologie wird die Zahl 0 oft als die Zahl des Schöpfers betrachtet, aus der alles entspringt.

0: Der Nullpunkt, Ursprung und Neuanfang

Darüber hinaus symbolisiert die Zahl 0 auch den Zustand der Leere und des Nichts. Sie verkörpert die Möglichkeit, dass etwas Neues entstehen kann. Sie repräsentiert den Raum zwischen den Dingen, in dem Transformation und Wandel stattfinden kann.

Die Zahl 0 wird oft mit dem Nullpunkt in Verbindung gebracht, der Punkt des Ursprungs und des Neuanfangs. So erinnert sie uns daran, dass wir immer die Möglichkeit haben, uns von alten Mustern zu lösen und uns auf neue Erfahrungen einzulassen. Die Zahl 0 ermutigt uns, offen und empfänglich zu sein für die unendlichen Möglichkeiten, die das Leben uns bietet.

In der Numerologie wird die Zahl 0 auch mit spirituellen und metaphysischen Konzepten wie Einheit, Ganzheit und Einweihung in Verbindung gebracht. Sie symbolisiert den Zustand der Einheit mit dem Göttlichen und zeigt, dass wir untrennbar mit allem verbunden sind.

Die Bedeutung der Zahl 0 in der Numerologie ist nicht nur auf die spirituelle Ebene beschränkt, sondern hat auch praktische Implikationen. Sie weist darauf hin, dass wir den Raum des Nichtwissens und der Offenheit betreten können, um neue Ideen, Einsichten und Lösungen zu empfangen. Die Zahl 0 ermutigt uns, uns von Begrenzungen und Vorurteilen zu befreien und neue Wege zu erkunden.

Meisterzahlen und Reduktion

Die sogenannten Meisterzahlen 11, 22 und 33 haben ebenfalls eine besondere Bedeutung und repräsentieren eine höhere Schwingung. Sie werden als kraftvolle Zahlen betrachtet, die auf eine große Lebensaufgabe hinweisen.

Die Numerologie bietet verschiedene Methoden und Techniken zur Interpretation von Zahlen. Eine davon ist die Reduktion von Zahlen auf ihre Grundzahlen durch Addition, auch als Bilden der Quersumme bekannt. Zum Beispiel wird die Zahl 25 auf die Summe 2 + 5 = 7 reduziert. Diese Reduktion ermöglicht es uns, tiefer in die symbolische Bedeutung der Zahlen einzutauchen und ihre individuellen Einflüsse auf unser Leben zu verstehen.

Astrologie: Informationen der Sterne

Die Astrologie ist eine Jahrtausende alte Praxis, die auf der Beobachtung der Himmelskörper und ihrer Auswirkungen auf die Erde basiert. Interessanterweise hat die Menschheit in fast allen Kulturen den Himmel betrachtet und versucht, darin eine höhere Ordnung und Bedeutung zu erkennen.

Die Ursprünge der Astrologie reichen bis in die antiken Zivilisationen von Mesopotamien, Ägypten, Griechenland, Südamerika, Indien und China zurück. Die alten Astronomen und Astrologen entwickelten Methoden, um den Lauf der Planeten, die Positionen der Sterne und die Bewegungen der Himmelskörper zu beobachten und zu interpretieren. Sie glaubten, dass die Konstellationen am Himmel Informationen über das Schicksal der Menschen und den Verlauf der Ereignisse auf der Erde liefern könnten.

Tierkreiszeichen, Planeten und Konstellationen

Der Tierkreis mit seinen 12 Tierkreiszeichen bildet die Basis der Astrologie. Jedes Zeichen repräsentiert bestimmte Persönlichkeitsmerkmale, Eigenschaften und energetische Einflüsse. Widder, Stier, Zwillinge und so weiter werden mit den Positionen der Sonne während der Geburt einer Person in Verbindung gebracht und dienen als Grundlage für astrologische Analysen und Horoskope.

Die Planeten verkörpern bestimmte Aspekte im Leben der Menschen. Ihre Positionen im Tierkreis und Beziehungen zueinander zum Zeitpunkt der Geburt werden in astrologischen Interpretationen berücksichtigt. Die Aspekte, auch Konstellationen genannt, beschreiben die Beziehungen zwischen den Planeten und geben Aufschluss über deren energetische Wechselwirkungen.

Die Astrologie bietet ein Werkzeug, um Persönlichkeitsmerkmale, Stärken und Herausforderungen zu verstehen. Außerdem dient sie dazu, die spezielle Energie der Zeit zu analysieren und Einblicke in künftige Entwicklungen und Trends zu bekommen. Durch die Deutung von Symbolen und das Verständnis der Planeten und Tierkreiszeichen können wir unsere Persönlichkeit besser kennenlernen und uns auf die Herausforderungen vorbereiten, die das Leben für uns bereithält.

Kabbala: Die Lehre vom Baum des Lebens

Die Kabbala kennen wir auch als jüdische Mystik. Diese Lehre hat sich über Jahrhunderte hinweg entwickelt, bleibt aber aktuell. Sie ist eng mit der spirituellen Tradition des Judentums verbunden. Ihr Ziel ist es, die Zusammenhänge der Schöpfung, des Universums und der menschlichen Existenz zu erklären.

Die Kabbala basiert auf dem Glauben, dass die sichtbare Welt Ausdruck einer unsichtbaren Realität ist. Diese gilt es zu erforschen und zu verstehen. Die Wurzeln der Kabbala lassen sich bis ins antike Israel zurückverfolgen. Verstärkt entwickelte sich die Lehre der Kabbala im Mittelalter. Das 16. Jahrhundert gilt als ein Höhepunkt der Verbreitung.

10 Sefirot, Aspekte des Göttlichen

Das zentrale Konzept der Kabbala ist der Baum des Lebens, ***Etz Chaim***. Dieses Symbol repräsentiert die Ebenen und Pfade der Schöpfung und die verschiedenen Aspekte Gottes. Der Baum des Lebens besteht aus 10 ***Sefirot***, auch Emanationen genannt. Sie stellen verschiedene spirituelle Zustände dar. Jede ***Sefira*** hat ihre eigene Bedeutung und symbolisiert bestimmte Aspekte des Göttlichen und der menschlichen Erfahrung.

Ein weiteres wichtiges Symbol in der Kabbala ist das hebräische Alphabet, das aus 22 Buchstaben besteht. Diese Buchstaben haben nicht nur eine linguistische Bedeutung, sondern werden auch mit spirituellen Konzepten und Energien in Verbindung gebracht. Sie dienen als Schlüssel zu den verborgenen Botschaften der heiligen Texte.

Die Zahlensymbolik spielt ebenfalls eine wichtige Rolle in der Kabbala. Jede Zahl wird mit bestimmten spirituellen Qualitäten in Verbindung gebracht.

Freimaurer: Bodenständige Geheimlehre

Die Freimaurerei ist eine Geheimgesellschaft, deren Wurzeln bis ins Mittelalter zurückverfolgt werden können. Sie entstand in Europa und hat im Laufe der Geschichte eine reiche Tradition und Symbolik entwickelt.

Auch heute noch gibt es weltweit zahlreiche Logen mit schätzungsweise 5 Millionen Mitgliedern. Der größte Teil lebt in den USA. Einige Gründerväter, George Washington, Benjamin Franklin und Paul Revere, waren Freimaurer und haben die US-amerikanische Verfassung maßgeblich beeinflusst. Das große Siegel der Vereinigten Staaten prägen Symbole der Freimaurer.

Steinmetze der Kathedralen

Es wird angenommen, dass die Freimaurerei ihre Ursprünge in den mittelalterlichen Steinmetzgilden hat. Sie waren für den Bau von Kathedralen und anderen monumentalen Gebäuden verantwortlich. Diese Arbeit betrachteten sie nicht nur als Handwerk, sondern auch als spirituelle Aufgabe. Die Steinmetzgilden waren bekannt für Geheimnisse, Rituale und Traditionen, die von Generation zu Generation weitergegeben wurden.

Im Laufe der Zeit entwickelte sich die Freimaurerei zu einer Geheimgesellschaft, die sich auf ethische Prinzipien und moralische Werte konzentrierte. Die Freimaurer nahmen Symbolik aus verschiedenen Quellen auf, darunter der Kabbala, der Astrologie und von alchemistischen Traditionen.

Symbole weltweit verbreitet

Symbole spielen eine zentrale Rolle in der Freimaurerei. Einige der wichtigsten Symbole sind der Winkelmaßstab, der Zirkel, der Kompass, der Hammer und der Meißel. Diese Werkzeuge repräsentieren die Ideen der Präzision, des Handwerks und der Konstruktion, aber sie haben auch metaphorische Bedeutungen. Sie symbolisieren die Arbeit an sich, die Suche nach Wissen und Weisheit und das Befolgen von moralischen Werten.

Ein wichtiges Symbol in der Freimaurerei ist das ***Allsehende Auge***, das die Rückseite des US-Dollar-Scheins ziert. Dieses Symbol repräsentiert das göttliche Wissen und die spirituelle Erleuchtung. Es erinnert die Freimaurer daran, dass ihr Handeln und ihre Gedanken von einem höheren Bewusstsein beobachtet werden.

Die Freimaurerei befolgt komplexe Rituale und Zeremonien mit ihren Mitgliedern. Allerdings hat der Geheimbund über die Jahrhunderte hinweg eine gewisse Verschwiegenheit bewahrt und die Rituale sind nur Mitgliedern zugänglich.

The Hero's Journey – die Reise des Helden

Die große Arkana im Tarot stellt eine Reise durch die Höhen und Tiefen des menschlichen Lebens dar. Die Karten repräsentieren eine Abfolge von Erfahrungen, die wir im Laufe unseres Lebens durchlaufen können. Die Trümpfe zeigen die verschiedenen Stationen der ***Hero's Journey***, der ***Reise des Helden***.

Dieser Begriff bezeichnet die universale Vorlage der Geschichte in Mythen und Legenden. Der Held beginnt ein Abenteuer, erlebt eine oder mehrere Krisen und kehrt am Ende verwandelt nach Hause zurück. Typisch für die Heldenreise ist die Transformation, die persönliche Weiterentwicklung. Die Reise bewirkt, dass der Held wichtige Erkenntnisse gewinnt, die sein Leben und das seiner Mitmenschen verändern.

Reise vom Narren zur Welt

Die Reise beginnt mit der 0, der Karte des Narren. Der Narr ist unbeschwert und optimistisch, aber auch unerfahren und naiv. Er verkörpert das unbegrenzte Potenzial, das uns allen zur Verfügung steht.

Während der Reise durch die Karten der großen Arkana begegnet der Narr verschiedenen Archetypen und Herausforderungen, die seine persönliche Entwicklung vorantreiben. Die Karten wie der ***Magier***, die ***Hohepriesterin***, die ***Liebenden*** oder der ***Tod*** repräsentieren Stationen auf diesem Weg. Jeder Archetyp überbringt eine Botschaft mit individueller Bedeutung.

Am Ende der Reise steht die ***Welt*** – eine Karte, die Erfüllung, Erfolg und Harmonie verkündet. Der Held hat seine Reise vollendet und eine höhere Bewusstseinsebene erlangt.

Jede Karte kann je nach Situation und Fragestellung unterschiedliche Bedeutungen haben. Das ist der Zauber des Tarots – es ermöglicht es uns, in die Tiefe unseres eigenen Bewusstseins einzutauchen und eine ganz persönliche Verbindung zu den Symbolen und ihrer Bedeutung herzustellen.

Die Struktur der großen Arkana

Die 22 großen Trümpfe des Tarots können wir in drei Reihen mit jeweils sieben Karten einteilen. Jede Reihe hat ihre eigene Bedeutung und verkörpert einen Aspekt der menschlichen Entwicklung und Transformation. Eine Reihe wird oft auch als ***Triade*** bezeichnet. Die Einteilung kann variieren, je nach Tradition.

Ich nutze seit Jahrzehnten die folgende Struktur.

Die Reihe des Selbst: 1 bis 7

Die Reihe des Selbst umfasst die Karten 1 bis 7. Diese großen Trümpfe repräsentieren die individuelle Persönlichkeit, die Energie und den inneren Prozess des Einzelnen am Beginn der Reise des Erwachens. Die Trümpfe erforschen Themen wie Selbstbewusstsein, Identität, Potenzial und persönliche Macht. Die Karten in dieser Reihe tragen dazu bei, uns selbst besser zu verstehen und unsere einzigartigen Fähigkeiten und Talente zu erkennen.

Die Reihe der Herausforderungen: 8 bis 14

Die zweite Reihe umfasst die Karten 8 bis 14 und wird oft als die Reihe der Herausforderungen bezeichnet. Diese Karten beschreiben die Prüfungen, Hindernisse und Lektionen, die im Leben auftreten können. Wenn wir uns mit schwierigen Situationen auseinandersetzen, haben wir die Chance, alte Muster und Begrenzungen zu überwinden. Die Karten in dieser Reihe können uns helfen, unsere Ängste und Blockaden zu erkennen und neue Wege des Wachstums und der Transformation zu finden.

Reihe der spirituellen Ernte: 15 bis 21

Die Trümpfe der dritten Reihe, die Karten 15 bis 21, verkörpern unsere spirituelle Ernte. Sie beziehen sich auf typische Perioden, die beim Übergang zu einer höheren Ebene des Bewusstseins und der spirituellen Erkenntnis auftreten. Sie symbolisieren Erleuchtung, spirituelle Integration, Weisheit und universale Prinzipien. Die Karten in dieser Reihe ermutigen uns, unser spirituelles Potenzial zu entfalten, uns mit höheren Wahrheiten zu verbinden und unsere Verbindung zur universellen Weisheit zu stärken.

Die Sonderkarte: 0, der Narr

Der ***Narr*** trägt die Nummer 0, die außerhalb dieser Struktur steht. Sie lässt sich nicht einordnen, denn die unbewussten Inhalte des Narren können uns jederzeit zu Spontaneität auffordern. Der Narr repräsentiert die Unschuld und den Mut, sich auf das Abenteuer des Lebens einzulassen. Damit signalisiert diese Karte unbegrenzte Möglichkeiten und freien Willen.

Das Tanzen aus der Reihe des Narren zeigt uns auch, dass der spirituelle Weg nicht linear verläuft. Jede logische Struktur ist beschränkt, weil sich das Leben nicht mit rationalem Denken erfassen lässt. Wir alle haben in jedem Moment die Freiheit, unsere eigene Reise zu gestalten und neue Wege zu erkunden.

Dennoch hilft uns die Einteilung der großen Trümpfe in drei Reihen, eine logische Anordnung, die Bedeutung der Karten leichter zu verstehen. Wenn wir ein Legemuster betrachten, können wir damit tiefere Bedeutungen verstehen. Erscheinen Trümpfe der ersten Reihe, dann geht es darum, unser Wesen zu erkennen. Die Karten der zweiten Reihe zeigen an, dass wir die Umwelt als Möglichkeit für unseren Lernprozess begreifen können. Die dritte Reihe informiert uns über die Fortschritte auf unserem Weg.

Übrigens sind die Reihenfolge und sogar die Zahl der großen Trümpfe nicht einheitlich. Einige Decks können zusätzliche Karten enthalten oder aber die Namen und Abbildungen der Karten unterscheiden sich.

Die meisten modernen Tarotkarten orientieren sich jedoch am Rider-Waite-Tarot. Wenn Du Dich mit diesem Tarotdeck vertraut machst, hast Du eine gute Grundlage für das Verständnis aller Tarotkarten.

Die Karten der großen Arkana im Rider-Waite-Tarot

Hier folgt eine genaue Beschreibung der Trümpfe der großen Arkana. Es bietet sich an, bei Lesungen hier immer wieder nachzuschlagen, solange Du noch nicht viel Übung hast. So prägt sich die Bedeutung schnell ein. Allerdings hängt die Deutung einer Karte auch immer vom Kontext und der gegenwärtigen Situation ab.

Der Narr - Karte 0 der großen Arkana

Die 0 ist eine ganz besondere Zahl. Deshalb zählt die Karte des Narren zu den Karten des Tarot-Decks, die eine besondere Faszination ausstrahlen. Der Narr steht am Anfang des gesamten Systems. Wir können ihn in der Mitte über den drei Triaden platzieren, denn er repräsentiert das gesamte Potenzial des Unbewussten. Der Narr stürzt sich in das Unbekannte und beginnt die Reise. Die Zahl 0 steht für die Vollkommenheit der Einheit, die den Anfang und das Ende eines Zyklus beinhaltet.

Das Bild auf der Karte des Narren zeigt einen jungen, unbekümmerten Mann, der auf einer Klippe steht und in den Himmel schaut. Sein Blick ist nach vorne gerichtet und sein Gesicht strahlt eine Mischung aus Freude und Unschuld aus. Der Narr hält eine weiße Rose in der Hand, ein Symbol für Reinheit und unschuldige Schönheit.

Auf seiner Schulter sitzt ein kleiner weißer Hund - ein Symbol für treue Begleitung und Vertrauen. In seiner rechten Hand hält der Narr einen Stab mit einem kleinen Beutel. Das ist alles, was er an Besitztümern braucht. Seine linke Hand ist frei und offen, bereit, die Möglichkeiten des Lebens zu ergreifen.

Wahre Freiheit liegt in der Authentizität

Über dem Kopf des Narren schwebt eine gelbe Sonne, die das Licht der Erkenntnis und des Bewusstseins symbolisiert. Der blaue Himmel im Hintergrund signalisiert Freiheit und Unendlichkeit. Der Bergpfad, auf dem der Narr geht, ist mit Blumen und Pflanzen gesäumt, ein Zeichen für das Wachstum und die Fülle der Natur.

Der Narr trägt bunte Kleidung, wie es sich für einen Narren geziemt. Die vielen Farben des Gewands spiegeln die Vielfalt des Lebens und die Abenteuerlust des Narren wider. Sie repräsentieren aber auch seine Unabhängigkeit von Konventionen und gesellschaftlichen Normen. Das soll uns daran erinnern, dass wahre Freiheit im Ausdruck unserer einzigartigen Individualität liegt.

Der Narr steht für Spontaneität, Unbefangenheit und den Mut, ins Unbekannte zu springen. Er verkörpert den Geist des Abenteuers und die Bereitschaft, Risiken einzugehen, um neue Erfahrungen zu machen.

Rider Waite Tarot Karte der Großen Arkana
Der Narr

Der Narr ist der Archetyp des Narren oder des Weisen, der den Mut hat, das Unbekannte zu erkunden und neue Wege zu beschreiten. Er kann leichtfüßig am Rand der Klippe entlang wandern, denn er schwelgt in unerschütterlichem Glauben an die eigene Kraft. Der Narr ist eng mit dem Element Luft verbunden, das für den Geist und das Denken steht. Er verkörpert die Kraft der Imagination und der Kreativität. Der Narr ermutigt uns, unsere Ängste und Zweifel hinter uns zu lassen und uns auf das Abenteuer des Lebens einzulassen.

Manchmal ist es Zeit, etwas zu riskieren

Wenn diese Karte in einer Lesung erscheint, dann mache Dich bereit für den Sprung ins Unbekannte, ohne Rücksicht auf Konventionen oder Sicherheit. Die Karte erinnert uns daran, dass manchmal der einzige Weg zum Wachstum darin besteht, die Komfortzone zu verlassen und sich den Herausforderungen des Lebens zu stellen.

Der Narr ermutigt uns, spontan zu sein und unserer Freude zu folgen. Diese Karte kündigt an, dass eine Zeit des Übergangs und des Neubeginns bevorsteht. Sie erinnert uns daran, dass wir in jedem einzelnen Moment die Möglichkeit haben, unsere Realität neu zu gestalten und unsere eigenen Entscheidungen zu treffen. Der Narr ermutigt uns, uns von den Zwängen der Vergangenheit zu lösen und dem Ruf unseres Herzens zu folgen.

In Tarot-Lesungen kann die Karte des Narren auch darauf hinweisen, dass es an der Zeit ist, Risiken einzugehen, neue Wege zu erkunden und das Leben aus einer frischen Perspektive zu betrachten. Die Karte ermutigt uns, uns von Erwartungen und Urteilen anderer zu befreien und unsere eigene Wahrheit zu leben. Der Narr eröffnet uns die Möglichkeit, die Welt auf spielerische und abenteuerliche Weise zu entdecken und die Freude und Magie des Lebens zu erfahren.

Wir dürfen das Leben richtig genießen

Das ist keine Aufforderung zum Leichtsinn – obwohl diese Karte uns darauf hinweisen soll, dass wir das Leben leichtnehmen und in vollen Zügen genießen können. Sie ist aber auch eine Erinnerung daran, dass wir unser eigenes Schicksal formen können. Indem wir das Potenzial des Narren in uns erkennen und es mit Weisheit und Bewusstsein nutzen, können wir eine Reise des persönlichen Wachstums und der Selbsterkenntnis antreten.

Die Karte des Narren im ***Rider-Waite-Tarot*** ist eine Einladung, die Welt mit Kinderaugen zu sehen und die Freude der Entdeckung und des Abenteuers wiederzuentdecken. Sie erinnert uns daran, dass wir alle Narren sein können, wenn wir uns erlauben, uns von den Fesseln der Vernunft zu befreien und unser inneres Kind zu umarmen.

Der Narr ist eine Karte der Hoffnung, des Vertrauens und der grenzenlosen Möglichkeiten. Indem wir uns von seiner Energie inspirieren lassen, können wir den Mut finden, neue Wege zu gehen und unser Leben auf authentische und erfüllende Weise zu gestalten.

Möge der Narr Dich ermutigen, jeden Tag ins Unbekannte zu springen und die Wunder des Lebens zu entdecken.

Der Magier: Trumpf Nummer 1 der großen Arkana

Der ***Magier*** steht für die schöpferische Kraft, die Fähigkeit, unsere Ressourcen zu nutzen, um unsere Welt zu gestalten. Die Zahl 1 repräsentiert in der Numerologie männliche Energie. Es ist die Zahl des Anfangs, der Individualität und des Selbstausdrucks. In vielen esoterischen Traditionen ist die Zahl 1 mit Aktivität, Durchsetzungsfähigkeit und Entschlossenheit verbunden.

Der Magier verkörpert Willenskraft, Selbstvertrauen und Handlungsbereitschaft. Dieser Meister der Manifestation kann seine Visionen in die Realität umsetzen. Die männliche Energie ist im Tarot nicht mit Geschlechterrollen verbunden. Der Magier repräsentiert die Tatkraft, die in Männern und Frauen gleichermaßen zum Zuge kommt. Die Zahl 1 bezieht sich auf die dynamischen Eigenschaften, die den Schöpfungsprozess ermöglichen.

Die Kraft, die spirituelle und materielle Welten verbindet

Der Magier repräsentiert die männliche Energie in ihrer reinsten Form. Das Bild zeigt einen jungen Mann, der vor einem Tisch steht, auf dem sich verschiedene Werkzeuge und Symbole befinden. Er steht aufrecht und selbstbewusst, mit einer Hand nach oben und der anderen nach unten gerichtet. Dies repräsentiert das Prinzip ***„Wie oben, so unten.“***

Der Magier trägt ein weißes Gewand, das Reinheit und geistige Klarheit symbolisiert, sowie einen roten Umhang, der für Energie, Handlungsbereitschaft und Leidenschaft steht. Über seinem Kopf schwebt das Unendlichkeitszeichen, das die endlosen Möglichkeiten und das Potenzial des Magiers darstellt. Der Hintergrund der Karte ist grün, die Farbe für Wachstum, Fruchtbarkeit und die Verbindung zur Natur.

Vier Elemente und vier Aspekte des Bewusstseins

Die Werkzeuge auf dem Tisch repräsentieren die vier Elemente und die vier Aspekte des Bewusstseins. Das Schwert symbolisiert den Geist und die klare Kommunikation. Der Kelch steht für Gefühle. Der Stab repräsentiert Energie und Willenskraft. Die Münzen weisen auf die materiellen Aspekte des Lebens hin.

Rider Waite Tarot Karte der Großen Arkana
Der Magier

Der Magier zeigt uns, dass wir die Elemente in harmonischer Weise nutzen können, um unsere Ziele zu erreichen und unsere Träume zu verwirklichen.

Die Position der Hände des Magiers ist von großer Bedeutung. Die nach oben gerichtete Hand symbolisiert den Zugang zum spirituellen und göttlichen Bewusstsein. Sie erinnert uns daran, dass wir mit dem Universum und den höheren Kräften verbunden sind. Die nach unten gerichtete Hand repräsentiert die Manifestation und das Erschaffen auf der materiellen Ebene. Der Magier lehrt uns, dass wir durch die Verbindung von Geist und Materie in der Lage sind, unsere Visionen und Ideen in die Realität umzusetzen.

Wir sind alle Schöpfer unseres Schicksals

In divinatorischer Hinsicht steht der Magier für die Kraft des Handelns und der Manifestation. Er ermutigt uns, unsere Fähigkeiten, Talente und Ressourcen zu nutzen, um unsere Ziele zu erreichen. Der Magier erinnert uns daran, dass wir die Schöpfer unseres eigenen Schicksals sind und die Macht haben, unser Leben zu gestalten. Wir tragen die Verantwortung für unsere Gedanken und Handlungen. Sie bilden die Grundlage für unsere Erfahrungen.

Der Magier lädt uns ein, unsere eigene Macht zu erkennen. Diese Karte ermutigt uns, uns selbst zu ermächtigen, unsere Kreativität zu entfalten und unser inneres Wissen zu nutzen, um unser Leben in eine positive Richtung zu lenken. Wenn wir uns von der Energie des Magiers inspirieren lassen, können wir ein erfülltes und authentisches Leben führen. Der Magier fordert uns auf, nicht in die Opferrolle zu verfallen. Wir sind die Schöpfer und wir können unsere Träume verwirklichen.

Wenn wir dem Ruf des Narren folgen, haben wir bereits den ersten Schritt getan. Der Magier hilft uns weiter auf dem Weg, ein wunderbares Leben zu verwirklichen.

Diese Karte ist eine Einladung, unsere männliche Energie zu aktivieren und unseren Willen einzusetzen, um unsere Ziele zu erreichen.

Möge der Magier Dir Vertrauen einflößen, jeden Tag kraftvoll Deine Aufgaben anzupacken und so den Zauber des Lebens zu erfahren.

Die Hohepriesterin: Trumpf Nummer 2 der großen Arkana

Die ***Hohepriesterin***, der zweite große Trumpf, repräsentiert Weisheit und die geheimnisvolle Welt der Gefühle. Mit ihrer ruhigen Präsenz und ihrer tiefgründigen Symbolik verkörpert die Hohepriesterin die weibliche Energie und die Fähigkeit, auf unser inneres Wissen und unsere Intuition zu vertrauen.

Die Zahl 2 der Hohepriesterin steht für die Verbindung mit dem weiblichen Aspekt des Universums – weiter steht sie für Dualität, Ausgleich und Partnerschaft.

Die Hohepriesterin erinnert uns daran, dass in der Dynamik von männlicher und weiblicher Energie, von ***Yin*** und ***Yang***, Gleichgewicht und Harmonie entstehen.

Diese Karte ist eine Einladung, unsere weibliche Energie zu erkennen und zu integrieren, um ein ausgewogenes und erfülltes Leben zu führen.

Die Hüterin der Pforte zu verborgenem Wissen

Das Bild der Hohepriesterin zeigt eine Frau, die auf einem Thron sitzt, den zwei Säulen umrahmen. Das Blau ihres Umhangs weist auf spirituelle Weisheit und Intuition hin. Die Hohepriesterin hält ein aufgeschlagenes Buch in ihren Händen, welches Wissen zeigt, das durch Meditation und innere Arbeit erworben wurde. Hinter ihr befindet sich ein gemusterter Vorhang, der Zugang zu verborgenen Weisheiten und spirituellen Erkenntnissen repräsentiert. Die Hohepriesterin hütet die Pforte zu diesen Geheimnissen.

Die beiden Säulen, bekannt als ***B*** und ***J***, bilden das Tor zur Welt der intuitiven Erkenntnis. Die erste Säule, oft als Säule des ***B*** bezeichnet, wird auch als ***schwarze Säule*** oder ***Jachin*** bezeichnet. Sie steht für die männliche Energie, Aktivität, Stabilität und Macht. Die Farbe Schwarz symbolisiert in diesem Kontext die Erde, das Materielle und das Konkrete.

Die Säule repräsentiert auch das Prinzip der Polarität und Dualität, das in vielen esoterischen Lehren betont wird.

Rider Waite Tarot Karte der Großen Arkana

Die Hohepriesterin

Säulen, Tore und Fenster: Hinweise auf Polarität

Die zweite Säule, die Säule des ***J***, ist auch als ***weiße Säule*** oder ***Boaz*** bekannt. Sie bildet den Gegenpol zur männlichen Säule und steht für die weibliche Energie, Passivität und Empfänglichkeit. Die Farbe Weiß signalisiert Reinheit, Klarheit und das Spirituelle. Die Säule verkörpert auch das Prinzip der Harmonie und des Gleichgewichts zwischen den Gegensätzen.

Zwei Säulen, Tore oder Fenster, kommen auf vielen Tarotkarten vor. Sie weisen immer auf die Dualität und die Einheit hin, die auf dem Zulassen männlicher und weiblicher Energien basiert. Sie repräsentieren die Polarität von Aktivität und Passivität, Himmel und Erde. Die Säulen sind auch eng mit dem mystischen Baum des Lebens aus der Kabbala verbunden. In der Kabbala werden sie als die Säulen der Gnade und der Strenge bezeichnet. Die Säule des ***B*** steht für die Sphäre der Gnade, welche Liebe, Mitgefühl und Spiritualität repräsentiert. Die Säule des ***J*** steht für die Sphäre der Strenge, die Disziplin, Struktur und Ordnung verkörpert. Gemeinsam symbolisieren sie die verschiedenen Aspekte und Kräfte, die in der spirituellen Entwicklung und im Universum wirken.

Die beiden Säulen erinnern uns daran, das Gleichgewicht von Gegensätzen zu suchen und zu bewahren. Es geht darum, die männliche und weibliche Energie in uns selbst zu erkennen und zu integrieren, um ein erfülltes und harmonisches Leben zu führen.

Die Geheimnisse weiblicher Energie ergründen

In divinatorischer Hinsicht steht die Hohepriesterin für Geheimnisse, Intuition und das Unterbewusste. Sie fordert uns auf, uns unserer inneren Weisheit bewusst zu werden und auf unsere Intuition zu hören. Passivität wird in unserer modernen Gesellschaft häufig als Schwäche ausgelegt. Diese Karte weist darauf hin, dass Abwarten ohne Aktion manchmal der geeignete Weg ist, um zum Ziel zu kommen.

Die Hohepriesterin kann auch auf die Bedeutung von spirituellen Lehrern und Mentoren hinweisen, die uns auf unserem Weg zur Erkenntnis begleiten können. Sie erinnert uns aber auch daran, dass wir in uns selbst Antworten und Führung finden können. Sie ermutigt uns, unseren inneren Stimmen zu lauschen und unsere Intuition als Werkzeug für unsere spirituelle Entwicklung zu nutzen.

Möge die Hohepriesterin Dir die Weisheit geben, immer auf Deine Intuition zu vertrauen und Abwarten als Ausdruck von Geduld zu verstehen. Manchmal brauchen wir etwas Zeit, bis der richtige Moment für die Aktion des Magiers eintrifft.

Die Herrscherin: Trumpf Nummer 3 der großen Arkana

Die ***Herrscherin*** - an der dritten Stelle der Trümpfe der großen Arkana - repräsentiert Kreativität, Fülle und Fruchtbarkeit. Mit ihrem majestätischen Auftreten und ihrer lebenspendenden Energie verkörpert die Herrscherin die erschaffende Kraft des Universums.

Die Summe von 1 und 2 ergibt 3. Diese Zahl repräsentiert in der Numerologie schöpferischen Ausdruck, Kommunikation und die Fähigkeit, unsere inneren Gedanken und Ideen nach außen zu tragen. Das Dreieck als Symbol der Zahl 3 erinnert uns daran, dass kreative Energie entsteht, wenn zwei Kräfte oder Aspekte miteinander verschmelzen und eine neue Einheit bilden. Das Dreieck symbolisiert daher das Zusammenspiel der zwei entgegengesetzten Pole des Magiers und der Hohepriesterin. Sie vereinen sich und erzeugen eine neue, dritte Kraft.

Das dynamische Zusammenspiel verschiedener Kräfte

Das ***Dreieck*** symbolisiert auch die Einheit von Körper, Geist und Seele oder von Vergangenheit, Gegenwart und Zukunft. Die drei Eckpunkte ermöglichen das Zusammenspiel von verschiedenen Kräften oder Elementen, die sich gegenseitig beeinflussen und ergänzen. Das erinnert uns daran, dass wir Teil eines größeren Ganzen sind und dass unsere Handlungen und Entscheidungen Auswirkungen auf andere haben können.

Das Bild der Herrscherin zeigt eine Frau, die auf einem königlichen Thron sitzt, umgeben von üppiger Natur. Sie trägt ein Gewand in sattem Grün, das auf Wachstum, Fruchtbarkeit und die Verbindung zur Natur hinweist. Ihr Thron ist mit Kissen verziert, die Komfort und Überfluss darstellen.

Wohlstand und Fülle von Mutter Natur

In ihren Händen hält sie ein Zepter, das ihre Autorität und Macht repräsentiert, sowie eine Kugel oder einen Globus, der auf ihre Herrschaft über die materielle Welt hinweist. Die warme, lebendige Farbpalette der Karte erzeugt eine Atmosphäre des Wohlstands mit fast magischer Ausstrahlung.

Rider Waite Tarot Karte der Großen Arkana
Die Herrscherin

Die Herrscherin repräsentiert die weibliche Schöpferkraft und die Fülle des Lebens. Wir können sie mit Mutter Natur vergleichen, die uns mit Nahrung, Wachstum und Lebenskraft versorgt. So verkörpert sie auch die liebevolle und fürsorgliche Seite des Weiblichen, die Schutz und Geborgenheit bietet.

Schönheit, Ästhetik und liebevolle Harmonie

Die Herrscherin wird oft mit der Göttin in verschiedenen Kulturen assoziiert. Sie steht für die Verbindung zur Erdgöttin, der Schutzpatronin der Fruchtbarkeit und der natürlichen Zyklen. Auf der Karte ist die Venus als kleines Zeichen auf dem Schild der Herrscherin zu sehen. Dieses astrologische Symbol erinnert uns daran, dass die Herrscherin von einer liebevollen und harmonischen Energie geleitet wird. Die Venus sagt uns, dass wir alle die Fähigkeit haben, Schönheit und Ästhetik in unser Leben zu bringen.

Der Wasserfall auf der Karte zeigt uns den Fluss des Lebens und die überfließende Energie der Herrscherin. Das Wasser strömt über die Felsen herunter und weist uns darauf hin, dass wir alle Reichtum und Fülle in unser Leben ziehen können. Es geht darum, die natürliche Fülle annehmen und empfangen zu können.

Freier Fluss von Emotionen und Gefühlen

Der Wasserfall weist auch auf den freien Fluss von Emotionen, Gefühlen und Intuition hin. Er erinnert uns daran, dass es wichtig ist, unseren Gefühlen zu vertrauen und ihnen Raum zu geben, um sich auszudrücken. Durch das Zulassen und Ausdrücken unserer Emotionen können wir unsere innere Fülle erfahren und uns mit unserer eigenen Kreativität und Schöpferkraft verbinden.

In divinatorischer Hinsicht steht die Herrscherin für Stabilität und materiellen Erfolg. Sie erinnert uns daran, dass wir die Fähigkeit haben, unseren eigenen Wohlstand zu schaffen und in Fülle zu leben. Wir können unsere kreativen Kräfte nutzen, um ein erfülltes und reiches Leben zu führen. Die Herrscherin kann auch auf die Bedeutung von Mutterschaft, Familie und Fürsorge hinweisen. Sie ermutigt uns, in uns selbst nach Stärke und Fülle zu suchen und für uns selbst und andere zu sorgen.

Möge Dich die Herrscherin daran erinnern, dass wir alle unsere Umwelt gestalten. Wir haben jederzeit die Chance, durch kreatives Erschöpfen die Fülle der Natur in unserem Leben zu erfahren.

Der Herrscher: Trumpf Nummer 4 der großen Arkana

Die Karte 4, der Herrscher, verkörpert Macht, Autorität und Stabilität. Mit seinem königlichen Auftreten und seiner dominanten Energie verdeutlicht der Herrscher die Fähigkeit, das Leben und das Umfeld zu kontrollieren.

Auf die dynamische 3 folgt die Zahl 4. Sie ist der Inbegriff von Struktur und Ordnung und begegnet uns häufig in der Natur, bspw. in Form der vier Himmelsrichtungen. Sie repräsentiert die Verwirklichung von Ideen und die Manifestation von Zielen. Die Zahl 4 erinnert uns daran, dass wir eine klare Struktur in unserem Leben erschaffen können. So stellen wir unseren Erfolg auf eine solide Basis.

Königliche Farben Purpur und Gold

Das Bild des Herrschers zeigt einen Mann mit majestätischer ***Präsenz*** auf einem königlichen Thron. Er ist in eine purpurrote Robe gekleidet, was auf Macht, Würde und Autorität hinweist. Auf seinem Kopf trägt er eine goldene Krone, die seine königliche Herrschaft symbolisiert. In seiner rechten Hand hält er ein Zepter, das seine Macht und Führung repräsentiert. In der linken Hand befindet sich eine Weltkugel, die auf seine Kontrolle und Verantwortung gegenüber der materiellen Welt hinweist. Auch die Farben der Karte spiegeln mit Purpurrot und Gold königliche Dominanz wider.

Der Herrscher steht für die männliche Energie, die in der materiellen Welt ausgeübt wird. Die Herrscherin führt die Kraft von Magier und Hohepriesterin zusammen und schafft daraus Kreativität. Der Herrscher verankert diese Schöpferkraft in der Materie und verkörpert damit Macht und Kontrolle.

Verantwortung übernehmen und Struktur schaffen

Diese Karte repräsentiert die Fähigkeit, Entscheidungen zu treffen, Verantwortung zu übernehmen und eine strukturierte Ordnung aufrechtzuerhalten. Sie symbolisiert auch die Stärke und Stabilität, die benötigt wird, um ein erfolgreiches Leben zu führen.

Rider Waite Tarot Karte der Großen Arkana
Der Herrscher

Der Herrscher wird oft mit dem Archetyp des Königs in verschiedenen Kulturen assoziiert. Er ist ein autoritärer Führer, dazu ausersehen, die Richtung zu bestimmen. Die Krone und das Zepter wurzeln in Traditionen des Königtums. Diese Staatsform hat in verschiedenen Formen auf der ganzen Welt Jahrtausende überdauert.

Feurige Energie des Widders nutzen

Die Widderköpfe am Thron des Herrschers auf der Karte symbolisieren Stärke, Kampfgeist und Macht. Sie weisen auf die Energie des Tierkreiszeichens Widder hin, das für Dynamik, Entschlossenheit und Durchsetzungsvermögen steht.

Der Herrscher nutzt die feurige Energie des Widders. Dieses Sternzeichen ist bekannt für seinen starken Willen und seine Entschlossenheit, Hindernisse zu überwinden und Ziele zu erreichen.

Die Widderköpfe erinnern uns daran, dass der Herrscher die Fähigkeit hat, Herausforderungen anzunehmen und mutig seinen Weg zu gehen.

Das Zepter in der rechten Hand des Herrschers, der Hand der Bewusstheit, betont seine Durchsetzungskraft und seine Fähigkeit, Visionen und Ziele zu verwirklichen. Das Zepter kann auch als Symbol für die Verbindung zur geistigen Welt gesehen werden. Mit diesem Werkzeug kann er göttliche Führung und Weisheit empfangen. Das Zepter erinnert uns daran, dass der Herrscher nicht nur auf seine eigene Stärke und Macht angewiesen ist, sondern auch auf die Unterstützung und Inspiration einer höheren Quelle.

Stabilität in Einklang mit höherer Führung

In divinatorischer Hinsicht steht der Herrscher für das Erlangen von Stabilität im Alltag. Er ermutigt uns, unsere eigene Macht und Autorität anzuerkennen und sie in Einklang mit unserer höheren Führung zu nutzen. Wir alle können die Kontrolle über unser Leben übernehmen und unsere Ziele erreichen.

Der Herrscher erinnert uns daran, dass wir dafür eine klare Struktur sowie Disziplin und Verantwortung brauchen. Wenn wir unsere Macht erkennen und sie im Einklang mit höheren Ebenen der Existenz nutzen, können wir ein wunderbar erfülltes Leben erschaffen.

Möge Dich der Herrscher dazu ermutigen, Dein Leben in Deine eigenen Hände zu nehmen, Dich mit Deiner inneren Stärke zu verbinden und Dich gleichzeitig für göttliche Führung zu öffnen. Wir alle haben die Fähigkeit, Hindernisse zu überwinden und unsere Ziele zu erreichen.

Der Hierophant: Trumpf Nummer 5 der großen Arkana

Die Karte 5, der ***Hierophant***, verkörpert spirituelle Weisheit, traditionelle Werte und große Organisationen. Der religiöse Charakter der Karte weist auf die Bedeutung überlieferter Lehren bei der Suche nach spiritueller Erkenntnis hin.

Der Hierophant trägt die Zahl 5, die Summe von 2 und 3. Er verbindet das Wissen um die Dualität der Hohepriesterin mit der Kreativität der Herrscherin, die männliche und weibliche Energien vereint. Nachdem der Herrscher der Schöpferkraft eine solide Basis verliehen hat, sind wir bereit, spirituelle Weisheit zu erlangen.

Spirituelle Autorität und traditionelles Wissen

Das Bild des Hierophanten zeigt einen geistlichen Führer, der auf einem erhöhten Thron sitzt. Er trägt die Tiara, die dreifache Krone, welcher der Papst bei feierlichen Anlässen trägt. In seinen Händen hält der Hierophant ein Dreifachkreuz, das auf seine spirituelle Autorität und sein Wissen hinweist.

Wie die Hohepriesterin sitzt er zwischen zwei Säulen, die für Dualität und Polarität stehen. Die Säulen könnten sich in einer gotischen Kathedrale befinden, deren hoch aufstrebende Form auf die spirituelle Dimension und den Zugang zu höherem Wissen hinweist. Das Gold der Robe und des dreifachen Kreuzes repräsentieren spirituelle Macht und Erleuchtung.

Vermittler zwischen den Welten

Der Hierophant steht für traditionelle Werte, spirituelle Lehren und religiöse Institutionen. Im übertragenen Sinn verkörpert er alle Arten von Organisationen in der modernen Welt. Als Priester dient er als Vermittler zwischen den Menschen und der spirituellen Welt. Sein Dreifachkreuz symbolisiert die Dreifaltigkeit oder die Vereinigung von Körper, Geist und Seele.

Rider Waite Tarot Karte der Großen Arkana
Der Hierophant

Die beiden Schüler zu seinen Füßen suchen nach spiritueller Erkenntnis und wenden sich dem Hierophanten als spirituellem Lehrer zu. Sie sind in den traditionellen Gewändern der Mönche gekleidet, was auf ihre enge Beziehung zur Tradition hinweist. Mönche entsagten den Verführungen der Welt und widmeten ihr Leben der Kirche. Die Schüler werden hier in die Lehren der Mönche eingeweiht und empfangen vom Hierophanten spirituelles Wissen und Weisheit.

Der Wert langjähriger Erfahrung und Weisheit

Die Schüler schauen zu dem Lehrer auf und sind bereit, einen spirituellen Weg einzuschlagen, der auf langjähriger Erfahrung und Weisheit basiert. Die Lernenden verkörpern unsere Offenheit für traditionelle Praktiken, um spirituelles Wachstum zu erlangen. Sie erkennen, dass wir von den Erfahrungen und dem Wissen früherer Generationen lernen können. Die Schüler weisen auch auf die Bedeutung von spirituellen Gemeinschaften hin. Oft ist es hilfreich, Teil einer Gruppe zu sein und sich von erfahrenen Lehrern anleiten zu lassen.

Die Schlüssel sind ein Zeichen für tiefes Verständnis und die Einsicht, die der Hierophant als spiritueller Führer erlangt hat. Sie stehen auch für die Fähigkeit, Zugang zu den verborgenen Wahrheiten und Mysterien der spirituellen Welt zu erhalten. Darüber hinaus symbolisieren die gekreuzten Schlüssel die Fähigkeit des Hierophanten, spirituelle Weisheit zu kontrollieren und zu vermitteln. Sie sind ein Zeichen für seine Verantwortung, zu führen und den Menschen den Weg zur spirituellen Erleuchtung zu zeigen.

Ermutigung, die spirituelle Reise zu beginnen

Die divinatorische Botschaft des Hierophanten ist die Ermutigung. Er fordert uns auf, die spirituelle Reise zu beginnen und nach Wahrheit und Erkenntnis zu streben. Der Hierophant kann auch auf die Bedeutung von spirituellen Führern, religiösen Institutionen oder traditionellen Lehren hinweisen. Er erinnert uns daran, dass wir auf unserem Weg zur Erleuchtung nicht allein sind.

Diese Karte kann auch zeigen, dass wir unsere eigenen Überzeugungen entwickeln können. Es ist möglich, die richtigen Schlüssel für die spirituelle Erkenntnis zu finden. Der Hierophant ermutigt uns, um Führung zu bitten. Gleichzeitig erinnert er uns daran, dass wir uns für Lehren öffnen müssen.

Dennoch gibt es kein allgemeingültiges Erfolgsrezept für Erleuchtung, das wir von einer Organisation oder einer spirituellen Gemeinschaft unbesehen übernehmen können. Es führt kein Weg daran vorbei, unsere eigenen Erfahrungen zu machen und unsere Überzeugungen immer wieder zu überprüfen. Es gibt keinen ***„Guru"***, der Dich erlöst und Dir die Verantwortung für Dein Leben abnimmt. Den wahren ***„Guru"*** findest Du nur in Dir selbst.

Möge Dich der Hierophant dazu auffordern, Deine spirituelle Reise zu beginnen und Dich mit traditionellen Lehren vertraut zu machen. Wir alle können uns von den Verpflichtungen der materiellen Welt lösen, um den tieferen Sinn des Lebens zu erforschen.

Die Liebenden, Trumpf Nummer 6 der großen Arkana

Der Trumpf 6, die Liebenden, verkörpert die Essenz der Liebe, Beziehungen und Entscheidungen. Die Zahl 6 entsteht aus der Multiplikation von 2 und 3, was die Vereinigung und das harmonische Zusammenwirken von weiblicher Energie der Hohepriesterin mit der Schöpferkraft der Herrscherin andeutet.

Wir können die Zahl 6 aber auch als Summe von 5 und 1 betrachten. Wenn zu den spirituellen Lehren des Hierophanten die Tatkraft des Magiers hinzukommt, haben Liebesbeziehungen auch eine spirituelle Komponente.

Harmonie zwischen Tradition und Individualität

Die Liebenden symbolisieren die harmonische Vereinigung von Tradition und Individualität, von spiritueller Weisheit und persönlicher Kreativität. Sie erinnern uns daran, dass wahre Liebe und erfüllende Beziehungen beides brauchen: traditionelle Werte und individuelle Freiheit. In einer Partnerschaft geht es darum, das Beste aus beiden Welten zu vereinen und unseren eigenen Weg in der Liebe zu finden.

Die Liebenden weisen uns auf die persönlichen Entscheidungen hin, die wir in Liebesbeziehungen treffen müssen. Dieser Trumpf lädt uns ein, auf unser Herz und unsere Intuition zu hören. Männliche und weibliche Energien in uns selbst zu erkennen, hilft uns, eine gesunde Liebesbeziehung aufzubauen.

Innere Überzeugungen im Einklang mit Beziehung

Der Übergang von den Lehren des Hierophanten zur persönlichen Entscheidungsfindung und individuellen Erfahrung ist ein wichtiger Schritt auf unserer spirituellen Reise. Es geht darum, das Gelernte zu integrieren und unseren eigenen Weg zu finden, der sowohl unseren inneren Überzeugungen als auch unseren Beziehungen gerecht wird.

Rider Waite Tarot Karte der Großen Arkana
Die Liebenden

Das Bild der Liebenden zeigt einen Mann und eine Frau, die sich gegenüberstehen. Ein Engel schwebt über ihnen, um sie zu beschützen. Der Mann schaut zur Frau, während die Frau zur Schlange blickt, die sich um den berühmten Apfelbaum windet. Eva reichte Adam den Apfel und dies war der Anstoß zur Vertreibung aus dem Paradies. Aber Adam hätte auch die Möglichkeit gehabt, den Apfel zurückzuweisen…

Diese Karte verdeutlicht die Bedeutung von Entscheidungen und inneren Konflikten, die in Liebesbeziehungen auftreten können. Der Mann repräsentiert das Bewusste und Rationale, während die Frau das Intuitive und Emotionale verkörpert. Die Schlange symbolisiert Versuchung, Verführung und die dunkle Seite der menschlichen Natur.

Wir wachsen an Herausforderungen

Der Engel über ihnen steht für göttliche Führung und spirituelle Leitung. Er erinnert uns daran, dass wir auch in der Liebe auf Intuition und Weisheit achten sollten. Der Engel kann als Vermittler zwischen den Welten dienen und den Weg zu einer harmonischen Partnerschaft weisen.

Der Berg hinter den Liebenden deutet auf Herausforderungen und Hindernisse hin, denen wir begegnen können. Der Weg zum Gipfel des Berges kann steil sein und uns mit Unsicherheiten, Zweifeln und Ängsten konfrontieren. Doch wenn wir diese Aufgaben meistern, können wir wachsen und unsere wahre Stärke entfalten.

Der Berg repräsentiert auch Stabilität und Standhaftigkeit, Festigkeit und Ausdauer, die wir in allen unseren Beziehungen und in der Liebe benötigen. Höhen und Tiefen liegen auf dem Weg zu einer tiefen und dauerhaften Verbindung. Wie ein Berg, der den Elementen standhält, müssen wir uns den Herausforderungen stellen und unsere Liebe nähren, um sie zu festigen.

Entscheidungen in Liebesdingen

In der divinatorischen Bedeutung weist die Karte der Liebenden auf Entscheidungen und Wahlmöglichkeiten hin, die in Liebesangelegenheiten auftreten. Die Karte kann auf die Notwendigkeit hinweisen, unsere Werte, Überzeugungen und Prioritäten zu überdenken. Es geht darum, eine bewusste Entscheidung zu treffen, die im Einklang mit unserer wahren Natur und unseren tiefsten Wünschen steht.

Die Karte ermutigt uns, in Liebesbeziehungen auf unser Herz zu hören. Sie erinnert uns daran, dass wahre Liebe auf Gegenseitigkeit, Verständnis und Respekt beruht. Der Trumpf kann auch auf die Bedeutung von Selbstliebe und Selbstakzeptanz hinweisen, da eine gesunde Beziehung zu uns selbst die Grundlage für eine erfüllte und harmonische Partnerschaft bildet. Nur wenn wir in uns selbst eine glückliche Beziehung zu den männlichen und weiblichen Persönlichkeitsanteilen aufgebaut haben, können wir Glück in einer Partnerschaft finden.

Mögen Dich die Liebenden dazu ermutigen, offen und bewusst in Liebesbeziehungen zu handeln. Wenn wir unsere weiblichen und männlichen Qualitäten harmonisieren, können wir liebevolle Partnerschaften aufbauen.

Der Wagen, Trumpf 7 der großen Arkana

Der Trumpf 7, der Wagen, zeigt uns die Energie des Vorankommens, die Mut und Kontrolle erfordert. Die Zahl 7 entsteht aus der Summe der 4 des Herrschers und der 3 der Herrscherin. Wir brauchen die Stabilität der Autorität, um die weibliche Schöpferkraft für unsere Reise zu nutzen und voranzukommen.

Die Primzahl 7 wird in der Numerologie oft mit tiefgreifenden spirituellen und metaphysischen Eigenschaften in Verbindung gebracht. Sie gilt als eine Zahl der Mysterien, des Wissens und der Weisheit, repräsentiert aber auch die Suche nach Wahrheit und Erkenntnis.

Spirituelle Reise im Innen und Außen

Mit dem Wagen beginnt unsere spirituelle Reise im Innen und im Außen. Die Zahl 7 steht für Meditation, Analyse und Reflexion. Menschen mit einer starken Verbindung zur Zahl 7 haben oft eine angeborene Fähigkeit, tiefe Einsichten zu gewinnen und komplexe Zusammenhänge zu erkennen.

Das Bild auf der Karte zeigt einen Wagen, den zwei Pferde, genauer ***Sphinxe***, ziehen. Der Wagenführer steht fest in der Kutsche und kontrolliert die Zügel, während er nach vorne blickt. Die Pferde repräsentieren die treibende Kraft und Energie, die Lenkung benötigt.

Rider Waite Tarot Karte der Großen Arkana
Der Wagen

Vereinigung von Mensch und animalischer Wildheit

Die ***Sphinx*** ist eine mythologische Kreatur aus dem alten Ägypten, die den Kopf eines Menschen und den Körper eines Löwen hat. Sie verkörpert die Vereinigung von Intellekt und Instinkt, von Menschlichkeit und animalischer Wildheit. Die schwarze Sphinx auf der linken Seite des Wagens repräsentiert den maskulinen Aspekt. Die schwarze Farbe steht für Stärke, Macht und Durchsetzungsvermögen. Sie erinnert uns daran, dass wir mentale Stärke, strategische Planung und Analyse nutzen sollten, um unsere Ziele zu erreichen.

Die weiße Sphinx auf der rechten Seite des Wagens weist auf den femininen Aspekt hin. Weiß wird traditionsgemäß mit Reinheit, Spiritualität und Empfänglichkeit assoziiert. Die weiße Sphinx ermahnt uns, auf unsere Gefühle und Impulse zu hören. Wir brauchen emotionale Intelligenz, Einfühlungsvermögen und Intuition, um den richtigen Kurs zu finden.

Die Sphinxe scheinen jedoch in verschiedene Richtungen zu ziehen. Das deutet darauf hin, dass wir unsere inneren Widersprüche und Ambivalenzen erkennen und in Einklang bringen müssen, um erfolgreich voranzukommen. Auf diese Weise zeigen uns die beiden Sphinxe die innere Dualität und die Notwendigkeit, männliche und weibliche Energie in Balance zu bringen. Nur die Vereinigung von Gegensätzen treibt den Wagen auf seinem Weg voran.

Die Freiheit der geflügelten Sonne

Auf dem Wagen sehen wir eine geflügelte Sonne, ein uraltes Symbol, das in verschiedenen Kulturen und esoterischen Traditionen vorkommt. Sie zeigt uns das Licht der Erkenntnis. Die Flügel symbolisieren Freiheit, Transformation und den Aufstieg zu höheren Bewusstseinsebenen. Die Sonne steht für Energie, Lebenskraft und Bewusstsein. Durch ihre Flügel wird die Sonne zu einem Symbol des spirituellen Wachstums.

Die geflügelte Sonne zeigt uns auch die Verbindung zur göttlichen Quelle und zur universellen Energie. Sie erinnert uns daran, dass uns immer eine höhere Kraft auf dem Weg begleitet. Sie lädt uns ein, unser inneres Licht zu entfachen und unsere wahre Bestimmung zu erkennen.

Die divinatorische Bedeutung des Wagens ist offensichtlich: Fortschritt und Erfolg durch Selbstbeherrschung. Dieser Trumpf ermutigt uns, unseren eigenen Weg zu gehen und unsere Ziele zu verwirklichen. Der Wagen zeigt uns auch die Notwendigkeit, in schwierigen Zeiten standhaft zu bleiben und unsere Emotionen und Impulse zu kontrollieren.

Möge Dich der Wagen inspirieren, auf Deinem Weg entschlossen und mutig, aber auch in Harmonie, voranzuschreiten. Nur wenn wir Herausforderungen offen annehmen, können wir die Lebensreise erfolgreich bestehen.

Die Kraft, Trumpf Nummer 8 der großen Arkana

Die Karte der ***Kraft***, Trumpf Nummer 8, bezieht sich auf die Bedeutung von innerer Stärke und Selbstkontrolle. Die Zahl 8 entsteht aus der Multiplikation von 2 und 4, was auf die Verbindung zwischen der Hohepriesterin und dem Herrscher hinweist.

Die Kraft verbindet die intuitiven Kräfte der Hohepriesterin mit der Struktur und der Autorität des Herrschers. Das erinnert uns daran, dass wahre Stärke nicht durch Kontrolle und Macht über andere gewonnen wird, sondern durch Selbstbeherrschung, inneres Gleichgewicht und liebevolle Führung.

Harmonie und weises Handeln

Die Zahl 8 steht auch für ausgleichende Gerechtigkeit, Harmonie und weises Handeln. Sie verkörpert die Balance zwischen Geben und Nehmen. Im ***Feng Shui*** wird die Zahl 8 als eine besonders glückliche und positive Zahl betrachtet. Sie steht für Wohlstand, Erfolg und gute Energie.

Die Acht sehen wir auch im ***Bagua***, dem achtteiligen Energiefeld. Diese Aufteilung des Raums fördert Wohlstand und Fülle. Das Platzieren von Gegenständen und das Hervorheben von Bereichen nach dem ***Bagua*** kann positive Energie anziehen und den Wohlstand steigern.

Rider Waite Tarot Karte der Großen Arkana
Die Kraft

Animalische Instinkte mit Akzeptanz bändigen

Das Bild auf der Karte der Kraft zeigt eine Frau, die einen Löwen liebevoll zähmt. Der Löwe symbolisiert unsere animalischen Instinkte, während die Frau unsere geistige und emotionale Stärke repräsentiert. Anstatt unsere animalische Seite zu unterdrücken oder zu bekämpfen, können wir sie mit Geduld und liebevoller Akzeptanz bändigen.

Die Karte symbolisiert auch die Vereinigung von Gegensätzen - die harmonische Balance zwischen Stärke und Sanftheit, zwischen Kraft und Mitgefühl. Wahre Stärke entsteht nicht durch Dominanz oder Kontrolle, sondern durch die Fähigkeit, unsere Emotionen zu beherrschen und unsere Handlungen mit Bedacht zu lenken.

Die Natur des Universums ist unbegrenzt

Über dem Kopf der Frau schwebt das Unendlichkeitszeichen. Die Zahl 8 ähnelt diesem Symbol. Während die 8 steht, handelt es sich beim Zeichen für Unendlichkeit, der Lemniskate, um eine horizontale Acht. Die Schleife symbolisiert die unendliche und unbegrenzte Natur des Universums.

Es ist ein Zeichen für unendlichen Reichtum, unendliche Möglichkeiten und unendliche Liebe. Das Unendlichkeitszeichen erinnert uns daran, dass alles im Universum miteinander verbunden ist und dass die Möglichkeiten und Potenziale unendlich sind.

Die grüne Hügellandschaft symbolisiert Wachstum, Fruchtbarkeit und Lebenskraft. Sie repräsentiert die natürliche Schönheit und die unerschöpfliche Energie der Natur.

Diese Umgebung zeigt uns, dass wir unsere eigenen Energien mit der natürlichen Welt in Einklang bringen können.

Die Berge im Hintergrund stehen für Stabilität, Standhaftigkeit und spirituelle Höhen. Sie repräsentieren die Herausforderungen und Schwierigkeiten, die wir im Leben überwinden müssen, um unsere innere Stärke zu finden.

Herausforderungen als Chancen annehmen

Mit der Karte der Kraft beginnt die zweite Triade im Tarot, die Reihe der Herausforderungen. Sie stellt uns vor die Aufgabe, unsere innere Stärke, Geduld und Ausdauer zu entwickeln. So können wir Schwierigkeiten überwinden und innere Konflikte lösen.

Die Kraft zeigt uns, dass wahre Stärke darin besteht, Probleme mit Liebe, Mitgefühl und Selbstbeherrschung anzunehmen. Herausforderungen im Leben können wir als Einladung und Chance zur Selbsterkenntnis und zum persönlichen Wachstum betrachten. Durch die Auseinandersetzung mit ihnen können wir unsere Grenzen überwinden, unsere Fähigkeiten erweitern und an innerer Reife gewinnen.

In der divinatorischen Bedeutung steht die Kraftkarte für innere Stärke, Mut und Selbstvertrauen. Sie ermutigt uns, den inneren Löwen zu umarmen und Schwierigkeiten mit Zuversicht anzugehen.

Möge Dich die Kraft dazu anspornen, Deine Ängste zu überwinden. Wenn wir Herausforderungen im Bewusstsein innerer Stärke mit Geduld und Ausdauer begegnen, können wir unsere Ziele erreichen.

Der Eremit, Trumpf Nummer 9 der großen Arkana

Der ***Eremit***, Trumpf Nummer 9, lädt uns ein, in die Welt der inneren Weisheit und der spirituellen Suche einzutauchen. Mit seiner ruhigen und zurückgezogenen Natur strahlt der Eremit eine Atmosphäre der Stille und Kontemplation aus.

Wenn wir die 3 der Herrscherin mit sich selbst multiplizieren, erhalten wir die Zahl 9. Sie steht für Vollständigkeit und Erfüllung der kreativen Schöpferkraft. Das Quadrat einer Zahl in der Numerologie verkörpert immer Stabilität und Struktur.

Die 9 setzt sich aber auch aus der Summe von 4 und 5 zusammen. Der Herrscher, Trumpf 4, gibt den Lehren des Hierophanten, Trumpf 5, Stabilität. Deshalb zeigt die 9 des Eremiten die Vollendung der spirituellen Suche und eine tiefe innere Erfüllung, die der Eremit erreicht hat.

Abschluss und Übergang in neuen Zyklus

In der Numerologie wird die Zahl 9 als die Zahl der Weisheit betrachtet. Sie repräsentiert den Abschluss eines Zyklus und den Übergang in einen neuen. Sie symbolisiert auch die Integration aller vorherigen Zahlen und enthält somit das gesamte Spektrum der Erfahrungen.

Die Zahl 9 steht für die Suche nach einer höheren Wahrheit und einem tieferen Verständnis des Lebens. Darüber hinaus symbolisiert die Zahl 9 auch Mitgefühl, Großzügigkeit und Dienst am Nächsten. Eine weitere Bedeutung ist die Verbindung mit dem universellen Bewusstsein oder dem Göttlichen. Sie repräsentiert die Einheit aller Dinge und die Erkenntnis, dass alles miteinander verbunden ist.

Die Zahl 9 erinnert uns daran, dass wir Teil eines größeren Ganzen sind und dass unser individuelles Wachstum und unsere Erfüllung untrennbar mit dem Wohl aller verbunden sind.

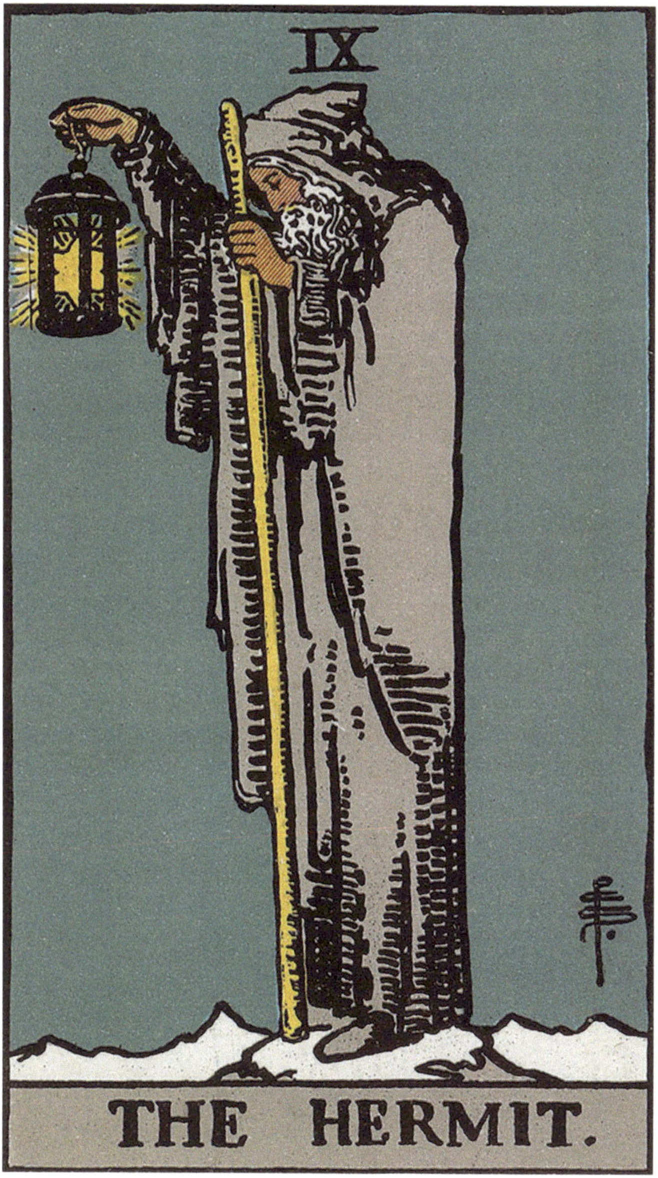

Rider Waite Tarot Karte der Großen Arkana

Der Eremit

Die Suche nach dem Licht der Erkenntnis

Das Bild zeigt einen älteren Mann, der einen langen Mantel trägt und mit einer Laterne in der Hand auf einem steinigen Pfad steht. Die graue Robe und der lange Bart des Eremiten spiegeln seine Weisheit und Erfahrung wider. Die Laterne, die der Eremit trägt, symbolisiert das innere Licht und die Führung, die er in die Dunkelheit der Welt bringt. Sie erinnert uns daran, dass wir unsere eigene innere Weisheit nutzen können, um unseren Weg zu finden.

Die Lichtstrahlen kommen nicht von einer Kerze in der Laterne, sondern von einem Stern. Dieser repräsentiert Hoffnung, Inspiration und Führung. In der Dunkelheit der Nacht erstrahlt der Stern und zeigt den richtigen Pfad an. Er steht für spirituelle Führung und Weisheit, die der Eremit in der Einsamkeit dank seiner inneren Reflexion erreicht.

Den inneren Kompass finden und folgen

Die Laterne, in welcher der Stern leuchtet, ist ein Werkzeug, um das Licht zu tragen und zu verbreiten. Der Stern erinnert uns daran, dass wir in Zeiten der Dunkelheit und Unsicherheit unser inneres Licht finden können. Er ermutigt uns, unserem inneren Kompass zu folgen und unserem Herzen zu vertrauen. Der Stern steht für Hoffnung und die Gewissheit, dass es immer eine Quelle des Lichts und der Führung gibt, auf die wir uns verlassen können.

Die Berglandschaft im Hintergrund steht für die Herausforderungen und Prüfungen, die der Eremit auf seinem spirituellen Weg überwinden muss. Die Berge repräsentieren auch spirituelle Höhen und die Sehnsucht nach Erleuchtung. Manchmal brauchen wir die Einsamkeit, um unsere wahre Natur zu erkennen und unsere spirituelle Reise anzutreten.

Innere Weisheit durch Rückzug von der Welt

Der Eremit ist die zweite Karte in der zweiten Triade des Tarots, der Reihe der Herausforderungen. Dies zeigt, dass die spirituelle Suche oft mit Hindernissen und Prüfungen verbunden ist. Der Eremit lädt uns ein, die Einsamkeit und die innere Reflexion zu umarmen, um innere Weisheit zu erlangen und unsere tiefste Wahrheit zu finden.

In der divinatorischen Bedeutung symbolisiert der Eremit eine Phase der Zurückgezogenheit, der Selbstreflexion und der spirituellen Suche. Er ermutigt uns, uns von äußeren Ablenkungen zu lösen. Wenn wir nach innen schauen, finden wir Antworten und spirituelle Führung. Der Eremit erinnert uns daran, dass die Antworten, die wir suchen, bereits in uns selbst vorhanden sind.

Möge Dich der Eremit dazu ermutigen, Dich von der äußeren Welt vorübergehend zurückzuziehen. Wenn wir uns von Ablenkungen befreien, können wir die Stimme unseres hohen Selbst und unserer Geistführer wahrnehmen.

Das Schicksalsrad, Trumpf Nummer 10 der großen Arkana

Das ***Schicksalsrad***, Trumpf Nummer 10, steht für den Kreislauf des Lebens, für Aufstiege und Abstiege, für Höhen und Tiefen. Es erinnert uns daran, dass das Leben in ständiger Veränderung ist und dass wir uns in einem ewigen Kreislauf befinden.

Die Zahl 1 symbolisiert den Anfang und die Potenziale, die uns zur Verfügung stehen. Die Zahl 0 steht für das Nichts und die leere Leinwand, auf der wir unser Leben malen. Gemeinsam erinnern sie uns daran, dass wir die Schöpfer unseres eigenen Schicksals sind und dass wir die Macht haben, unsere Realität zu gestalten. Gleichzeitig bilden diese beiden Zahlen den binären Code und sie sind infolgedessen die grundlegenden Bausteine der digitalen Welt.

Die ewigen Zyklen des Lebens

Das ***Schicksalsrad*** zählt zu den Trümpfen mit besonders komplexer Symbolik. Das Zentrum der Karte ist ein riesiges Rad, das die ewige Bewegung des Lebens mit seinen Zyklen repräsentiert.

Die Figuren am Rand des Schicksalsrads verkörpern bestimmte Aspekte der menschlichen Existenz. Die Sphinx ist ein mythologisches Wesen aus Ägypten mit dem Körper eines Löwen und dem Kopf eines Menschen. Sie steht für die Macht und Stärke des Tierreichs, gepaart mit der Weisheit und Intelligenz des Menschen. Sie erinnert uns daran, dass wir sowohl tierische als auch geistige Aspekte in uns tragen und dass wir diese Aspekte in Einklang bringen müssen, um unsere wahre Natur zu erkennen.

Die Schlange repräsentiert die Kraft der Veränderung und Transformation. Wir müssen uns dem Wandel im Leben anpassen, um zu wachsen. Die Schlange symbolisiert auch die Fähigkeit, unsere Ängste zu überwinden und uns selbst zu erneuern.

Der Schakal dagegen steht für die Weisheit und das Wissen der Ahnen. In Ägypten hatte der mit dem Totenreich verbundene Gott Anubis den Kopf eines Schakals. Er erinnert uns daran, dass wir von den Erfahrungen und dem Wissen unserer Vorfahren lernen können.

Rider Waite Tarot Karte der Großen Arkana
Das Schicksalsrad

Geflügelte Figuren repräsentieren Elemente

Das Schicksalsrad dreht sich unaufhörlich, und wir befinden uns inmitten dieser Bewegung. Es liegt an uns, wie wir auf die Herausforderungen und Chancen reagieren, die uns begegnen. Das zeigen auch die geflügelten Figuren in den Ecken der Trumpfkarte. Sie repräsentieren die vier Elemente und ihre Verbindung zur Veränderung und Transformation.

Der geflügelte Mensch, das Element Luft, rät uns, Gedanken und Ideen frei fließen zu lassen, um neue Horizonte zu entdecken.

Der geflügelte Stier, Repräsentant des Elements Erde, verdeutlicht die Verbindung zwischen dem Materiellen und dem Spirituellen. Wenn wir in der Erde verwurzelt sind, können wir über das Sichtbare hinauswachsen und eine verborgene Bedeutung in unseren materiellen Erfahrungen entdecken.

Der geflügelte Löwe, der das Element Feuer widerspiegelt, verkörpert Leidenschaft, Energie und Kreativität. Wir alle haben die Fähigkeit, unser inneres Feuer zu entfachen und unsere Ziele und Träume mit Energie und Begeisterung zu verfolgen. Der geflügelte Adler symbolisiert das Element Wasser. Er zeigt, dass wir in die Tiefen unserer Gefühle eintauchen und so eine Verbindung zu unserem höheren Selbst herstellen können.

Über die Grenzen der physischen Welt hinauswachsen

Die Flügel aller vier Figuren weisen auf die Chance jedes Menschen hin, über die Grenzen der physischen Welt hinauszugehen und eine Verbindung zu höheren Sphären herzustellen. Die Flügel ermutigen uns, unser Bewusstsein zu erweitern, unsere Kräfte zu nutzen und uns den Veränderungen des Lebens anzupassen.

In divinatorischer Hinsicht zeigt uns das Schicksalsrad die Notwendigkeit, flexibel zu bleiben und sich den Zyklen des Lebens anzupassen. Es kann bedeuten, dass sich das Glück wendet oder dass sich neue Chancen und Möglichkeiten eröffnen. Im Endeffekt liegt es jedoch an uns, die Kontrolle über unser Schicksal zu übernehmen und die Richtung zu ändern.

Möge Dich das Schicksalsrad dazu inspirieren, Veränderungen anzunehmen und neue Wege zu erkunden. Nichts im Leben ist festgelegt, das Rad dreht sich ständig und Wandel lässt sich nicht vermeiden.

Die Gerechtigkeit, Trumpf Nummer 11 der großen Arkana

Der Trumpf Nummer 11, die Karte der ***Gerechtigkeit***, zeigt uns eine Welt der Ausgeglichenheit und Gerechtigkeit. Die Zahl 11, aus der Summe von 6 und 5 entstehend, verbindet die Energie der Liebenden mit den Prinzipien des Hierophanten und spirituellen Lehren.

In der Numerologie gelten Primzahlen als besonders kraftvoll, da sie nur durch die Eins und sich selbst teilbar sind. Die Zahl 11 wird als ***Meisterzahl*** bezeichnet und symbolisiert das Streben nach spiritueller Erkenntnis und höherem Bewusstsein. Addieren wir die beiden Einsen, erhalten wir die Zahl 2 der Hohepriesterin – ein Hinweis auf die Bedeutung von Intuition und innerer Einsicht, die jede Entscheidung beeinflussen sollten.

Tiefere Bedeutung von Gerechtigkeit erkennen

Die Zahl 11 repräsentiert die Verbindung zwischen dem Individuum und dem Universum, zwischen dem Bewussten und dem Unbewussten, was unsere Wahrnehmungsfähigkeit erhöht. Die Zahl weist auf die Fähigkeit hin, verborgene Zusammenhänge und tiefere Bedeutungen zu erkennen.

Das Bild der Gerechtigkeit zeigt eine majestätische Gestalt auf einem Thron. In einer Hand hält sie ein Schwert, in der anderen eine Waage. Die Figur strahlt Stärke und Souveränität aus, während sie ihre Entscheidungen mit Bedacht trifft.

Das Schwert zeigt die Kraft der Vernunft und des klaren Denkens. Es steht für die Notwendigkeit, unvoreingenommen zu sein, um die Wahrheit zu erkennen. Die Waage erinnert uns daran, dass Gerechtigkeit nur durch Ausgewogenheit erreicht werden kann. Alle Gesichtspunkte einer Situation müssen berücksichtigt werden, um eine faire Entscheidung zu treffen.

Rider Waite Tarot Karte der Großen Arkana
Die Gerechtigkeit

Durch Ausgeglichenheit zur Harmonie

Die beiden Säulen im Hintergrund verweisen auf die Polarität, die in der Welt existiert. Die linke Säule steht für das Männliche, das Aktive und das Spirituelle, während die rechte Säule das Weibliche, das Passive und das Materielle symbolisiert. Die Säulen erinnern uns daran, dass es in der Welt und in unserem Leben stets eine Balance zwischen den Gegensätzen geben sollte. Nur mit Ausgeglichenheit können wir Harmonie erreichen.

Der rote Vorhang verkörpert die Trennung zwischen den irdischen und den spirituellen Welten. Manchmal müssen wir unsere begrenzten persönlichen Ansichten und Vorlieben beiseitelegen, um fair zu handeln. Manchmal ist es notwendig, unsere Emotionen in den Hintergrund zu stellen und einen klaren Kopf zu bewahren, um gerechte Entscheidungen zu treffen.

Die rote Farbe steht auch für Energie, Leidenschaft und Dynamik, mit der wir unsere Werte verteidigen.

Moralische Integrität und faire Entscheidungen

Die Karte der Gerechtigkeit steht für Fairness, Ehrlichkeit und moralische Integrität. Sie ist Teil der zweiten Triade im Tarot, der Reihe der Herausforderungen. Sie ermutigt uns, nach innerer Wahrheit und Ausgeglichenheit zu streben. Gleichzeitig erinnert sie uns daran, dass unsere Handlungen Konsequenzen haben und dass wir für unsere Taten Verantwortung übernehmen müssen. Die Karte fordert uns auf, uns selbst und andere fair zu behandeln und alle unsere Entscheidungen auf dem Prinzip der Gerechtigkeit und des Wohlwollens zu begründen.

Die divinatorische Bedeutung der Karte der Gerechtigkeit verkündet Klarheit, Ausgleich und die Notwendigkeit, objektiv zu sein. Sie fordert uns auf, unsere eigenen Motive und Handlungen zu überprüfen und sicherzustellen, dass wir in Einklang mit unseren Werten und Prinzipien handeln.

Sie kann darauf hinweisen, dass Gerechtigkeit in einer bestimmten Situation hergestellt werden muss. Sie kann aber auch bedeuten, dass wir vor wichtigen Entscheidungen stehen. Dabei gilt es, sorgfältig abzuwägen und objektiv zu bleiben. Der Trumpf Nummer 11 gibt uns Hoffnung in legalen Auseinandersetzungen und Gerichtsverhandlungen. Die Entscheidungen werden in unserem besten Interesse gefällt. Die Gerechtigkeit verkündet, dass im Universum immer ein Ausgleich geschaffen wird. Durch die Einhaltung ethischer Prinzipien und das Streben nach Ausgewogenheit können wir ein Leben führen, das von Gerechtigkeit und Harmonie geprägt ist.

Möge Dich die Gerechtigkeit daran erinnern, dass wahre Gerechtigkeit von innen kommt. Wenn wir in uns inneren Frieden und Ausgeglichenheit finden, wird sie sich im Außen manifestieren.

Der Gehängte, Trumpf Nummer 12 der großen Arkana

Der ***Gehängte***, Trumpf 12 im Rider-Waite-Tarot, demonstriert das Loslassen von Kontrolle und den Zustand des Vertrauens und der Hingabe an den Fluss des Lebens.

Die Zahl 12 entsteht aus der Summe von 6 und 6, den Liebenden. Sie zeigt das Zusammenkommen von Gegensätzen ***und*** die Suche nach Ausgleich von weiblichen und männlichen Energien in uns selbst. Gleichzeitig ist sie das Resultat der Multiplikation von 3 mal 4, der Kreativität der Schöpferkraft der Herrscherin mit der Struktur und Autorität des Herrschers.

Außerdem können wir die 1 des Magiers mit der 2 der Hohepriesterin zusammenzählen und erhalten so die 3 der Herrscherin. Das weist darauf hin, dass der Zustand des Gehängten ein wichtiger Schritt auf dem Weg ist, unsere Kreativität voll auszuleben.

Welt aus einer anderen Perspektive erleben

Der Gehängte zeigt eine Figur, die kopfüber an einem Baum hängt. Sie hat einen Fuß über den anderen gekreuzt, in einer scheinbar unbequemen Position. Die Arme sind hinter dem Rücken gefesselt, während das Haar des Gehängten nach unten hängt. Der Gehängte betrachtet die Welt aus einer anderen Perspektive. Durch das Kopfüber-Hängen gibt er die üblichen Sichtweisen auf, um neue Erkenntnisse und Weisheit zu erlangen.

Der Baum repräsentiert das Leben und die Verbindung zwischen Himmel und Erde, die Wachstum und Stabilität ermöglicht. Der Baum steht auch für Weisheit und Erkenntnis, da er im Laufe der Zeit viele Jahresringe und Erfahrungen gesammelt hat. In der scheinbar festgefahrenen Situation des Gehängten bildet der Baum eine starke Grundlage. Der Baum weist auch auf die Bedeutung von Wurzeln und Erdung hin. Obwohl der Gehängte kopfüber hängt und scheinbar den Kontakt zur Erde verloren hat, zeigt der Baum, dass er dennoch verwurzelt ist. Selbst in schwierigen Zeiten sollten wir unsere Verbindung zur Realität und zu unserer eigenen Kraft nicht verlieren.

Rider Waite Tarot Karte der Großen Arkana
Der Gehängte

Zustand der inneren Freude und des Optimismus

Die gelbe Aura, fast ein Heiligenschein, um den Kopf des Gehängten, weist auf Erleuchtung und spirituelle Erkenntnis hin. Gelb ist die Farbe des Sonnenlichts, des bewussten Intellekts und des klaren Verstandes. Es zeigt an, dass der Gehängte seine höhere Perspektive gezielt nutzen kann, um tiefe Einsichten zu gewinnen. Das Sonnengelb weist auf den Zustand der inneren Freude und des Optimismus hin, der uns in schwierigen Situationen unterstützt.

Dieser Trumpf erinnert uns daran, dass es manchmal notwendig ist, sich selbst aufzugeben, um etwas Größeres zu erreichen. Es geht darum, alte Überzeugungen, Vorstellungen und Verhaltensweisen loszulassen. So können wir neue Wege des Denkens und Handelns entdecken. Indem wir uns dem Prozess des Hängens hingeben, erweitern wir unsere Sichtweise und stellen eine tiefe Verbindung zu unserer inneren Weisheit her.

Der Gehängte ist Teil der Reihe der Herausforderungen. Der Gehängte fordert uns auf, die Kontrolle loszulassen und uns dem Fluss des Lebens hinzugeben, selbst wenn es unangenehm oder schwierig erscheint.

Geduldig auf eine innere Antwort warten

In divinatorischer Hinsicht symbolisiert der Gehängte die Notwendigkeit, eine Situation aus einer anderen Perspektive zu betrachten. Er ermutigt uns, alte Denkmuster zu verbannen und alternative Lösungswege zu erkunden. Der Gehängte lädt uns ein, Geduld zu haben und auf eine innere Antwort zu warten, anstatt voreilige Entscheidungen zu treffen. Es geht darum, das Vertrauen in uns selbst und in den Prozess des Lebens zu stärken.

Der Gehängte zeigt uns, dass unsere Sichtweise im gegenwärtigen Moment häufig beschränkt ist. Das, was uns zunächst festhält, kann uns oft in Wahrheit befreien. Durch die Bereitschaft, neue Perspektiven anzunehmen, können wir inneres Wachstum erleben.

Möge Dich der Gehängte dazu einladen, das Unbekannte zu umarmen und Dich der Weisheit des Herzens zu öffnen. Manchmal entsteht das größte Wachstum in Momenten der Stille, der Reflexion und des Loslassens. Wenn wir uns dem Prozess des Gehängtseins hingeben, können wir unsere innere Stärke entdecken und unser Bewusstsein erweitern.

Der Tod, Trumpf Nummer 13 in der großen Arkana

Der ***Tod*** ist eine Karte im Tarot, die oft Furcht und Schrecken hervorruft. Deshalb sei vorneweg gesagt: Dieser Trumpf weist nicht auf den Tod eines Menschen hin, sondern auf totale Transformation, die eine Neugeburt ermöglicht.

Die Zahl 13 ist eine Primzahl und gilt als die Zahl des Wandels. Die Zahl 13 enthält die Energie der 1, der Anfang des Magiers, und die Energie der 3, der Kreativität der Herrscherin. Wenn wir beginnen, unsere Schöpferkraft auszuleben, läuten wir eine intensive Zeit des Wandels und der persönlichen Weiterentwicklung ein.

Wenn wir die 1 und 3 addieren, erhalten wir die 4, den Herrscher. Die Beziehung zwischen den beiden Trümpfen können wir als einen Prozess des Loslassens, der Transformation und der anschließenden Neuausrichtung betrachten. Durch den Tod lassen wir Altes sterben und schaffen Raum für Neues. Der Herrscher hilft uns dabei, nach turbulenten Zeiten oder Veränderungen in unserem Leben wieder Halt zu finden.

Tod als transformative Kraft erleben

Auf der Karte sehen wir einen Sensenmann, der in eine schwarze Rüstung gehüllt ist. Er sitzt auf einem weißen Schimmel. Totenköpfe zieren das Zaumzeug. Das Pferd verkörpert Kraft, Energie und Vitalität. Es zeigt die dynamische Natur des Lebens und die Fähigkeit, sich vorwärts zu bewegen.

Das Pferd trägt den Tod. Der Tod selbst ist eine transformative Kraft, die das Leben vorantreibt. Die Blume auf der Flagge können wir als Symbol der Hoffnung und des Trostes betrachten. Sie erinnert uns daran, dass selbst inmitten des Todes und der Veränderung ein Funke von Schönheit und Hoffnung bestehen bleibt.

Rider Waite Tarot Karte der Großen Arkana

Der Tod

Direkt vor dem Tod kniet ein Priester, der seine Hände in einer Gebetshaltung hält. Er repräsentiert Demut und Hingabe. Indem er das unausweichliche Schicksal des Todes akzeptiert, zeigt er seine Bereitschaft, sich dem Wandel hinzugeben. Die demütige Haltung zeigt, dass die innere Ausrichtung entscheidend bei Transformationen ist. Wir brauchen spirituellen Beistand, um die Herausforderungen des Lebens zu bewältigen.Die Kinder auf der Karte repräsentieren den Lebenszyklus von Geburt, Wachstum und Tod. Sie stehen für die verschiedenen Phasen des menschlichen Lebens und erinnern uns daran, dass der Tod ein natürlicher Teil des Lebens ist. Die Kinder können wir auch als Zeichen für Unschuld und Reinheit sehen, die mit dem Übergang des Todes verbunden sind. Sie erinnern uns daran, dass der Tod nicht das Ende ist, sondern ein Übergang zu einer neuen Form des Seins.

Unvermeidbarer Teil des Daseins

Der kniende Priester und die Kinder repräsentieren gemeinsam die Bereitschaft, sich dem Fluss des Lebens hinzugeben und gleichzeitig den Tod im Auge zu behalten. Der Tod ist ein unvermeidbarer Teil unseres menschlichen Daseins.

Seine Bedeutung geht über das physische Sterben hinaus. Dieser Trumpf signalisiert den Abschluss eines Kapitels und den Beginn von etwas Neuem. Der Tod steht für den natürlichen Kreislauf des Lebens, in dem etwas Altes stirbt, um Raum für Wachstum und die Entfaltung von Neuem zu schaffen.

Der Tod als Karte in der Reihe der Herausforderungen mahnt uns, alte Gewohnheiten, Überzeugungen und Vorstellungen loszulassen. Alte Denk- und Verhaltensmuster sind jetzt nicht mehr dienlich. Es ist ein Aufruf zur inneren Umkehr und zur Bereitschaft, uns auf Veränderungen einzulassen.

Divinatorisch betrachtet kann der Tod eine Vielzahl von Bedeutungen haben. Er kann auf das Ende einer Phase oder eines Projekts hinweisen und den Übergang zu etwas Neuem ankündigen. Er kann auch nur auf eine innere Transformation hinweisen, die wenig Spuren in unserer Umwelt hinterlässt.

Ballast loslassen für Erneuerung

Der Tod fordert uns auf, uns von allem zu befreien, was uns nicht mehr dient. In dieser Zeit der Reinigung und des Loslassens sollten wir uns auf das Wesentliche konzentrieren. In der Dunkelheit des Todes liegt auch die Möglichkeit des Wachstums und der Erneuerung.

Wie eine Raupe, die sich im Kokon verpuppt, müssen wir uns manchmal in uns selbst zurückziehen, um uns zu verwandeln und schließlich als Schmetterling wieder aufzusteigen. Der Tod erinnert uns daran, dass das Leben ein endloser Zyklus von Tod und Wiedergeburt ist.

Möge Dich der Tod dazu auffordern, Dich Deinen Ängsten zu stellen und Wandel als natürliche und notwendige Erfahrung zu akzeptieren. Wenn wir uns von Ballast befreien, können wir uns auf die Magie der Transformation einlassen und unser volles Potenzial entfalten.

Die Mäßigkeit, Trumpf Nummer 14 der großen Arkana

Die Karte der ***Mäßigkeit***, Trumpf Nummer 14, zeigt eine engelhafte Gestalt, die fließendes Wasser zwischen zwei Bechern gießt. Das spiegelt die Bedeutung von Ausgleich, Harmonie und Gleichgewicht wider. Die fließende Bewegung des Wassers symbolisiert die Kunst der Mäßigung und die Fähigkeit, entgegengesetzte Kräfte in Einklang zu bringen.

Die beiden Becher repräsentieren die Dualität des Lebens, die männliche und weibliche Energie, das Bewusste und das Unbewusste. Die Mäßigkeit zeigt uns, dass es wichtig ist, diese Gegensätze zu erkennen und zu akzeptieren, um inneren Frieden zu finden.

Die vielen Aspekte von Ausgleich und Gleichgewicht

Die Zahl 14 ist zwei Mal die Zahl 7, der ***Wagen***, der für Suche, Introspektion und spirituelles Streben steht. In der Mäßigkeit vereinen sich diese Energien mit der Intuition der Hohepriesterin. Wahres Gleichgewicht auf dem Weg der Selbsterkenntnis können wir nur mithilfe der Intuition erlangen, dem Flüstern unserer Geistführer und unseres Hohen Selbst.

Die Zahl 14 lässt sich aber auch als Summe der Zahlen 10 und 4, 8 und 6 sowie 9 und 5 betrachten. Die 10, das Rad des Schicksals, zeigt den Kreislauf zwischen Höhen und Tiefen des Lebens, dem wir mit dem Herrscher Stabilität verleihen können. 8, die Kraft der Transformation, braucht die Harmonie der Liebenden als Ausgleich. Die 9 des Eremiten dagegen benötigt die Struktur der 5, der großen Organisationen, um Gegensätze auszubalancieren. Die Mäßigkeit vereint all diese Energien und erinnert uns daran, dass wir alle Aspekte des menschlichen Seins verbinden und ausgleichen sollten.

Rider Waite Tarot Karte der Großen Arkana

Die Mäßigkeit

Innere Gelassenheit durch Akzeptanz von Gefühlen

Der ***Engel*** steht mit einem Fuß im Wasser eines ruhigen Sees und mit einem Fuß auf der Erde. Das Wasser repräsentiert die Emotionen und das Unterbewusstsein. Das Wasser fließt ruhig und sanft zwischen den beiden Bechern. Wenn wir die Dualität des Lebens und unsere Gefühle akzeptieren, erreichen wir eine tiefe innere Ruhe und Gelassenheit.

Das Wasser der Mäßigkeit erinnert uns daran, dass es wichtig ist, mit unseren Emotionen in Kontakt zu treten. Wenn wir ihnen Raum geben, statt sie zu unterdrücken, können sie sich sanft entfalten.

Der Weg zu den Bergen mit der Sonne im Hintergrund symbolisiert eine Reise der Selbstentwicklung und der spirituellen Erkenntnis. Die Berge repräsentieren die Herausforderungen und Hindernisse, denen wir auf unserem Weg begegnen können. Der Weg dorthin ist möglicherweise nicht immer leicht. Aber die Sonne verspricht, dass eine helle und klare Zukunft wartet, wenn wir diese Herausforderungen meistern. Die Sonne steht für Klarheit und Wachstum, für die Möglichkeit, die Dinge aus einer neuen Perspektive zu betrachten und eine tiefere Verbindung mit unserer inneren Weisheit zu finden.

Eine Reise der Selbstentdeckung mit schwierigen Momenten

Der Weg zeigt uns das Leben als eine Reise der Selbstentdeckung. Dabei werden wir neue Wege gehen, die uns vor schwierige Momente stellen. Wenn wir auf Ausgleich und Harmonie achten, können wir unsere innere Stärke und Weisheit nutzen, um uns durch die Höhen und Tiefen des Lebens zu führen.

Die Mäßigkeit ist eine Karte der zweiten Triade im Tarot, der Reihe der Herausforderungen. Sie fordert uns auf, unsere eigenen Gegensätze zu integrieren. Wenn wir unsere inneren Konflikte verstehen und akzeptieren, können wir wahre Harmonie und Ganzheit erreichen.

Zeitraum des inneren Wachstums

In der divinatorischen Bedeutung symbolisiert die Mäßigkeit einen Zeitraum des inneren Wachstums und der Selbstentwicklung. Es ist eine Zeit des Ausgleichs und der Heilung. Es geht darum zu lernen, unsere Emotionen und Impulse zu kontrollieren und mit Bedacht zu handeln.

Möge Dich die Mäßigkeit dazu ermutigen, geduldig zu sein. Nimm Dir Zeit, Dinge und Situationen zu überdenken und zu reflektieren, bevor Du handelst. Wenn wir im Einklang mit unserer Umgebung sind, können wir ein erfülltes und harmonisches Leben führen.

Der Teufel, Trump Nummer 15 der großen Arkana

Die Karte des ***Teufels***, Trump Nummer 15, zeigt uns die animalischen Instinkte der menschlichen Natur. Ein gehörnter Teufel thront über zwei angekettete Menschen. Die Ketten sitzen so locker, dass der Mann und die Frau sich befreien könnten – wenn sie dies sehen könnten.

Die Zahl 15 der Karte ist die Summe von 10 und 5, von 8 und 7 sowie von 9 und 6. In der Numerologie steht die Zahl 15 für die Vereinigung von Geist (Zahl 1) und Materie (Zahl 5), die Verbindung zwischen Göttlichem und Irdischem. Der Trumpf 8, Kraft und Transformation, in Verbindung mit der 7 des Wagens, der spirituellen Reise, bringt uns in das Reich des Teufels. Wenn der Trumpf 9, der Eremit, mit der 6 der Liebenden in Kontakt gerät, kommen ebenfalls animalische Instinkte ins Spiel.

Sklaverei des Geistes und des Körpers

Dennoch zeigt uns die Karte des Teufels so viel mehr als nur die tierische Seite unserer Existenz. Der Teufel selbst ist orange dargestellt, die Farbe des Sexualchakras. Seine Flügel erinnern uns an die Geschichte von Luzifer. Der Lichtbringer der Menschen wurde von einem eher rachsüchtigen Gott in die Unterwelt verbannt.

Die gefesselten Figuren, ein Mann und eine Frau, repräsentieren die Sklaverei des Geistes und des Körpers. Die Menschen hätten die Macht, sich von ihren lockeren Fesseln zu befreien. Aber sie sind sich dessen offensichtlich nicht bewusst. Ihre Hörner ähneln denen des Teufels, was auf ihre Verbindung und Abhängigkeit von ihm hinweist.

Umgekehrtes Pentagramm: Perversion spiritueller Kräfte

Das Pentagramm steht in seiner aufrechten Position für Schutz und Spiritualität. Das umgekehrte Pentagramm auf der Stirn des Teufels symbolisiert die Verdrehung und Perversion von spirituellen Kräften. Wenn wir spirituelle Energie für egoistische und destruktive Zwecke missbrauchen, manipulieren wir die göttliche Kraft. Die Kontrolle durch niedere Instinkte und dunkle Kräfte kann uns von unserem spirituellen Weg abbringen.

Die tierischen Füße des Teufels mit den Klauen betonen seine animalischen Triebe und Begierden, die uns in Versuchung führen.

Rider Waite Tarot Karte der Großen Arkana
Der Teufel

Die Klauen weisen auch auf seine zerstörerische Kraft hin. Der Teufel kann uns in seinen Bann ziehen und uns gefangen halten, etwa durch Suchtverhalten, wenn wir uns dessen nicht bewusst sind und uns nicht dagegen wehren.

Der Teufel verkörpert die Schattenaspekte des Lebens und dient als Spiegel, der uns unsere Schwächen und negativen Verhaltensweisen zeigt. Durch die Konfrontation mit dem Teufel werden wir aufgefordert, uns unseren Ängsten und Begrenzungen zu stellen.

Von destruktiven Verhaltensweisen lösen

Der Teufel startet die dritte Triade im Tarot, die Reihe der spirituellen Ernte. Wir begegnen dem Teufel nur bewusst, wenn wir uns bereits seit einiger Zeit auf der Reise zu uns selbst befinden. Der Teufel fordert uns auf, uns mit unseren inneren Dämonen auseinanderzusetzen. Nur so können wir uns von ihnen befreien.

In der divinatorischen Bedeutung kann die umgekehrte Karte des Teufels darauf hinweisen, dass wir uns von destruktiven Verhaltensweisen und Abhängigkeiten lösen müssen. Um unser volles Potenzial zu entfalten, müssen wir die Fesseln unserer negativen Gedanken und Handlungen erkennen.

Dabei geht es darum, in die Tiefe unserer Persönlichkeit hineinzutauchen. Welche Muster haben wir uns angewöhnt, die uns gefangen halten? Wo liegen die Ursachen für diese Verhaltensweisen? Häufig sind die Ursprünge der Wurzeln von Sucht und Abhängigkeit in unserer Kindheit zu finden.

Wir haben jederzeit die Möglichkeit der Wahl

Der Teufel erinnert uns daran, dass wir immer die Wahl haben. Wir können uns von unseren niederen Instinkten leiten lassen oder uns auf eine Reise der inneren Transformation und Befreiung begeben.

Der Teufel fordert uns auf, unserem eigenen Schatten zu begegnen. Das ist einfacher gesagt als getan und bringt in der Regel keine angenehmen Erinnerungen und Erfahrungen mit sich. Carl Gustav Jung hat uns jedoch eine einfache Methode mitgegeben, wie wir unseren Schatten erkennen können. Alles, was uns an unseren Mitmenschen stört, ist unsere dunkle Seite.

Weil wir in dieser Beziehung blind sind, nutzen wir unsere Umwelt als den Spiegel der unbewussten Seiten unserer Persönlichkeit.

Möge Dir der Teufel den Mut geben, Dich auf die Suche nach Deinen inneren Dämonen zu begeben. Wenn wir uns von den Fesseln unserer Schatten befreien, können wir die Reise der spirituellen Erkenntnis fortsetzen.

Der Turm, Trumpf Nummer 16 der großen Arkana

Der ***Turm*** zeigt die Zerstörung alter Strukturen, um Raum für einen Neuanfang zu schaffen. Manchmal verirren wir uns auf dem Weg und brauchen einen deutlichen Hinweis, dass wir unseren Kurs ändern sollten. Der Turm gibt uns diesen Hinweis. Deshalb bezeichnen viele Tarot-Experten diese Karte auch als ***Fingerzeig Gottes***.

Die Zahl 16 ist eine Kombination aus 10 und 6. Die Zahl 10 ist die Summe der ersten vier Zahlen und symbolisiert Vollständigkeit und Vollendung. Der 10. Trumpf, das Schicksalsrad, verweist auf die ewigen Zyklen des Lebens. Die Zahl 6 der Liebenden ist die Zahl der Harmonie und des Gleichgewichts. Die Karte 16 verbindet also die Idee der zyklischen Vollendung mit der Notwendigkeit, alte Muster loszulassen und Harmonie zu schaffen.

Darüber hinaus ist 16 auch das Quadrat der Zahl 4, was auf die Vierheit der Elemente (Erde, Wasser, Feuer, Luft) hinweist. Diese Elemente spielen eine wichtige Rolle in der esoterischen Tradition und repräsentieren die grundlegenden Kräfte der Natur. Der Herrscher findet Stabilität durch das korrekte Nutzen der Elemente. Wenn diese Stabilität jedoch zu starr wird, erscheint der Turm mit Blitz und Feuer. Er sorgt für eine radikale Umwälzung und einen Bruch mit den festen Strukturen der materiellen Welt.

Erschütterung des Egos

Beim Turm handelt es sich wohl um die dramatischste Karte des Tarots. Der Blitz schlägt ein und Menschen fallen in einen vermeintlichen Tod. Die Farben sind intensiv und dramatisch - das Schwarz des Himmels hebt die Flammen und den Blitz hervor.

Der Turm selbst repräsentiert das ***Ego*** und die festen Überzeugungen, die wir über uns selbst und die Welt haben.

Der Blitz steht für eine plötzliche und unerwartete Erschütterung, die unsere Sichtweise radikal verändert. Diese Erschütterung kann ein Unfall oder ganz wortwörtlich ein Blitzschlag sein. Es ist aber auch möglich, dass es sich um eine Krankheit, einen Betrug oder einfach eine Enttäuschung handelt.

Rider Waite Tarot Karte der Großen Arkana
Der Turm

Wenn wir achtsam mit uns selbst umgehen, muss der Turm nicht ganz so dramatisch ausfallen. Dann reicht ein kleiner Hinweis wie zerbrochenes Glas oder etwas Anderes, das schief geht. Der Turm muss nicht immer wie ein Schicksalsschlag erscheinen.

Der Abschied von alten Glaubenssätzen

Die fallenden Menschen symbolisieren die Notwendigkeit, sich von alten Identitäten und Glaubenssätzen zu lösen, um Wachstum und Transformation zu ermöglichen. Spirituelle Lehrer sprechen in diesem Zusammenhang oft von einem Geschenk in einer hässlichen Verpackung. Manchmal sehen wir erst Jahre später, dass ein Missgeschick langfristig positive Veränderungen eingeläutet hat.

In der Reihe der spirituellen Ernte ist der Turm die zweite Karte. Dies ist die Phase der Transformation und Reinigung, in der alte Muster und Begrenzungen aufgelöst werden. Der Turm stellt eine Prüfung dar auf dem Weg zur Erleuchtung. Er zwingt uns, das Leben auf den Kopf zu stellen und unseren tiefsten Ängsten und Unsicherheiten zu begegnen.

Kurskorrektur für Wachstum

Divinatorisch weist der Turm darauf hin, dass wir einen möglicherweise dramatischen Wandel erleben. Ein Schicksalsschlag kann unsere Sicherheit und unseren Frieden erschüttern. Es kann bedeuten, dass wir uns von einer Situation oder einer Beziehung trennen müssen, die nicht mehr förderlich für unser Wachstum ist. Das kann zunächst schmerzhaft und beängstigend sein.

Wenn wir uns jedoch von der Opferrolle befreien, kann der Turm ein Tor zu einem Neuanfang sein. Er bietet uns die Chance einer Kurskorrektur. Wenn der Turm mit Gewalt eintritt, brauchen wir in erster Linie Vertrauen. Das Universum ist uns allen wohl gesonnen. Schwierigkeiten bergen immer enormes Potenzial für Wachstum.

Möge Dich der Turm dazu auffordern, alte Verkrustungen vertrauensvoll loszulassen und Dich neuen Möglichkeiten zu öffnen. Manchmal brauchen wir eine Erschütterung, um die Karten unseres Lebens neu zu mischen und unser Leben neu zu gestalten.

Der Stern, Trumpf Nummer 17 der großen Arkana

Der ***Stern***, Trumpf Nummer 17, ist eine Karte voller Hoffnung und Verheißung. Diese Karte erinnert uns daran, dass wir auf unserem Weg von den Kräften des Universums unterstützt und geleitet werden.

Die Zahl 17 ist eine Kombination aus 10 und 7. Die Zahl 10 repräsentiert das Schicksalsrad, das die unvermeidlichen Zyklen des Lebens darstellt. Die Zahl 7 ist die Zahl des Wagens, der die Fähigkeit zur Selbstbestimmung und zum Vorwärtskommen symbolisiert. Die Karte 17 verbindet also die Idee des Schicksals und der Zyklen des Lebens mit der Möglichkeit, unseren eigenen Weg zu gestalten und unsere Bestimmung zu verwirklichen.

Immer da: Innere Quelle der Weisheit und Inspiration

Der Stern erinnert uns daran, dass es in Zeiten des Wandels und der Unsicherheit immer eine innere Quelle der Weisheit und Inspiration gibt, auf die wir uns verlassen können. Nach der Verführung durch die animalischen Instinkte des Teufels und die Erschütterung des Turms gibt uns diese Karte Mut und Hoffnung.

Das Bild zeigt eine nackte Frau, die Wasser aus zwei Krügen in einen Teich gießt. Über ihr strahlt ein großer goldener Stern, den sieben kleinere Sterne umgeben. Das Bild strahlt eine friedliche Atmosphäre aus.

Die nackte Frau repräsentiert die reine und authentische Essenz unserer Seele, die frei von äußeren Masken und Täuschungen ist. Die Krüge, aus denen sie das Wasser gießt, symbolisieren Fülle und Überfluss. Sie kniet in Demut. Mit dieser Haltung können wir aus unseren inneren Quellen schöpfen, die uns mit spiritueller Weisheit und Inspiration nähren.

Fülle ist ein innerer Zustand

Wir müssen nicht dem Leben entsagen, um auf dem Weg voranzuschreiten. Askese mag für manche Menschen ein Meilenstein sein.

Rider Waite Tarot Karte der Großen Arkana
Der Stern

Der natürliche Zustand der Welt ist jedoch ein Leben in Fülle. Das bedeutet nicht, dass plötzlich Millionen Euro in unserem Leben erscheinen. Fülle ist ein innerer Zustand voller Vertrauen, dass wir keinen Mangel leiden müssen. Das Wasser fällt in den Teich des kollektiven Unbewussten. Das weist darauf hin, dass unsere spirituelle Erkenntnis und Weisheit sich auf die ganze Welt auswirken.

Die Sterne repräsentieren die ***Sieben Schwestern der Plejaden***. Diese Konstellation im Sternbild Stier in der Galaxie M45 hat in vielen esoterischen Lehren eine besondere Bedeutung. Die sieben Sterne werden häufig mit höherem Bewusstsein und Erleuchtung in Verbindung gebracht. Die strahlenden Lichter weisen uns den Weg und zeigen uns, dass wir Teil eines größeren kosmischen Plans sind.

In die Schwingung der Liebe eintauchen

Die ***Plejaden*** können ein Tor oder eine Brücke zwischen der materiellen Welt und Zugang zu höheren Bewusstseinsebenen darstellen. Die Sterne ermutigen uns, unser spirituelles Potenzial zu erkennen und zu entfalten.

Das Buch ***„Bringers of the Dawn: Teachings from the Pleiadians (Boten des Neuen Morgens: Lehren von den Plejaden)“*** von Barbara Marciniak, veröffentlicht im Jahr 1992, hat die Plejaden Millionen von Menschen zugänglich gemacht. Darin werden die Plejadier von Marciniak als hoch entwickelte Wesen beschrieben, die eine positive und liebevolle Botschaft für die Menschheit bringen. Sie fordern uns auf, unsere Ängste zu überwinden und in die Schwingung der Liebe einzutauchen.

Moment der Erkenntnis und Inspiration

Der Vogel im Baum im Hintergrund der Karte steht für Frieden, Hoffnung und spirituelle Reinheit. Vögel werden oft mit göttlichen Botschaften oder spirituellen Erkenntnissen in Verbindung gebracht. In der Bibel symbolisiert die Taube den Heiligen Geist.

Auf dieser Karte verkündet der Vogel im Baum einen Moment der Erkenntnis und Inspiration. Göttliche Führung und Einsicht können jederzeit in unser Leben kommen. Der Baum repräsentiert die Verbindung zur Natur und zur Erdung, während der Vogel den Himmel und die spirituellen Sphären symbolisiert.

Der Vogel im Baum kann auch als Einladung zur Meditation und zur Verbindung mit dem spirituellen Selbst verstanden werden.

Zeit der Hoffnung und der Fülle

Der Stern ist die dritte Karte in der Triade der spirituellen Ernte. In dieser Phase unseres spirituellen Wachstums kommen wir in Kontakt mit unserer inneren Weisheit und unserer wahren Essenz. Wir erkennen, dass wir eine Quelle unerschöpflicher Inspiration und Liebe in uns tragen. Diese Fülle können wir mit anderen teilen, um gemeinsam zu wachsen und zu blühen.

Divinatorisch weist der Stern auf eine Zeit der Hoffnung hin. Wir können darauf vertrauen, dass uns das Universum unterstützt und uns mit allem versorgt, was wir brauchen.

Möge Dich der Stern dazu befähigen, auf Deine innere Stimme zu hören und Deinem Herzen zu folgen. Auf dem Weg der Transformation und des spirituellen Wachstums können wir voller Vertrauen voranschreiten.

Der Mond, Trumpf Nummer 18 der großen Arkana

Die Karte 18, der ***Mond***, zeigt uns eine rätselhafte Welt, die uns das Fürchten lehren kann. Er erinnert uns daran, dass Illusionen und Träume auf unserem spirituellen Weg auftauchen. Gleichzeitig zeigt uns der Mond, dass wir uns davon nicht verwirren lassen sollten.

Die Zahl 18 ist die Summe von 10 und 8. Die 10, das Schicksalsrad, repräsentiert die ständige Veränderung und die Zyklen des Lebens. Nichts im Leben ist konstant. Wir müssen den Fluss des Lebens akzeptieren und uns anpassen, um weiterzugehen. ***Panta rei***, alles fließt, so sagte der griechische Philosoph Heraklit bereits vor rund 2500 Jahren.

Die 8 der Kraft zeigt uns innere Stärke und die Fähigkeit zur Selbstkontrolle. Wir haben die Macht, unsere Emotionen zu beherrschen und unsere Ängste zu überwinden. Der Mond ruft uns dazu auf, den Veränderungen des Lebens mit innerer Stärke und Selbstkontrolle zu begegnen.

Trügerische Ebene des Seins

Nach dem Stern, der Karte der Hoffnung und des Vertrauens in die Führung des Universums, erscheint der Mond wie eine kalte Dusche. Er verkörpert eine trügerische Ebene des Seins und warnt uns vor der Täuschung durch Illusionen.

Das Bild zeigt einen Vollmond am Himmel, der über zwei Säulen scheint. Ein Pfad führt in die Ferne, und ein Hund und ein Wolf heulen dem Mond zu. Unter dem Mond befinden sich ein Teich und ein Krebs, der aus dem Wasser auftaucht.

Der Mond symbolisiert das Unbewusste und die Welt der Träume und Emotionen. Er zeigt, dass Dinge möglicherweise nicht so sind, wie sie scheinen, und dass wir unser intuitives Wissen nutzen müssen, um die Wahrheit zu erkennen.

Rider Waite Tarot Karte der Großen Arkana

Der Mond

Das Gesicht im Mond: Vielschichtige Bedeutung

Die Bedeutung dieses Gesichts können wir auf verschiedene Weise interpretieren. Das Gesicht zeigt, dass oft mehr hinter den Dingen steckt, als wir auf den ersten Blick erkennen können. Es symbolisiert die tiefen Schichten des Unbewussten, die verborgenen Emotionen und Gedanken. Sie beeinflussen uns oft, ohne dass wir es merken.

In einigen esoterischen Lehren steht das Gesicht im Mond als Symbol für die Göttin, auch als weibliche Energie gedeutet. Der Mond wird oft mit weiblichen Aspekten in Verbindung gebracht. Das Gesicht könnte also darauf hinweisen, dass wir unsere weibliche Seite, unser Einfühlungsvermögen und unsere Kreativität, schätzen müssen, um unsere innere Balance zu finden.

Die Säulen repräsentieren die Grenzen zwischen der bewussten und der unbewussten Welt. Der Mond zeigt uns, dass wir diese beiden Welten in Einklang bringen müssen. Der Pfad in die Ferne symbolisiert die Reise des Geistes in die unbekannte Zukunft und die Suche nach Wahrheit und Erkenntnis.

Hund und Wolf: Zivilisierte Natur und animalische Instinkte

Der Hund und der Wolf stehen beide für unsere tierischen Instinkte und das Unbewusste. Der Hund ist ein treuer Begleiter des Menschen, ein zivilisierter Aspekt der Natur.

Der Wolf dagegen ist wild und frei und geleitet von seinen animalischen Trieben. Die beiden Tiere weisen uns gemeinsam darauf hin, dass wir unsere animalische Natur akzeptieren müssen. Auch wenn sie im Verborgenen bleibt, sind wir doch nicht frei von ihr.

Die Flammen im Himmel weisen auf die emotionale Intensität und die Leidenschaft hin, die der Mond auslösen kann. Der Mond beeinflusst die Gezeiten und unsere Gefühle. Die Flammen weisen auf starke emotionale Prozesse hin, die sich im Verborgenen abspielen. Gleichzeitig symbolisieren die Flammen innere Transformation. So können die Flammen darauf hinweisen, dass wir unser wahres Selbst entdecken und uns dabei von Illusionen und Begrenzungen befreien.

Harte Schale ablegen und Emotionen zulassen

Der Teich und der Krebs repräsentieren das Unbewusste und die tiefen Gefühle, die unter der Oberfläche verborgen sind. Der Krebs bewegt sich seitwärts. Manchmal bewegen wir uns in unseren Emotionen hin und her, ähnlich wie die Gezeiten des Meeres.

Der Krebs häutet sich, um zu wachsen, und er sucht in seiner Schale Schutz. Auch wir neigen dazu, uns vor unseren eigenen Gefühlen zu verschließen. Um uns zu entwickeln, müssen wir aber unsere Gefühle und unsere tiefen inneren Prozesse verstehen. Es ist Zeit, unsere emotionalen und unbewussten Prozesse zu erkunden und möglicherweise alte Wunden und Blockaden zu heilen.

In der divinatorischen Bedeutung ermahnt uns der Mond, Intuition und Einfühlungsvermögen anzuwenden. Statt den oberflächlichen Dingen zu glauben, fordert er uns auf, tiefer zu blicken. Der Mond steht für Situationen, bei denen es verborgene Motive zu entdecken gibt. Es geht darum, ein subtileres Verständnis unserer gegenwärtigen Lage zu entwickeln.

Möge Dich der Mond dazu herausfordern, Dich nicht von Illusionen und Träumen täuschen zu lassen. Wenn wir unsere Intuition und innere Weisheit nutzen, können wir die Wahrheit erkennen und innere Stärke finden.

Die Sonne, Trumpf Nummer 19 der großen Arkana

Die ***Sonne***, Trumpf 19, strahlt die lebendige Energie von Fülle aus. Sie zeigt uns das Glück, das wir in unserem Leben erlangen können.

Die Zahl 19 entsteht aus der Summe von 10 und 9 und trägt dadurch die Qualitäten beider Trümpfe. Die Beziehung zum Schicksalsrad (Karte 10) zeigt, dass die Sonne die Erfüllung und den Höhepunkt unserer spirituellen Reise darstellt. Nach den Herausforderungen und Veränderungen auf unserem Weg erreichen wir jetzt einen Zustand der Harmonie und des inneren Gleichgewichts.

Die Erkenntnisse des Eremiten auf seiner inneren Suche kommen in der Sonne zum Ausdruck. Dieser Trumpf fordert uns auf, diese Weisheit zu leben und unser inneres Licht in der Welt strahlen zu lassen.

Phase lebendigen Wachstums

Das Bild zeigt eine leuchtende Sonnenscheibe am blauen Himmel. Sie repräsentiert die Lebenskraft, die Vitalität und die Kreativität, die in uns allen wohnen. Die Sonne ist das Zentrum unseres Sonnensystems und versorgt die Erde mit Licht und Wärme. Dieser Trumpf sagt uns, dass wir uns in dieser Phase des Wachstums lebendig fühlen. Diese Energie sollten wir mit unserer Umwelt teilen.

Das Kind auf dem Pferd symbolisiert Unschuld, Neuanfang und das reine Potenzial, das in jedem von uns steckt. Es zeigt uns die Möglichkeit, unser Leben mit frischer Begeisterung zu gestalten.

Das weiße Pferd steht für Reinheit, Kraft und den Sieg über Hindernisse. Es erinnert uns an ungezügelte Lebenskraft, die uns vorwärtstreibt. Das Pferd trägt das Kind sicher auf seinem Rücken: In unserem Streben nach Erfüllung und Glück begleiten uns immer innere Führung und ihr Schutz.

Rider Waite Tarot Karte der Großen Arkana
Die Sonne

Erfolge und Errungenschaften feiern

Die Fahne, die das Kind in seiner Hand hält, ist ein Symbol für den Sieg und den Triumph. Sie weht im Wind und erinnert uns daran, dass wir unsere Erfolge feiern und stolz auf unsere Errungenschaften sein sollten. Die Fahne ist auch ein Zeichen dafür, dass wir unseren inneren Wünschen und Träumen Ausdruck verleihen können.

Wir können in unserem Leben jederzeit einen neuen Anfang wagen. Es ist nie zu spät, um unsere Ziele zu verfolgen, uns selbst neu zu erfinden und die Chancen zu ergreifen, die sich uns bieten. Die Sonnenkarte ermutigt uns, unser Leben mit kindlicher Freude und Begeisterung zu leben, uns von Ängsten und Begrenzungen zu befreien und das Leben in vollen Zügen zu genießen.

Herz für das Wunderbare öffnen

Die Sonnenkarte zeigt uns auch, dass die Energie des Kindes immer in uns vorhanden ist – unabhängig von unserem Alter. Wir haben immer die Wahl, uns für die Freude und das Glück zu entscheiden. Wir können uns auf unser inneres Kind verlassen und unsere Herzen für das Wunderbare öffnen.

Die Sonnenblumen am unteren Rand der Karte stehen für Wachstum und Fülle. Wenn wir unser wahres Selbst erkennen und unser Licht strahlen lassen, verwandelt sich unser Leben. Die Sonnenblumen richten sich immer nach der Sonne aus. Ebenso können wir uns auf das Göttliche ausrichten und so die Verbindung mit unserer höheren Quelle genießen. Sich in Dankbarkeit zu üben, ist ein Schlüssel, diese Verbindung zu stärken.

In der divinatorischen Bedeutung steht die Sonnenkarte für Freude, Erfolg und Erfüllung. Unser inneres Licht leuchtet und wir befinden uns in einer Zeit des Glücks und der Zufriedenheit. Die Karte erinnert uns daran, dass wir das Leben in vollen Zügen genießen sollten. Unsere positive Energie und Ausstrahlung können so auch andere Menschen inspirieren.

Möge Dich die Sonne daran erinnern, dass unser inneres Kind immer auf uns wartet. Mit Dankbarkeit können wir Gefühle von Lebendigkeit, Wohlstand und Fülle jederzeit in unserem Leben erzeugen. Wenn wir unsere Schätze mit anderen teilen, vergrößern wir unser Glück.

Das Gericht, Trumpf Nummer 20 der großen Arkana

Das ***Gericht***, Trumpf 19, zeigt uns Wiedergeburt und spirituelle Erneuerung. Tod und Auferstehung verschmelzen zu der Botschaft, dass wir durch Selbstreflexion und Läuterung zu einer höheren Ebene des Bewusstseins aufsteigen können.

Die Zahl 20 entsteht aus der Multiplikation von 2 und 10 und von 4 mit 5. Die 2 repräsentiert Dualität und Partnerschaft, während die 10 auf Vollständigkeit und Vollendung hinweist. Das Gericht zeigt den Übergang von einer Phase der Dualität und Trennung zu einem Zustand der Einheit und Ganzheit. Es ist eine Zeit der Erneuerung und der Wiedergeburt, in der wir uns endgültig von vergangenen Begrenzungen und Bindungen befreien und unser wahres Potenzial entfalten können.

Verwirklichung durch Vereinigung verschiedener Energien

Dieser Trumpf ist durch die Zahlensymbolik mit dem Schicksalsrad (10), der Hohepriesterin (2), dem Herrscher (4) und dem Hierophanten (5) verbunden. Das Schicksalsrad deutet auf zyklische Erneuerung hin, während die Hohepriesterin an Intuition erinnert. Der Herrscher symbolisiert die Verantwortung für unser Leben und die Fähigkeit, unsere eigene Realität zu gestalten, während der Hierophant für spirituelles Wissen und Führung steht. Das Gericht bringt all diese Energien zusammen und zeigt uns, dass wir durch die Integration dieser Aspekte unser wahres Selbst verwirklichen können.

Das Bild zeigt einen Engel, der eine Trompete bläst. Menschen hören den Ruf und stehen aus Gräbern auf. Der Engel ist ein Bote zwischen den Welten und verkündet die Wiedergeburt und den Ruf zur spirituellen Transformation.

Rider Waite Tarot Karte der Großen Arkana
Das Gericht

Das kraftvolle Erwachen der Seele

Die Trompete des Engels steht für das kraftvolle Erwachen der Seele. Sie weckt uns aus unserem geistigen Schlaf, um die Vereinigung mit unserem höheren Selbst zu entfalten. Die Trompete verkörpert die Stimme des Universums. Dieser Trumpf sagt uns, dass sie kein leises Flüstern der Intuition ist. Sie teilt uns laut und klar mit, unseren eigenen Weg zu gehen und unsere Bestimmung zu erfüllen.

Die Fahne mit dem Kreuz ist ein Zeichen der Hoffnung und Erlösung. Das Kreuz ist ein starkes spirituelles Symbol, das für das Opfer und die Wiedergeburt von Jesus Christus steht. Es erinnert uns daran, dass durch Leiden und Transformation eine höhere Ebene des Bewusstseins erreicht werden kann. Die Fahne zeigt, dass der Ruf der Erneuerung für alle sichtbar ist und dass wir uns kollektiv in einer Zeit des spirituellen Wachstums und der Transformation befinden.

Der Engel mit der Trompete und die Fahne mit dem Kreuz ermutigen uns, uns von vergangenen Erfahrungen und Bindungen zu lösen und unser volles spirituelles Potenzial zu entfalten. Spirituelle Erneuerung ist eine Entscheidung, die nur Du selbst treffen kannst. Es ist Deine Aufgabe, Dich von negativen Energien zu befreien und Licht und Liebe in Dein Leben zu lassen.

Zeit der Ernte und Rechenschaftslegung

Das Gericht ist eine Karte der dritten Triade im Tarot, der Reihe der spirituellen Ernte. Es ist die Ernte dessen, was wir in unserem Leben gesät haben, sowohl positiv als auch negativ. Es ist eine Zeit der Rechenschaftslegung und der Aufrichtigkeit, in der wir die Konsequenzen unserer Handlungen akzeptieren und uns von vergangenen Fehlern und Enttäuschungen befreien können.

Das Gericht markiert einen wichtigen Übergang in unserer spirituellen Reise. Nach all den Herausforderungen und Transformationen, die wir in den vorherigen Karten durchlaufen haben, steht das Gericht für die endgültige spirituelle Abrechnung und Beurteilung.

In der divinatorischen Bedeutung kann das Gericht auf eine Zeit hinweisen, in der wir zu einem höheren Bewusstseinszustand aufsteigen können. Es kann auch darauf hindeuten, dass eine Zeit der Rechenschaftslegung bevorsteht. Jetzt sollten wir die Handlungen und Entscheidungen der Vergangenheit überdenken und daraus lernen.

Möge Dich das Gericht dazu auffordern, Deiner inneren Stimme und dem Ruf Deines wahren Selbst zu folgen. Jetzt ist die Zeit für Deine Wiedergeburt gekommen. Du hast die Chance, alles hinter Dir zu lassen und Dich selbst neu zu erfinden.

Die Welt, Trumpf Nummer 21 der großen Arkana

Die ***Welt***, die letzte Karte der großen Trümpfe, verkündet Vollkommenheit, Erfolg und Erfüllung. Wir haben den Höhepunkt unserer spirituellen Reise erreicht und können den Tanz des Lebens unbeschwert genießen.

Die Zahl 21 entsteht aus der Multiplikation von 3 mit 7. Gleichzeitig ist sie die Summe von 10 und 11. Dies stellt eine Verbindung zum Schicksalsrad (10) und der Gerechtigkeit (11) sowie zur Herrscherin (3) und dem Wagen (7) her. Wenn uns die Gerechtigkeit als würdig beurteilt hat, gelangen wir zum Zentrum des Schicksalsrads. Hier geschieht die Bewegung langsam, die Zyklen der Erneuerung hinterlassen kaum einen Eindruck. Je weiter wir vom Zentrum entfernt sind, desto schneller dreht sich das Rad und desto höher und tiefer steigen und fallen wir.

Die Welt vereint zudem die kreative Schöpferkraft der Herrscherin mit der spirituellen Reise des Wagens. Führen wir beide zusammen, können wir unsere Entwicklung genießen. Die Welt sagt uns, dass alle vorherigen Erfahrungen und Lehren zusammenkommen, um eine harmonische Einheit zu bilden.

Das Universum tanzt in Harmonie

Auf dem Bild sehen wir eine nackte weibliche Gestalt, die in einem grünen Kranz schwebt und zu tanzen scheint. Die Frau hält in jeder Hand einen Stab und ihre Beine formen ein umgekehrtes V. Die vier Ecken der Karte sind mit den vier heiligen Wesen, dem Löwen, dem Stier, dem Adler und dem Engel, geschmückt.

Das Grün des Kranzes repräsentiert Wachstum, Fruchtbarkeit und Harmonie. Die Welt bedeutet die Verschmelzung von Körper, Geist und Seele. Die Frau verkörpert die göttliche weibliche Energie, die schöpferische Kraft des Universums. Die Stäbe in ihren Händen sind ein Zeichen ihrer Autorität und Macht über ihr Leben und ihr Schicksal.

Vier Elemente wirken im Einklang

Die vier heiligen Wesen in den Ecken repräsentieren die vier Elemente und die vier Ecken der Welt.

Rider Waite Tarot Karte der Großen Arkana
Die Welt

Der Löwe steht für Feuer und Leidenschaft, der Stier für Stabilität und Erdverbundenheit, der Adler für geistige Klarheit und Luft, und der Engel für spirituelle Einheit und Wasser, das Element des Gefühls.

Sie zeigen, dass die Welt in Balance ist und alle Elemente miteinander verschmelzen, um eine vollkommene Einheit zu bilden.

Die Welt ist die letzte Karte der großen Trümpfe, da sie das ultimative Ziel und die Erfüllung unserer spirituellen Reise darstellt. Sie symbolisiert die Vollkommenheit, die wir erreichen können. Wenn wir unsere inneren und äußeren Welten in Einklang bringen, leben wir in Harmonie mit dem Universum. Diese Karte erinnert uns daran, dass wir die Fähigkeit haben, unsere Bestimmung zu erkennen und unsere Träume zu verwirklichen. Wir müssen nur unsere eigene Macht und Stärke erkennen und uns von alten Verkrustungen und Mustern befreien.

Belohnung und Bestätigung: Wir sind auf dem richtigen Weg

In divinatorischer Hinsicht verkündet ***Die Welt*** Erfolg, Vollendung und positive Ergebnisse. Es ist eine Zeit der Belohnung für unsere Bemühungen und eine Bestätigung, dass wir auf dem richtigen Weg sind. Die Karte ermutigt uns, zu vertrauen und unsere innere Weisheit zu nutzen, um unsere Ziele zu erreichen. Es ist eine Zeit, um unsere Erfolge zu feiern und dankbar für die Fülle in unserem Leben zu sein.

Die Welt fordert uns auf, uns bewusst mit dem Universum zu verbinden und unsere innere Stärke und Weisheit zu nutzen. Dann können wir unser Leben mühelos nach unseren höchsten Wünschen gestalten. Sie erinnert uns daran, dass wir die Schöpfer unseres eigenen Schicksals sind. Alles ist möglich, wenn wir im Einklang mit unserer inneren Wahrheit und unserem höheren Selbst leben.

Möge Dich die Welt dazu ermutigen, geistige Klarheit zu erreichen. Fülle, Freude und Erfolg treten in Dein Leben, wenn Du Deine innere Harmonie findest. Sie strahlt auf Dein äußeres Leben aus und lässt Dich im Einklang mit der Welt und dem Universum leben.

Die Karten der kleinen Arkana

Die Trümpfe der großen Arkana zeigen uns gewaltige Einflüsse in unserem Leben. Unbewusste Inhalte kommen ans Tageslicht und verlangen nach Transformation. Die ***56 Karten der kleinen Arkana*** dagegen repräsentieren Menschen und Situationen im Alltag. Ihre Bedeutung ist eher vorübergehender Natur und nicht so schwerwiegend wie die Botschaften der großen Trümpfe.

In jedem Tarotdeck besteht die kleine Arkana aus vier Farben, die jeweils einem Element zugeordnet sind. Die Bezeichnung der Farben kann sich je nach Kartendeck ebenso unterscheiden wie die Namen der Hofkarten. Jede Farbe besteht aus 10 Zahlenkarten von 1 bis 10 und vier Hofkarten.

Die Hofkarten beziehen sich auf Menschen in unserer Umgebung oder Aspekte unserer eigenen Persönlichkeit. Die Hofkarten in jeder Farbe sind der König, die Königin, der Ritter und der Page. Sie stehen für verschiedene Persönlichkeitsmerkmale und Rollen, die wir in unserem Leben einnehmen können.

Sie können aber auch auf Personen in unserer Umgebung verweisen, die folgende Qualitäten verkörpern.

- Der König kontrolliert seine Situation wie ein erfahrener Herrscher – kurz Autorität, Führung und Macht.
- Die Königin verhält sich fürsorglich und einfühlsam wie eine weise Matriarchin – kurz Weisheit, Empathie und innere Stärke.
- Der Ritter kämpft wie ein abenteuerlustiger Krieger für seine Überzeugungen – kurz Aktion, Bewegung und Abenteuer.
- Der Bube entdeckt die Welt mit frischer Begeisterung wie ein neugieriges Kind – kurz Jugend, Neugierde und Lernbereitschaft.

Der Unterschied zwischen den Zahlenkarten und den Hofkarten liegt in ihrer Bedeutung. Während die Zahlenkarten mehr allgemeine Aspekte und Entwicklungen widerspiegeln, stehen die Hofkarten für konkrete Persönlichkeiten und Charaktere, die in unserem Leben auftreten können. Die Kombination von Zahlen- und Hofkarten in einer Farbe erschafft ein reichhaltiges Bild der Themen und Herausforderungen, denen wir begegnen.

Bei den Zahlenkarten färbt die Energie der Nummer, welche Qualitäten und Situationen das Element darstellt. Sie zeigen uns die Bandbreite der Erfahrungen eines bestimmten Bereichs des Lebens.

Die Farben der kleinen Arkana im Rider-Waite-Tarot:

- Kelche
- Schwerter
- Stäbe
- Münzen

Jede Farbe repräsentiert ein Element und eine Hauptfunktion des menschlichen Gehirns.

Kelche: Das tiefe Meer der Gefühle

Die Kelche erscheinen wie der Tau in der Morgendämmerung - sie fließen voller Emotionen und Gefühle, wie ein tiefes Meer, das unsere Seelen umhüllt. Diese Karten spiegeln die Welt unserer Träume und Wünsche wider und laden uns ein, in die tiefen Gewässer unserer emotionalen Landschaft einzutauchen.

Von der Freude des Herzens bis zur Trauer von Verlusten zeigen uns die Kelche, wie wir mit unseren Gefühlen umgehen und wie sie uns leiten können. Die Farbe Kelche repräsentiert das Element Wasser, das mit dem emotionalen Aspekt unserer spirituellen Erfahrungen verbunden ist. Kelche-Karten stehen für Liebe, Mitgefühl, Intuition und innere Reife.

Schwerter: Die präzise Klarheit der Gedanken

Die ***Schwerter*** ähneln der blitzenden Waffe des Ritters - scharf und präzise, wie die Gedanken in unserem Geist. Diese Karten spiegeln die Welt unserer Gedanken und mentalen Prozesse wider. Sie ermutigen uns, unsere Geisteskraft zu nutzen, um Klarheit zu erlangen und Hindernisse zu überwinden.

Von Konflikten und Enttäuschungen bis hin zu neuen Ideen und Einsichten zeigen uns die Schwerter, wie wir unseren Verstand nutzen und unsere Überzeugungen hinterfragen können. Die Farbe ***Schwerter*** steht für das Element Luft und spiegelt unser Denken wider. Schwerter-Karten können sowohl mentale Herausforderungen als auch intellektuelle Einsichten symbolisieren.

Stäbe: Die kraftvolle Kreativität der Handlungen

Die ***Stäbe*** leuchten wie das Feuer der Sonne - voller Energie und Leidenschaft, wie die Flamme, die unser Herz entzündet. Diese Karten repräsentieren die Welt unserer Handlungen sowie Leidenschaft, Kreativität und Tatendrang. Sie laden uns ein, mutig voranzuschreiten und unsere Ziele zu verfolgen.

Von kreativen Projekten und Leidenschaften bis hin zu Herausforderungen und Abenteuern zeigen uns die Stäbe, wie wir unsere Energie kanalisieren und unser Leben aktiv gestalten können. Die Farbe ***Stäbe*** steht für das Element Feuer, die Kraft, zu handeln. Die Stäbe-Karten drücken den Enthusiasmus und die Entschlossenheit aus, um Herausforderungen anzunehmen und Ziele zu verfolgen.

Münzen: Die solide Basis der Sinnesempfindungen

Die ***Münzen*** bilden die Basis wie die goldenen Schätze der Erde - stabil und solide, wie der feste Boden, auf dem wir stehen. Diese Karten spiegeln die Welt unserer materiellen Sinnesempfindungen wider und lehren uns den Wert von Besitz und Sicherheit.

Von finanzieller Stabilität und beruflichem Erfolg bis hin zu materiellen Herausforderungen und praktischen Angelegenheiten zeigen uns die Münzen, wie wir unsere Ressourcen verwalten und unseren Wohlstand aufbauen können. Die Farbe ***Münzen*** steht für das Element Erde. Es verkörpert die Informationen, die uns die Sinne über unsere materielle Umwelt vermitteln. Gleichzeitig repräsentiert Erde unsere Finanzen, Arbeit, Gesundheit und materielle Sicherheit. Münzen-Karten zeigen uns, wie wir uns in der physischen Welt manifestieren und Wohlstand erschaffen können.

Bunter Regenbogen des menschlichen Lebens

Die kleine Arkana können wir wie einen bunten Regenbogen betrachten, der uns die Vielfalt und Fülle des Lebens zeigt. Jede Karte verkündet ihre eigene Botschaft und gibt uns wertvolle Einsichten in unser Sein und unsere Lebensreise. Die kleinen Arkana-Karten unterstützen uns dabei, jeden Tag wie ein kleines Meisterwerk zu gestalten und unsere Bestimmung zu erkennen.

Grundlage der kleinen Arkana: Die Bedeutung von Zahlen

Die Zahlen von 1 bis 10 verkörpern verschiedene Entwicklungsstufen auf unserem Lebensweg.

1: Die Zahl der Asse, ein kraftvoller Start

Die ***Zahl 1 der Asse*** steht immer für einen Anfang, den Beginn eines Zyklus und die individuelle Schöpfungskraft. Ähnlich wie ein Sonnenaufgang markiert sie den Startpunkt einer Reise. Diese Anfangszahl ist mit Pioniergeist und Selbstverwirklichung verbunden. Sie steht für das individuelle Selbst und die Schöpferkraft des Magiers, Trumpf Nummer 1, die in jedem von uns liegt. Das Ass zeigt uns die Potenziale, die in uns schlummern.

Diese Zahl steht in der Astrologie für die Sonne. Sie schützt, nährt und zeigt uns, dass wir in einem wohlwollenden Universum leben. Die Sonne repräsentiert Strahlkraft, Willen und Selbstverwirklichung. Sie ermutigt uns dazu, unsere Reise mit Optimismus zu beginnen.

2: Die Zahl für Partnerschaft und Balance

Die ***Zahl 2*** symbolisiert Dualität, Partnerschaft und Beziehungen. Wie ein Tanz zwischen Gegensätzen lehrt uns die 2, Harmonie und Gleichgewicht zu finden. Die Zahl 2 erinnert uns auch an die Bedeutung von Zusammenarbeit. Sie steht für Beziehungen, Balance und Entscheidungen. Die Hohepriesterin, Trumpf Nummer 2, erinnert uns daran, weibliche Intuition und die geheimen Kräfte der Unterwelt in unserem Leben walten zu lassen.

Diese Zahl ist mit dem Mond verbunden, der unsere emotionalen Aspekte beeinflusst. Der Mond unterstützt uns dabei, unsere Gefühle und Instinkte zu verstehen und in Einklang mit unseren Mitmenschen zu leben.

3: Die Zahl für Kreativität und Fülle

Die ***Zahl 3*** symbolisiert Kreativität, Ausdruck und die Vereinigung von Gegensätzen. Wie eine himmlische Sinfonie vereint sie die Kraft von Gedanken, Gefühlen und Handlungen. Die Zahl 3 steht für Kreativität, Ausdruck und Austausch. Sie verkörpert auch die Vereinigung von Gegensätzen und die Harmonie, die daraus entsteht. Die Herrscherin, Trumpf Nummer 3, drückt diese Qualitäten durch die Schönheit der Natur und die Fülle des Lebens aus.

Der zugeordnete Planet für die 3 ist Venus, der Planet der Liebe, Schönheit und Kreativität. Venus inspiriert uns, unsere künstlerischen Talente zu entdecken und unsere Herzen für Mitgefühl und Liebe zu öffnen.

4: Die Zahl solider Strukturen

Die ***Zahl 4*** steht für Stabilität, Struktur und die Festigung von Fundamenten. Ähnlich wie die solide Grundlage eines Tempels verleiht sie unseren Bemühungen eine dauerhafte Basis. Sie symbolisiert auch die materielle Welt und die praktischen Aspekte des Lebens. Der Herrscher, Trumpf Nummer 4, verkörpert diese Energie und zeigt uns die Fähigkeit, Ordnung und Kontrolle zu schaffen.

Der Planet der 4 ist Jupiter, der Wachstum, Erfolg und Fülle verkörpert. Jupiter unterstützt uns dabei, unseren Horizont zu erweitern und uns auf neue Möglichkeiten einzulassen.

5: Die Zahl von strukturierter Veränderung

Die ***Zahl 5*** repräsentiert Veränderung, Freiheit und den Fluss des Lebens. Ähnlich wie der stetige Wind, der uns neue Wege weist, eröffnet sie uns neue Perspektiven. Die Zahl 5 repräsentiert Veränderung, Freiheit und Abenteuer - aber nicht losgelöst wie die 0 des Narren, sondern verbunden mit Organisationen und Lehren. Die 5 steht für die Fähigkeit, sich von Einschränkungen zu lösen und neue Möglichkeiten zu erkunden. Der Hierophant, Trumpf Nummer 5, zeigt die Suche nach Wissen und spiritueller Weisheit.

Diese Zahl ist mit dem Planeten Merkur verbunden. Er repräsentiert Kommunikation, geistige Klarheit und Rationalität. Merkur gibt uns die Fähigkeit, unsere Ideen und Visionen auszudrücken und zu kommunizieren, um neue Wege zu erkunden und Herausforderungen zu bewältigen. Der Planet lehrt uns auch, den Veränderungen des Lebens flexibel und anpassungsfähig zu begegnen.

6: Die Zahl von liebevoller Harmonie

Die ***Zahl 6*** ist in der Astrologie die Ziffer der ***Venus***. Sie verkörpert Harmonie, Mitgefühl und die Pflege von Beziehungen. Wir können die 6 wie die warmen Strahlen der Sonne betrachten. Sie nähren uns und inspirieren uns zugleich, liebevolle und fürsorgliche Bindungen zu unseren Mitmenschen zu entwickeln.

Ihr zugeordneter Planet Venus erinnert uns daran, mit bedingungsloser Liebe und Fürsorge zu handeln. Harmonisches Miteinander ist die große Botschaft dieser Zahl. Sie symbolisiert auch Verantwortung und Fürsorge für andere. Der Trumpf Nummer 6, die Liebenden, zeigt uns die Kraft der Liebe und wie wichtig die richtigen Entscheidungen in Beziehungen sind.

7: Die Zahl der spirituellen Reise

Die ***Zahl 7*** repräsentiert Spiritualität, Weisheit und die Suche nach innerem Frieden. Diese Suche ist häufig mit Reisen im Innen und im Außen verbunden. Wenn die 7 erscheint, sind wir dazu berufen, uns auf Abenteuer einzulassen. Tiefes Verständnis und ein umfassendes Verstehen von Wahrheit sind die Chancen der 7.

Ihr zugeordneter Planet ist ***Neptun***. Dieser mystische Gigant aus Gas führt uns zu spirituellen Erfahrungen, die unser Bewusstsein erweitern. Der Trumpf Nummer 7, der Wagen, verkörpert diese Energie und zeigt uns die Reise der Selbsterkenntnis und des spirituellen Wachstums. Ähnlich wie die Sterne am nächtlichen Himmel, führt sie uns zu geheimen Erkenntnissen.

8: Die Zahl von Erfolg und Fülle

Die ***Zahl 8*** verkündet den erfolgreichen Abschluss von Projekten. Die 8 verleiht uns Erfolg und Wohlstand. Allerdings kommen diese Gaben nicht von ungefähr. Die 8 ist mit dem Planeten ***Saturn*** verbunden.

Er verkörpert Prüfungen in der materiellen Realität. Saturn lehrt uns, mit Disziplin und Ausdauer unsere Ziele zu erreichen und unsere Träume zu verwirklichen.

Die Zahl 8 steht für die Manifestation von Zielen und die Ernte der Früchte unserer Bemühungen. Im Tarot verkörpert der Trumpf 8, die Kraft, diese Energie. Er zeigt uns unsere innere Stärke und den Mut, Hindernisse zu überwinden.

9: Die Zahl kraftvoller Transformation

Die ***Zahl 9*** verkörpert den Abschluss mit alten Mustern, Transformation und den Übergang zu neuen Erfahrungen. Sie fordert uns auf, die Vergangenheit loszulassen und uns auf das Neue vorzubereiten. Ihr zugeordneter Planet ist ***Mars***, der römische Gott des Krieges. In der Astrologie symbolisiert Mars tatkräftige männliche Energie. Sie lehrt uns, ausgediente Gewohnheiten zu transformieren, um Platz für Wachstum und Veränderung zu schaffen.

Die Zahl 9 steht nicht nur für Vollendung. Der Abschluss eines Kapitels und das damit verbundene Loslassen sind notwendig, um eine neue Phase des Lebens zu beginnen. Der große Trumpf ***der Eremit*** zeigt uns die Suche nach Erleuchtung und Wahrheit, geführt vom Licht der Erkenntnis.

10: Die Zahl erfolgreicher Vollendung

Die ***Zahl 10*** repräsentiert Vollendung: Wir haben einen Zyklus abgeschlossen und sind bereit für den Übergang zu einer neuen Phase. Die einzige zusammengesetzte Zahl der Karten der kleinen Arkana repräsentiert auch den binären Code, die Grundlage der Kommunikation digitaler Technik. Wir können die 1 und die 0 auch als Symbole für Licht und Dunkelheit sehen, für An und Aus.

Ähnlich wie die Zyklen von Tag und Nacht, markiert die 10 das Ende einer Phase und den Übergang zu einer neuen. Ihr zugeordneter Planet ist ***Pluto***. Dieser Himmelskörper demonstriert tiefgreifende Veränderungen am eigenen Leib. Einst galt er als der äußerste Planet unseres Sonnensystems im Kuipergürtel. Doch mit besseren Instrumenten wurden immer mehr ähnliche Objekte in dieser Himmelsregion entdeckt. Deshalb wurde Pluto zum Zwergplaneten degradiert. Allerdings wurde für ihn und ähnlich kleine Planeten ein neuer Begriff geschaffen: Plutoiden.

Pluto und die 10 repräsentieren tiefgreifende Veränderungen. Sie öffnen uns für neue Chancen, um einen neuen Zyklus zu beginnen. Die Zahl 10 steht auch für Vollständigkeit und Vollendung. Der Trumpf ***das Rad des Schicksals*** zeigt uns den ständigen Zyklus von Höhen und Tiefen.

Die Zahlenkarten der Kelche von 1 bis 10

Die zauberhaften Karten der ***Kelche*** entfalten sich vor uns wie die funkelnde Pracht des Morgentaus. Jede Karte, ein funkelnder Tropfen, enthüllt ein Stückchen unseres Seelenmeeres. Diese Symphonie von Symbolen lädt uns ein, in die tiefen Wasser unserer Gefühle einzutauchen.

Ass der Kelche

Das ***Ass der Kelche*** zeigt uns das Meer der Gefühle in seiner reinsten Form. Ein einzelner Kelch erscheint getragen von der Hand Gottes. Er repräsentiert den Ursprung der Gefühle. Von ihm fallen Strahlen von Wasser und Tropfen in den endlosen Ozean der Emotionen.

In diesem Kelch finden wir den Keim des Glücks, eine Quelle unberührter und reiner Emotionen. Wie ein funkelnder Tautropfen, der den Beginn eines neuen Tages ankündigt, trägt das Ass der Kelche die Hoffnung auf emotionale Erfüllung und Freude.

Eine Taube schwebt über dem Kelch wie ein Bote aus einer anderen Welt, der uns eine heilige Botschaft überbringt. Sie trägt eine Oblate im Schnabel, eine göttliche Gabe vom Himmel im christlichen Glauben. Diese Taube verkörpert Frieden und spirituelle Reinheit bei der Verbindung der irdischen Ebene mit der spirituellen Dimension.

Glückssträhne vom Himmel

In der Karte des ***Asses der Kelche*** nimmt die Oblate die Form einer Glückssträhne an, die vom Himmel zu uns fällt. Spirituelle Entwicklung und irdische Freuden sind keine Gegensätze. Unsere Gefühle ermöglichen es uns, die höheren Ebenen des Bewusstseins zu erreichen. Wenn die göttliche Gnade der Taube unsere Herzen berührt, erkennen wir die Bedeutung universaler Liebe in unserem innersten Wesen.

Die Taube über dem Kelch ist wie ein Lichtstrahl der Hoffnung und der Inspiration, der uns daran erinnert, dass unsere tiefen Gefühle uns mit einer größeren, universellen Wahrheit verbinden. Sie erinnert uns daran, dass das Ass der Kelche nicht nur ein Symbol für persönliche Freude ist, sondern auch für eine tiefe spirituelle Erfahrung, die uns in Kontakt mit unserer eigenen Göttlichkeit bringt.

Das Ass der Kelche erinnert uns daran, dass wir unsere tiefsten Sehnsüchte und Wünsche in uns tragen. Es ermuntert uns, unsere Herzen zu öffnen und den Ruf unserer inneren Stimme zu hören. Wie ein sanftes Meeresrauschen fordert uns das Ass der Kelche auf, unsere Gefühle zu ehren. Sie sind der Wegweiser zu echter Erfüllung.

Alle Ass-Karten sind wie ein Samen, der ein riesiges Potenzial in sich trägt. Sie verkünden immer Glück beim Start neuer Projekte. Beim Ass der Kelche ist es der Samen der Freude, der in unserem Herzen keimt und uns einlädt, die Tiefe unserer Emotionen zu erkunden. Ein neuer Tag bricht an, eine neue Erfahrung beginnt.

Es ist Zeit, in diesem kostbaren Moment des Anfangs von der Fülle des Lebens zu trinken.

2 der Kelche

Die Karte der ***2 der Kelche*** erscheint wie ein zartes Liebeslied, das im Wind der Gefühle erklingt. Mann und Frau stehen einander gegenüber, vereint im heiligen Bund der Liebe. Diese Karte spiegelt die Magie der Partnerschaft und der emotionalen Verbundenheit wider, die offene Herzen miteinander teilen können. Zwei Menschen finden sich in einem sanften Tanz der Zuneigung und finden die tiefe Harmonie der Seelenverwandtschaft.

Die 2 der Kelche spricht von der Freude, jemanden gefunden zu haben, der unser Herz auf besondere Weise berührt. Diese Karte lädt uns ein, die Schönheit der gemeinsamen Erfahrungen zu schätzen und tiefe emotionale Verbindungen zu feiern. Sie symbolisiert nicht nur romantische Liebe, sondern auch tiefe Freundschaften und enge familiäre Beziehungen.

Der geflügelte Löwenkopf über dem Stab des Asklepios (oder Äskulap-Stab) ist ein mächtiges Symbol der Heilung und des medizinischen Wissens.

Dieses ikonische Emblem verkörpert die Verschmelzung von Spiritualität und Heilkunde. Der Löwenkopf erinnert an die Stärke und Macht des Tieres, das in vielen Kulturen als Symbol für Tapferkeit und Schutz gilt. Die Flügel repräsentieren Freiheit und Aufstieg, das Streben nach einer höheren Ebene des Wohlbefindens.

Heilung und Streben nach mehr Wohlbefinden

Die doppelte Schlange, die um den Stab gewunden ist, hat in vielen Kulturen eine tiefe symbolische Bedeutung. Sie ist ein Zeichen der Erneuerung, der Regeneration und des Zyklus von Leben und Tod. In der griechischen Mythologie wird die Schlange oft mit Asklepios in Verbindung gebracht, dem Gott der Heilung und Medizin. Die Schlangen gelten als heilige Tiere, die das Potenzial zur Transformation und Heilung symbolisieren. In östlichen Lehren dagegen wird dieses Symbol als Verkörperung der Kundalini-Kraft gesehen, die in drei Kanälen um die Wirbelsäule herum aufsteigt.

Diese Symbole betonen die heilende Kraft der Liebe und ihr Potenzial für spirituelle Erkenntnisse in Partnerschaften. Sie laden uns ein, unsere Gefühle und Beziehungen als Quelle der Heilung zu erkennen. Der geflügelte Löwenkopf ermutigt uns, nach höherem Wohlbefinden zu streben, während die doppelte Schlange uns daran erinnert, dass Heilung ein kontinuierlicher Prozess von Wachstum und Transformation ist.

Die 2 der Kelche zeigt uns, dass wir in der Gegenwart von anderen Seelen wachsen und blühen können. Nach dem Neuanfang der 1 ermutigt uns die 2, auf unserem Weg das Herz zu öffnen. Wir dürfen uns auf die kostbare Verbindung einlassen, die durch Liebe, Vertrauen und gemeinsame Erfahrungen geschaffen wird.

Es ist Zeit, die wahre Schönheit der zwischenmenschlichen Bindungen zu erkunden.

3 der Kelche

Die ***3 der Kelche*** ist eine Einladung zu einem zauberhaften Tanz der Entdeckung und des Staunens. Die 3 der Kelche fordert uns auf, innezuhalten und den inneren Reichtum und die tiefen Emotionen zu würdigen, die uns umgeben.

Diese Karte fordert uns auf, unsere Sinne zu schärfen und die kleinen Wunder im Alltag zu entdecken. Selbst ein Tautropfen kann ein Gefühl der Fülle, Freude und Dankbarkeit auslösen.

Die 3 der Kelche präsentiert uns eine lebhafte Szenerie, die von Bewegung und Freude erfüllt ist. Drei Figuren, gekleidet in farbenfrohe Gewänder, bilden einen Kreis und tanzen fröhlich in einem üppigen Garten. In ihren Händen halten sie Kelche. Sie recken sie nach oben, als ob sie mit ihnen auf das Leben und die Fülle anstoßen möchten.

Die tanzenden Figuren auf der Karte symbolisieren die innere Harmonie und das Feiern von emotionalen Erlebnissen auf der Reise zur Ganzheit. Sie repräsentieren die Verbindung zwischen Menschen und die Freude des Teilens von Gefühlen. Die erhobenen Kelche stehen nicht nur für Freude und Begeisterung, sondern auch für die Bereitschaft, sich für die Gaben des Lebens zu öffnen.

Reichtum der Gefühle als Basis für Kreativität

Die Blumen, die den Boden bedecken, tragen zur Sinnlichkeit der Karte bei. Sie symbolisieren Wachstum, Blüte und den Reichtum der Gefühle. Die bunte Vielfalt der Blumen steht für verschiedene Emotionen, die das Leben reich machen. Sie erinnern uns daran, dass das Leben in all seinen Facetten genossen werden soll.

Die üppige Natur im Hintergrund der Karte unterstreicht die Verbundenheit mit der Erde und der natürlichen Welt. Sie erinnert uns daran, dass wir ein Teil dieses großen Ganzen sind und dass unsere emotionalen Erfahrungen mit der Natur verwoben sind. Wenn wir unseren Gefühlen freien Lauf lassen, kann sich unsere Kreativität mühelos entfalten.

Insgesamt symbolisieren die 3 der Kelche die Freude am Leben. Wir finden sie, wenn wir unser Herz öffnen und unsere menschliche Existenz ohne Wenn und Aber wertschätzen. Nach der Partnerschaft der 2 der Kelche, dreht sich die 3 der Kelche um Gruppen von Menschen. Diese Karte ermutigt uns dazu, uns für gemeinsame Erlebnisse zu öffnen. Sie lädt uns ein, den Tanz des Lebens mit all seinen Farben und Nuancen zu feiern und die inneren Kelche unserer Emotionen zu füllen.

Es ist Zeit, die Freude in uns selbst und in unseren Beziehungen zu erleben und zu feiern.

4 der Kelche

Die ***4 der Kelche*** im Rider-Waite-Tarot zeigt eine Szene der Kontemplation und inneren Reflektion. Ein junger Mann sitzt unter einem mächtigen Baum und schaut nach unten, während er scheinbar in Gedanken versunken ist. Sein Gesichtsausdruck wirkt auf keinen Fall fröhlich, eher unzufrieden.

Vor ihm stehen drei Kelche, doch er scheint sie kaum wahrzunehmen. Über ihm schwebt eine Hand aus den Wolken, die einen vierten Kelch hält und ihm diesen anbietet. Diese Karte lädt uns ein, die Tiefe unserer Emotionen zu erforschen und uns nicht in Grübeleien zu verlieren. Wenn wir uns in unseren Gedanken verlieren, entgehen uns die Möglichkeiten des Lebens, die sich in jedem Moment präsentieren.

Der Mann unter dem Baum symbolisiert die Suche nach innerer Erfüllung und Sinnhaftigkeit. Seine nachdenkliche Haltung zeigt, dass er nach Antworten in seinem Inneren sucht. Die drei Kelche vor ihm auf dem Boden repräsentieren die bereits vorhandenen emotionalen Erfahrungen in seinem Leben. Er scheint sie jedoch nicht so richtig schätzen zu können. Die Hand aus den Wolken bietet ihm einen vierten Kelch an. Dieser symbolisiert unerwartete Chancen und Möglichkeiten. Doch der Mann ist so verschlossen, dass er sie nicht zu beachten scheint.

Bestehende Erfahrungen schätzen lernen

Der mächtige Baum im Hintergrund repräsentiert die spirituelle Verbindung zur Natur und zur Welt um uns herum. Er erinnert daran, dass diese Welt viele Ressourcen zur Verfügung stellt. Wir müssen sie jedoch bewusst wahrnehmen. Den Baum können wir auch als eine Verkörperung des Weltenbaums ***Yggdrasil*** aus der nordischen Mythologie betrachten. Yggdrasil verbindet die verschiedenen Ebenen des Universums miteinander und verkörpert die Einheit von Himmel, Erde und Unterwelt.

Der Baum erinnert uns daran, dass wir in einer Realität verankert sind, die über unsere physische Existenz hinausgeht. Wie die Wurzeln des Weltenbaums sich in die Erde erstrecken, symbolisiert der Baum auf der Karte die Wurzeln unserer eigenen Emotionen und Erfahrungen.

Die Hand, die aus der Wolke erscheint und einen Kelch reicht, kann als eine göttliche Intervention oder als Botschaft aus einer höheren Dimension gesehen werden. Sie fordert uns auf, unsere inneren Reichtümer zu würdigen.

Die 4 der Kelche erinnern uns nach dem Überschwang der 3 der Kelche daran, wie wichtig Dankbarkeit ist. Wir können manchmal so sehr auf das Streben nach neuen Möglichkeiten fixiert sein, dass wir die wertvollen Geschenke direkt vor unserer Nase ignorieren. Die Karte ermutigt uns, unsere Emotionen zu erkunden und bewusst zu wählen, worauf wir unsere Aufmerksamkeit lenken.

Es ist Zeit, den Reichtum unserer Erfahrungen zu schätzen, anstatt ständig nach neuen Chancen zu suchen.

5 der Kelche

Die ***5 der Kelche*** entführt uns in eine Szene des emotionalen Sturms. Der Mann in einem schwarzen Umhang verkörpert Traurigkeit, Verlust und Enttäuschung. Seine Haltung und sein Ausdruck zeigen, dass er von der Situation niedergedrückt ist. Der schwarze Umhang symbolisiert nicht nur seine Trauer, sondern auch das Gefühl, sich in einer Art Dunkelheit oder Krise zu befinden. Seine gesenkte Haltung drückt seinen inneren Widerstand aus. Er wirkt, als ob er sich in seinen eigenen Gedanken und Gefühlen verloren hätte.

Die drei umgefallenen Kelche stehen für verpasste Gelegenheiten, unerfüllte Erwartungen und Verluste. Sie repräsentieren alles, was nicht wie geplant verlaufen ist. Diese Kelche sind umgestürzt, ihr Inhalt ist verschüttet und ungenutzt geblieben. Dies kann auf Enttäuschungen in Beziehungen, Projekten oder anderen Lebensbereichen hinweisen. Die 2 aufrechten Kelche hingegen symbolisieren verbleibende Chancen und Potenziale. Sie sind eine Erinnerung daran, dass nicht alles verloren ist – auch wenn die Lage momentan schwierig erscheint.

Die Burg im Hintergrund kann auf eine Art Festung hinweisen, die der Mann um sich herum errichtet hat. Sie kann seine Zurückgezogenheit oder das Gefühl ausdrücken, dass er sich von anderen isoliert hat. Gleichzeitig könnte die Burg auch eine Anspielung auf eine innere Verteidigung sein, die er aufgrund seiner Enttäuschung und Verletzlichkeit aufgebaut hat.

Er fühlt sich in einer Situation gefangen und hat Schwierigkeiten, sich davon zu lösen.

Nichts steht jemals wirklich still

Der Fluss repräsentiert dagegen das stete Fließen von Emotionen, Erfahrungen und Veränderungen. Er weist darauf hin, dass alles immer in Bewegung ist und sich verändert. Er erinnert uns daran, dass nichts im Leben stillsteht und dass selbst in Zeiten der Trauer und Enttäuschung plötzliche Veränderungen eintreten können. Wir brauchen jetzt Vertrauen in den natürlichen Fluss des Lebens.

Darüber hinaus könnte der Fluss auch eine Verbindung zur Intuition und zum Unbewussten herstellen. Wenn wir unsere schwierigen Gefühle erkunden, statt uns zu verschließen, können wir Heilung und Verständnis finden.

Nach der Unzufriedenheit der 4 der Kelche bringt die 5 der Kelche eine Zeit der Herausforderung, in der Verlust und Enttäuschung vorherrschen. Wenn wir die Gefühle der 3 umgestürzten Kelche verarbeiten, können wir die verbliebenen aufrechten Kelche erkennen. Wir sind in jedem Moment unseres Lebens fähig, mit Emotionen umzugehen. Diese Karte ist eine Einladung, sich von der Vergangenheit zu lösen, um den Blick auf die Zukunft zu richten. Inmitten der Dunkelheit existiert immer ein Lichtfunken.

Es ist Zeit, Verlust und Enttäuschung zu verarbeiten und positive Veränderungen in unser Leben zu ziehen.

6 der Kelche

Die ***6 der Kelche*** im ***Rider-Waite-Tarot*** entfaltet sich wie eine Szene in einem Garten der Kindheit, in dem die Blumen der Erinnerungen blühen. Diese Karte erfüllt eine Atmosphäre der Nostalgie und Selbstreflexion. Hast du schon einmal in einem alten Fotoalbum geblättert und das Betrachten der Bilder hat Gefühle aus der Kindheit geweckt?

Die 6 der Kelche im Rider-Waite-Tarot offenbart eine berührende Szene, die unsere Emotionen anspricht. Ein Junge reicht einem Mädchen einen Kelch, als sei er bereit, seine Emotionen und Erinnerungen mit ihr zu teilen. Diese Geste der Offenheit symbolisiert die Verbindung zwischen der Vergangenheit und den kindlichen Emotionen, die uns mit anderen verbinden.

Das Teilen von Erfahrungen und Erinnerungen bietet uns immer eine Möglichkeit, unsere Bindungen zu stärken und eine Beziehung zu vertiefen.

Die sternförmigen weißen Blumen in jedem Kelch stehen für spirituelle Führung und Inspiration. In diesem Kontext könnten sie darauf hinweisen, dass unsere vergangenen Erlebnisse und die daraus resultierenden Emotionen wichtig für unseren spirituellen Weg sind. Die weißen Blumen repräsentieren die Reinheit und Unschuld von Kindern. Sie ermutigen uns, die kindliche Freude und Unbefangenheit in unserem Alltag zuzulassen.

Bewusster Umgang mit Gefühlen aus der Kindheit

Ein Kelch steht auf einem Podest und nimmt damit eine besondere Position ein. Er fordert uns dazu auf, emotionale Erinnerungen in Ehren zu halten und ihnen Raum in unserem Leben zu geben. Die weißen Handschuhe des Mädchens verkörpern Reinheit, Zartheit und Unschuld. Als Kinder leben wir in einer Art ***„schützender Blase“*** der Unschuld und Unberührtheit, während wir nach und nach mit allen Aspekten der Welt in Berührung kommen.

Der Turm und die Häuser im Hintergrund weisen auf Strukturen und Erinnerungen unserer Vergangenheit hin. Manchmal sind wir in festen Vorstellungen und Gefühlsmustern gefangen, die aus unserer Kindheit stammen. Sie können ein Leben lang unsere Sicht auf die Welt beeinflussen, wenn wir sie nicht bewusst wahrnehmen. Der Mann mit der Lanze erinnert an einen Wächter. Er verteidigt unsere Erinnerungen und wacht gleichzeitig darüber, wie wir mit unserer Vergangenheit umgehen.

Unsere Kindheit kann eine Quelle für Enttäuschung und Trauer sein, wie sie die 4 und die 5 der Kelche verkörpern. Viele Psychologen ermahnen uns jedoch, dass es nie zu spät für eine glückliche Kindheit ist. Erinnerungen sind keine statische Größe. Wenn wir uns erinnern, erschafft unser Gehirn aktiv eine neue Abfolge innerer Bilder. Diese kann sich ändern und stark von dem tatsächlichen Geschehen abweichen. Zeugen eines Vorfalls beschreiben ihn häufig sehr unterschiedlich.

Die 6 der Kelche ermutigt uns dazu, Erinnerungen an die Kindheit mit anderen zu teilen und kindlichen Gefühlen in unserem Alltag Raum zu geben.

Es ist Zeit, dass wir unsere Gefühle so unschuldig wie Kinder ausdrücken.

7 der Kelche

Die ***7 der Kelche*** entführt uns in eine Welt der Träume, Wünsche und Illusionen, die in den Wolken der Vorstellungskraft schweben. Wie sieben funkelnde Edelsteine in einem geheimnisvollen Garten, symbolisieren die Kelche die Vielfalt unserer Sehnsüchte und Hoffnungen, die in dem Himmel der endlosen Möglichkeiten existieren.

Über jedem Kelch schwebt ein Symbol, das wie ein zu entschlüsselnder Code in der Luft hängt. Die Schlange steht seit uralten Zeiten für Verführung, Versuchung und Sexualität. Sie erinnert uns daran, dass triebhafte Begierden in die Irre führen können. Der in den Wolken tanzende Geist verweist auf die Magie der Imagination und die Kraft der Visionen. Illusionen von Intuition zu unterscheiden, ist ein wichtiger Schritt auf unserem Weg zur Ganzheit. Das entrückte Gesicht deutet auf verborgene Erkenntnisse hin, die es zu entdecken gilt.

Die Juwelen funkeln wie Sterne am Nachthimmel. Sie symbolisieren den spirituellen Reichtum, der in unseren Herzen und Seelen leuchtet. Die majestätische Burg erinnert uns an unsere innere Kraft, die uns vor den Widrigkeiten des Lebens schützen kann. Der Lorbeerkranz verkörpert Anerkennung und Erfolg. Der Drache, ein Symbol für Stärke und Abenteuer, ermutigt uns, unseren Weg zu gehen.

Welche Träume bringen uns wirklich weiter?

Vor dieser Kollektion von Symbolen steht eine schattenhafte Figur, die uns den Rücken zugewandt hat. Sie betrachtet die sieben Kelche mit einer Mischung aus Neugier und Nachdenklichkeit. Diese Figur verkörpert die Reflexion über unsere Träume und Wünsche. Nur wir können entscheiden, welche Optionen und Verlockungen wirklich unserer wahren Essenz entsprechen.

Gleichzeitig erinnert uns die Karte daran, dass wir uns nicht in Träumen verlieren sollten. Während die 6 der Kelche kindliche Gefühle ins Spiel bringt, warnt uns die 7 der Kelche vor grandiosen Illusionen.

Sie fordert uns auf, uns nicht von äußeren Versuchungen täuschen zu lassen. Nur Träume, die unser Herz singen lassen, bringen uns auf dem Weg weiter. Wir sind wie Maler, die Farben auf die Leinwand werfen. Als Künstler unserer eigenen Lebensvision erzählt jede Farbe eine einzigartige Geschichte.

Es ist Zeit, bewusst die richtigen Träume für unser Glück zu wählen.

8 der Kelche

Die ***8 der Kelche*** im Rider-Waite-Tarot entfaltet eine Szene, die wie ein lebendiges Gemälde wirkt. Vor uns erstreckt sich eine mystische Landschaft, in der ein einsamer Wanderer seinen Weg sucht. Im Vordergrund stehen 8 Kelche in zwei Reihen von jeweils 3 und 5. Das weist auf die Verbindung mit der Herrscherin und dem Hierophanten hin. Wenn wir uns intensiv mit spirituellen Lehren befassen und das dabei erworbene Wissen kreativ anwenden wollen, begeben wir uns auf eine Reise in unbekanntes Gelände.

Die Landschaft erscheint fast wie eine Mischung aus Natur und Architektur. Hohe Klippen ragen majestätisch über einem stillen Wasser auf. Dieser Ort scheint zwischen der materiellen und der spirituellen Welt zu schweben.

Über der Szene wacht ein Mond, der sich aus der Sichel und einem ernsten Gesicht zusammensetzt.

Vor diesem Hintergrund bewegt sich eine Figur mit einer auffällig roten Jacke und einem Wanderstab in der Hand. Dieser Stab ist nicht nur ein einfacher Stock, sondern ein Symbol für die Reise des Geistes und die Suche nach spiritueller Erfüllung.

Reise in unbekannte Bereiche der Seele

Die 8 Kelche im Vordergrund repräsentieren eine Vielfalt von Emotionen und Erfahrungen. Sie stehen für den Reichtum der Gefühle und Erinnerungen, die wir im Laufe unseres Lebens sammeln. Doch die Gestalt in der roten Jacke wendet sich von ihnen ab. Sie geht auf die Reise, was bei einer Lesung manchmal wörtlich zu verstehen ist. Diese Wahl mag zu Beginn schwierig erscheinen. Aber die Abkehr von gewohnten Gefühlen und Mustern kann das Tor zu einer tiefen spirituellen Erfüllung öffnen.

Der Mond am Himmel, in seiner dualen Darstellung, erinnert uns daran, dass unsere Emotionen und Wünsche oft zwei Seiten haben. Der Mondsichel ist ein Symbol für das Schwinden und Wiederkehren von Emotionen, während das Gesicht des Mondes unser Innerstes und Unbewusstes widerspiegeln kann. Diese Dualität könnte darauf hinweisen, dass die Entscheidung des Wanderers von inneren Konflikten begleitet wird.

Die Farbe Rot der Jacke und der Schuhe repräsentiert die Entschlossenheit und die leidenschaftliche Motivation des Reisenden, sich von seiner aktuellen Situation zu lösen und neue Wege zu erkunden. Sie kann auch darauf hinweisen, dass der Wanderer eine innere Transformation durchmacht, die intensive Emotionen begleiten. Das Streben nach spiritueller Erfüllung erfordert eine Menge Kraft und Entschlossenheit. Die rote Farbe symbolisiert diese innere Stärke und den Willen, den eigenen Weg zu gehen – auch wenn es anfangs schwierig oder ungewiss erscheint.

Nach den Illusionen und Träumen der 7 der Kelche folgt mit der 8 der eigentliche Start der Reise in die Tiefe der eigenen Gefühle. Diese Karte verkündet, dass wahre Erfüllung unter der sichtbaren Oberfläche zu finden ist.

Es ist Zeit, alte Gefühle loszulassen und die Reise in unbekannte Gefilde anzutreten.

9 der Kelche

In der ***9 der Kelche*** eröffnet sich ein Bild von Fülle, Zufriedenheit und spiritueller Erfüllung. Der offensichtlich wohlhabende Mann strahlt ein tiefes Gefühl der Zufriedenheit und des Wohlstands aus. Sein weißes Gewand symbolisiert Reinheit und spirituelle Erkenntnis, während der rote Turban mit der Feder in seiner Mitte seinen hohen geistigen Status und seine Verbindung zum Göttlichen repräsentiert.

Der Mann sitzt vor einem blauen Tresen, der einen Halbkreis hinter ihm formt. Diese Darstellung könnte auf eine Art von heiligem Raum oder Altar hinweisen, der seine spirituellen Bestrebungen und seinen inneren Reichtum reflektiert. Die Farbe Blau steht für Weisheit, spirituelle Tiefe und Frieden.

Die 9 Kelche auf dem Halbkreis zeigen den Erfolg, die Erfüllung und die Erfahrungen, die der Mann im Laufe seines Lebens gesammelt hat. Diese Kelche stehen nicht nur für materiellen Wohlstand, sondern auch für emotionale Zufriedenheit und spirituelle Fülle. Der Mann blickt uns mit einem zufriedenen Lächeln an. Er ist sich seiner Errungenschaften bewusst und verweilt in einem Zustand innerer Glückseligkeit.

Reichtum ist ein gefühlsmäßiger Zustand

Der hohe Tresen schützt den Rücken des Mannes. Das kann darauf hinweisen, dass positive Gefühle Schutz geben vor negativen Einflüssen. Wenn wir uns von den Problemen des Alltags nicht ablenken lassen, können wir uns inneren Erfahrungen hingeben und so jederzeit ein Glücksgefühl spüren.

Die Verbindung zwischen Gefühlen und Reichtum liegt in der tieferen Bedeutung von Wohlstand. Dieser Begriff bezieht sich nicht nur auf materiellen Reichtum, sondern auch auf emotionales Wohlbefinden und spirituelle Fülle. Gefühle sind ein wesentlicher Teil unseres Lebens und können einen großen Einfluss darauf haben, wie wir unsere Welt wahrnehmen. Sie agieren auch wie ein Magnet: Wenn wir uns reich und gesegnet fühlen, ziehen wir entsprechende Ereignisse in unser Leben.

Die Karte der 9 Kelche erinnert uns daran, dass innerer Wohlstand und Zufriedenheit eng mit unseren Gefühlen und unserer emotionalen Gesundheit verbunden sind.

Wenn wir unsere Gefühle akzeptieren, können wir ein inneres Glück erfahren, das über äußeren Reichtum hinausgeht.

Die Karte lädt uns ein, uns mit unseren eigenen Gefühlen zu verbinden. Eine Voraussetzung für Glück ist die Fähigkeit, die Geschehnisse unseres Lebens in Dankbarkeit zu akzeptieren. Sie haben uns zu diesem Punkt gebracht. Nach der Reise der 8 der Kelche gelangen wir mit der 9 der Kelche ans Ziel. Wenn wir unseren inneren Reichtum erkunden, erfahren wir Zufriedenheit und Wohlstand – unabhängig von äußeren Umständen.

Es ist Zeit, unseren inneren Frieden zu finden und uns in Augenblicken des Glücks zu verlieren.

10 der Kelche

Die ***10 der Kelche*** zeigt uns einen Höhepunkt. Die Karte strahlt vollkommene Vollendung, Harmonie und Erfüllung aus, die auf emotionaler und spiritueller Zufriedenheit beruht. Die Szene auf der Karte zeigt ein liebevolles Paar, das sich umarmt und die Freuden des Lebens willkommen heißt. Ihre harmonische Beziehung beruht offensichtlich auf Vertrauen und Liebe.

Die fröhlich spielenden Kinder repräsentieren die Unschuld und die Freude des Moments. Ihre kindliche Sorglosigkeit und ihr Spielen verdeutlichen die Leichtigkeit und das Glück, das uns nur intime Beziehungen vermitteln können. Sie erinnern uns daran, die Freude im Hier und Jetzt zu schätzen und das Leben in seiner Einfachheit zu genießen.

Die geordnete Landschaft mit dem ruhigen Fluss symbolisiert das Fließen der Gefühle und das harmonische Zusammenwirken von emotionaler Tiefe und Gelassenheit. Die Bäume und das Haus im Hintergrund zeigen, dass diese harmonische Erfüllung in einem stabilen und sicheren Umfeld erreicht wird. Es kann auf ein Zuhause hinweisen, das von Liebe und Geborgenheit erfüllt ist.

Ein Regenbogen verbindet Himmel und Erde

Die ***10 der Kelche*** strahlen am Himmel wie ein Regenbogen, ein kraftvolles Zeichen für die Verbindung zwischen Himmel und Erde. Der Regenbogen repräsentiert die spirituelle Dimension, die unsere menschlichen Erfahrungen ergänzt und erweitert. Der Regenbogen steht für Hoffnung, Freude und die Erfüllung von Wünschen und Träumen.

Schwarze Striche umgeben den Regenbogen der 10 Kelche. Sie können auf die Schattenseiten des Lebens hinweisen, die trotz der offensichtlichen Freude und Erfüllung immer vorhanden sind. Sie können uns auch daran erinnern, dass selbst in Momenten der Glückseligkeit Herausforderungen präsent sein können.

Das Leben besteht immer aus Höhen und Tiefen: Die vollständige Erfahrung umfasst sowohl Licht als auch Dunkelheit. Die schwarzen Striche könnten uns auch subtil daran erinnern, dass wir trotz des gegenwärtigen Hochs noch ungelöste Konflikte in uns tragen.

Nach den widersprüchlichen Gefühlen der Karten 4 bis 8 bringt uns die 10 der Kelche dennoch eine klare Botschaft: Am Ende führt die Suche nach emotionaler und spiritueller Erfüllung zu einer tiefen Harmonie und Vollendung. Sie erinnert uns daran, die positiven Aspekte unseres Lebens zu feiern, die Liebe und Verbundenheit zu schätzen und die Freude im Moment zu erleben.

Es ist Zeit, das Leben mit vollem Herzen zu genießen.

Die Zahlenkarten der Schwerter von 1 bis 10

Die bewegten Karten der Schwerter reflektieren unsere Gedankenwelt wie ein Spiegel. Von der Einsamkeit des Einzelkämpfers bis zur Klarheit des Verstandes, von inneren Konflikten bis zur Befreiung durch Erkenntnis, reicht die Bandbreite dieser Karten. Diese Karten laden uns ein, unsere Gedanken bewusst zu betrachten und die Kraft des Verstandes zu nutzen, um Klarheit in unsere Welt zu bringen.

Ass der Schwerter

Das ***Ass der Schwerter*** erscheint wie der erste Atemzug eines klaren Tages. Eine Hand in einer schwebenden Wolke hält ein Schwert, das alle Ebenen des Denkens durchtrennt. Die Hand repräsentiert Ideen und Inspirationen, die aus den wolkigen Weiten des Quantenfelds unseren Geist erreichen. Das Schwert der Klarheit und Logik erlaubt uns, diese wortlosen Einfälle zu klaren Gedanken zu formulieren.

Das Schwert repräsentiert unsere mentalen Prozesse und das Element Luft, das auf dem Planeten Erde alles durchdringt. Über diesem Schwert schwebt eine Krone, die Blumen und Blätter schmücken.

Wie das erste Sonnenlicht die Dunkelheit durchbricht, bringt das Ass der Schwerter Klarheit und Erkenntnis.

Die Krone steht für die Persönlichkeit, die unsere Gedanken regiert. Dabei handelt es sich nicht um eine Herrschaft aus Macht oder Tyrannei. Die Krone aus Blumen und Blättern erinnert uns daran, dass wir unsere Gedanken wie einen Garten pflegen und kultivieren können. Die Blumen gleichen Ideen, die aufblühen, und die Blätter ähneln Gedanken, die sich ausbreiten und uns nähren.

Das Werkzeug des Verstandes beherrschen

Diese Karte lehrt uns, dass der Verstand ein mächtiges Werkzeug ist. Aber wir müssen die Richtung bestimmen. Wir können unsere Gedanken kontrollieren und bewusst optimistische Einstellungen bevorzugen. Das Ass der Schwerter erinnert uns daran, dass wir unsere Gedanken beherrschen und unsere Denkmuster transformieren können. Wie der erste Schritt an einen klaren Morgen, öffnet uns das Ass der Schwerter die Türen zur Erkenntnis und ermuntert uns, unsere geistige Welt zu erkunden und zu formen.

Eine Landschaft aus Bergen bildet die Basis dieser Karte. Die majestätischen Gipfel symbolisieren die Erhabenheit des Denkens, des Wissens und der Einsicht, die erklommen werden können. Die Berge verkörpern die Herausforderungen, denen wir uns stellen müssen, um das reine Potenzial unseres Geistes zu erreichen.

Die Berge können auch die Schwere des Denkens darstellen, die manchmal erdrückend sein kann. Wenn uns mentale Hindernisse blockieren, geben uns die Berge Zuversicht. Jeder Mensch kämpft sich durch Schichten von Unsicherheiten und Zweifeln durch, um Klarheit und Erkenntnis zu erreichen.

Gleichzeitig repräsentieren die Berge aber auch die Erhabenheit und die Aussicht, die wir gewinnen, wenn wir die Gipfel des Denkens erklimmen. Sie erinnern uns daran, dass die Reise des Geistes, obwohl anspruchsvoll, auch unglaublich lohnend sein kann.

Die Berge sind Zeugen der unendlichen Weite des Denkens. Diese Weite erstreckt sich vor uns, wenn wir uns auf die Reise begeben. Die Berge ermutigen uns, die Reise der Gedanken mit Entschlossenheit und Mut anzutreten. Wie alle Ass-Karten, so verheißt auch das Ass der Schwerter einen glücklichen Beginn von Projekten.

Bei dieser Farbe ist es der Keim der Ideen, den wir mit der Kraft der Logik verfeinern können.

Es ist Zeit, in diesem Moment des Beginns auf die Klarheit unseres Verstandes zu vertrauen.

2 der Schwerter

Die ***2 der Schwerter*** zeigt eine Szene von innerer Reflexion, die von einem Gefühl der Balance und Ruhe durchdrungen ist. In der Mitte dieser Karte sitzt eine Frau mit verbundenen Augen auf einer Bank. Die Augenbinde symbolisiert ihre Abschottung von äußeren Einflüssen und das Eintauchen in ihr eigenes Inneres. Sie verweilt in der Stille ihres Verstandes, um eine Entscheidung zu treffen.

In ihren Händen hält sie zwei gekreuzte Schwerter. Die Kreuzung der Schwerter kann auf einen inneren Konflikt hinweisen. Manchmal ist es schwierig, zwei Situationen miteinander zu vergleichen und dann eine Wahl zu treffen. Hier hilft die Augenbinde, die auf die Abkehr von gut gemeinten Ratschlägen hinweist. Inneres Wissen bringt in diesem Fall die Lösung.

Die Schwerter in der 2 der Schwerter erscheinen genau gleich, um eine harmonische Balance bei der Entscheidungsfindung zu betonen. Es geht darum, die Kraft des logischen Verstandes mit Gefühlen in Einklang zu bringen. Die Symmetrie der Schwerter symbolisiert die innere Ausgeglichenheit, die wir jetzt brauchen.

Entscheidungen ruhig und besonnen treffen

Die Frau wendet dem Meer der Gefühle den Rücken zu. Wasser in jeder Form repräsentiert beim Tarot immer Gefühle. Die Position der Frau weist auf ihre Fähigkeit hin, sich von ihren eigenen Emotionen zu distanzieren. Das ermöglicht eine unvoreingenommene Sicht der Dinge. Wenn wir Gefühle vorübergehend zur Seite schieben, können wir Klarheit gewinnen und rationale Entscheidungen treffen. Allerdings geht es nicht darum, Gefühle zu ignorieren, sondern bewusst zu wählen. Das Meer selbst kann in diesem Kontext als Metapher dienen. Die Frau sitzt auf einer Bank am Ufer des Meeres. Aber sie wendet sich bewusst ab, um einen klaren Kopf zu bewahren.

In Momenten der Entscheidungsfindung sollten wir uns nicht von Emotionen überwältigen lassen.

In der Stille des Geistes können wir in uns hineinhören und dort Führung finden. Die Felsen am Ufer repräsentieren Stabilität und Standhaftigkeit. Wir haben jederzeit die Möglichkeit, inmitten von emotionalen Herausforderungen und Unsicherheiten ruhig zu bleiben.

Diese Karte fordert dazu auf, sich von äußeren Ablenkungen zu befreien und die Wahrheit im eigenen Inneren zu finden. Nach der Klarheit der Asse der Schwerter ermahnt uns die 2 daran, die Dualität von Gedanken und Emotionen zu erkennen, um inmitten von Konflikten oder Unsicherheiten innere Harmonie zu finden. Sie zeigt die Bedeutung von innerem Gleichgewicht und Selbstachtung in Situationen, die Entscheidungen erfordern.

Es ist Zeit, bei Entscheidungen auf die innere Führung und Weisheit zu vertrauen.

3 der Schwerter

Die ***3 der Schwerter*** ist eine Karte von tiefem Herzschmerz und schlimmen Wunden. Das rote Herz im Zentrum der Karte steht für unsere Gefühle und auch zwischenmenschliche Beziehungen. Doch drei Schwerter durchbohren dieses Herz. Wir haben schmerzhafte Erfahrungen gemacht wie Enttäuschung, Verlust oder Verrat.

Wenn unsere Erwartungen nicht erfüllt werden oder wenn uns Menschen, die wir lieben, verlassen, fühlen wir uns unweigerlich verletzt. Aus den Wolken regnet es. Wir können das als Tränen des Kummers deuten. Sie zeigen, wie tief der Schmerz in unsere Gefühlswelt eindringt.

Die Kombination aus dem zerbrochenen Herzen und den durchbohrenden Schwertern erinnert uns daran, wie schmerzhaft es sein kann, wenn unsere emotionalen Bindungen gestört werden. Es kann auf Trennung, Trauer oder emotionale Konflikte hinweisen, die unsere Herzgefühle in Aufruhr versetzen. Doch diese Karte fordert uns auch auf, diesen Schmerz anzunehmen und zu verarbeiten, um letztendlich Heilung und Wachstum zu erfahren.

Mit dem Verstand die Ursache der Gefühle überwinden

Die Schwerter durchdringen das Herz in verschiedene Richtungen.

Aber sie kommen alle von oben, vom Kopf, dem Sitz unseres Verstandes. Obwohl diese Karte intensiven emotionalen Schmerz repräsentiert, befindet sich die Wurzel dieser Verletzungen in unserem Denken.

Die Größe der Wolken betont die Intensität der Gefühle und des Schmerzes. Manchmal können uns Gefühle überwältigen. In diesen Momenten erleben wir auch innere Konflikte. Wir spüren Verwirrung, wenn schwierige Gefühle unsere innere Welt verdunkeln und unseren Blick auf die positiven Aspekte des Lebens verdecken.

Die großen Wolken weisen auch darauf hin, dass wir diesen emotionalen Schmerz nicht ignorieren können. Es ist unausweichlich und dringlich, dass wir uns mit diesen Gefühlen auseinandersetzen. Anstatt sie zu verdrängen und vor ihnen zu fliehen, ist es wichtig, sie anzunehmen und zu akzeptieren.

Darüber hinaus deuten die Wolken auch als Hinweis auf die vorübergehende Natur von emotionalen Zuständen hin. Genau wie Wolken am Himmel vorbeiziehen und sich verändern, lösen sich unsere Gefühle im Laufe der Zeit auf. Die Wolken erinnern uns daran, dass jeder Schmerz sich verändert, um Platz für Licht und Klarheit zu machen.

Die turbulenten Gefühle der 3 der Schwerter erinnern uns nach der Entscheidungsfindung der 2 daran, dass die Möglichkeit zur Heilung jederzeit existiert. Wenn wir Schmerzen bewusst erleben, können wir gestärkt hervorgehen. Wichtig ist, den Verstand für die Bewältigung der Schmerzen einzusetzen. Statt in eine Opferrolle zu verfallen, können wir mit Logik nach der Ursache und der Lehre dieser Erfahrungen suchen.

Es ist Zeit, schmerzhafte Erfahrungen aus einer anderen Perspektive zu betrachten und neue Wege der Heilung zu finden.

4 der Schwerter

Die ***4 der Schwerter*** zeigt uns eine Szene von Ruhe und Besinnung. Ein Ritter liegt auf einem steinernen Sarkophag (Sarg), seine Hände in Gebetshaltung gefaltet. Diese Darstellung strahlt Stille und innere Einkehr aus. Der Ritter hat sich bewusst von der äußeren Welt zurückgezogen, um in sich selbst zu verweilen.

Der Sarkophag trägt ein Schwert als Symbol der geistigen Stärke und der Fähigkeit zur Klarheit im Denken.

Die drei Schwerter, die an der Wand über ihm hängen, erinnern an die vergangenen Herausforderungen und Konflikte, die er durchgemacht hat. Der Ritter hat sich vorübergehend von den Herausforderungen der äußeren Welt zurückgezogen, um sich auf innere Reflexion und Heilung zu konzentrieren.

Das Glasfenster links im Hintergrund fällt durch seine bunten Farben sofort ins Auge. Es weist auf spirituelle Erkenntnis und Verbindung hin. Vor der Frau im Fenster kniet eine Gestalt. Das weist auf die Wichtigkeit der Intuition der Hohepriesterin hin, die wir in Demut annehmen können. Dieses Fenster repräsentiert eine Quelle der Inspiration, die dem Ritter in diesem Moment der Ruhe und des Rückzugs Trost und Hoffnung schenkt.

Innehalten, ein Meilenstein auf dem Weg der Transformation

Diese Karte fordert uns dazu auf, inneren Frieden durch Rückzug von der äußeren Welt zu finden. Geheime Lehren betrachten die Sarkophage im alten Ägypten als Werkzeuge spiritueller Transformation. So können wir diese Lage als einen vorübergehenden Zustand unserer Entwicklung betrachten.

Die 4 der Schwerter lädt uns dazu ein, uns Zeit für uns selbst zu nehmen und unsere Gedanken durch die Besinnung auf uns selbst zu befrieden. Von Zeit zu Zeit müssen wir uns von der äußeren Welt zurückziehen, um inneren Frieden und Klarheit zu finden. Die gefalteten Hände und die Gebetshaltung erinnern uns an die Bedeutung von Meditation, um unsere Gedankenmuster zu erkennen.

Diese Karte erinnert uns nach dem Schmerz der 3 der Schwerter daran, dass es wichtig ist, innezuhalten und sich auf unsere innere Welt zu konzentrieren. Durch ruhige Reflexion können wir uns von Belastungen erholen, geistige Klarheit erlangen und neue Perspektiven gewinnen.

Es ist Zeit, uns auf unsere eigenen Bedürfnisse und Emotionen zu konzentrieren, während wir uns auf den nächsten Schritt unserer Reise vorbereiten.

5 der Schwerter

Die ***5 der Schwerter*** zeigt uns eine Situation mit Konflikten, Spannungen und Machtspielen. Sie zeigt einen scheinbar siegreichen Mann. Aber seine Umgebung und die Atmosphäre der Szene verraten eine tiefere Ebene der Disharmonie und des Schmerzes.

Der Mann hält zwei Schwerter in seiner linken Hand, die triumphierend nach oben zeigen. Diese Haltung weist darauf hin, dass er in einem Konflikt gesiegt hat. Doch der Preis für diesen Sieg könnte hoch gewesen sein. Die Schwerter symbolisieren hier Macht und Autorität. Aber sie erinnern auch an die schneidende Kraft verletzender Wörter und die tiefen Wunden, die sie verursachen können.

Das Schwert in der rechten Hand stößt am Boden auf. Das repräsentiert Aggressivität und Unnachgiebigkeit. Der Mann scheint immer die Oberhand behalten zu wollen, auch wenn er mit dieser Haltung andere verletzt oder besiegt.

Der Sieger schneidet sich ins eigene Fleisch

Die beiden Schwerter auf dem Boden neben ihm könnten auf den Verlust von Vertrauen und die Konsequenzen seines Handelns hinweisen. Die beiden Gestalten im Hintergrund wenden sich ab und wirken verletzt. Sie könnten die Opfer des siegreichen Täters sein. Die ruhige See im Hintergrund steht im Kontrast zu den Spannungen und Unruhen in der Szene. Sie deutet darauf hin, dass die vollständigen Auswirkungen dieser Konflikte noch nicht vollständig erkannt werden.

Die 5 der Schwerter warnt uns davor, die Macht von Gedanken und Worten ohne Rücksichtnahme auf die Gefühle anderer einzusetzen. Siege auf Kosten anderer zu erringen, führt zu Isolation und Entfremdung. Als Menschen sind wir soziale Wesen. Wenn wir in erster Linie siegen möchten, schneiden wir uns auf lange Sicht gesehen ins eigene Fleisch.

Diese Karte zeigt uns die Konsequenzen einer inneren Einstellung, die die Umwelt als eine Serie von Siegen und Niederlagen betrachtet. Wenn wir uns von diesem Konkurrenzdenken befreien, müssen wir keine Gewinner mehr sein. In diesem Fall gibt es auch keine Besiegten, sondern eine Welt, in der wir alle gemeinsam an einem Strang ziehen.

Diese Karte fordert dazu auf, die eigenen Motivationen und Handlungen zu überprüfen. Nach der inneren Einkehr der 4 der Schwerter sehen wir bei der 5, wie unbewusste Taten auf andere wirken können. Das erinnert uns an echte Stärke. Sie besteht nicht darin, andere niederzuringen. Stark ist, wer Konflikte auf konstruktive und respektvolle Weise lösen kann. So entsteht wahre Harmonie.

Es ist Zeit, sich von hartem Wettbewerb zu befreien und Verständnis für unsere Mitmenschen zu zeigen.

6 der Schwerter

Die ***6 der Schwerter*** beschreibt einen Übergang. Eine ganze Familie befindet sich in einem Boot, das der stehende Mann steuert. Diese Szene wirkt wie eine Reise über ruhige Gewässer. Nach dem Konflikt der 5 der Kelche befinden wir uns in einem stillen Raum. Doch hier gibt es keinen Stillstand. Die unruhigen Schwerter sind immer in Bewegung.

Das Wasser vor dem Boot ist wellig, aber nicht stürmisch. Die Gefühle auf dieser Reise können uns bewegen, aber nicht aufwühlen wie bei der 5 der Schwerter. Die gleichmäßigen Wellen deuten darauf hin, dass diese Reise relativ reibungslos verläuft.

Die 6 Schwerter im Boot symbolisieren die Gedanken und Sorgen, die wir mitnehmen. Die Reise dieser Karte ist kein vergnüglicher Tagesausflug. Die 6 der Schwerter kündet an, dass wir zu einer längeren Reise aufgebrochen sind. Nichts wird danach sein, wie es vorher war. Wir befinden uns auf unserem Weg zu uns selbst. Kein Wunder, dass dies nicht ohne Grübeleien vonstattengeht.

Entschlossenheit schafft Platz für neue Perspektiven

Die senkrechte Position der Schwerter hat mehrere Bedeutungen. Sie repräsentieren Klarheit der Gedanken. Wenn wir uns in einem Übergang befinden, müssen wir logische Entscheidungen treffen und vernünftig handeln können. Die Reisenden brauchen Abstand, um sich von belastenden Gedanken zu befreien. Aufrechte Schwerter deuten auch auf Entschlossenheit und Standhaftigkeit hin.

Die Reisenden auf der Karte haben die Entscheidung getroffen, sich von der Vergangenheit zu lösen. Sie schlagen diesen neuen Kurs voller Überzeugung ein.

Sie haben vermutlich bereits Mühe darauf verwendet, negative Gedankenmuster oder Konflikte zu überwinden. Mit der Reise schaffen sie Platz für neue Gedanken und Perspektiven.

Die senkrecht stehenden Schwerter können darauf hinweisen, dass wir uns mental auf kommende Herausforderungen einstellen sollten. Die Reise erfordert Überlegung, Planung und eine bewusste Herangehensweise. Mithilfe unseres Verstandes können wir bevorstehende Veränderungen vorbereiten.

Die Frau und das Kind repräsentieren eine schützende und liebevolle Energie, die uns auf unserer Reise begleitet. Der Mann hat eindeutig die Führungsposition inne. Männliche Tatkraft und Entschlossenheit unterstützen uns dabei, Übergänge zu bewältigen.

Das Ufer im Hintergrund, das von Bäumen gesäumt ist, können wir als das Ziel der Reise betrachten. Es repräsentiert einen Ort der Stabilität, an dem wir endlich zur Ruhe kommen können. Die Bäume stehen für Wachstum und Entwicklung, während das ruhige Wasser und der sanfte Himmel Frieden und Erleichterung symbolisieren.

Die 6 der Schwerter gibt uns eine Botschaft der Hoffnung mit auf den Weg. Sie erinnert uns daran, dass Frieden und Ruhe selbst in Zeiten des Wandels und der Unsicherheit immer in greifbarer Nähe sind.

Es ist Zeit, unsere Gedanken zu klären, alte Belastungen hinter uns zu lassen und eine Reise anzutreten.

7 der Schwerter

Die ***7 der Schwerter*** präsentiert uns ein faszinierendes Bild von Täuschung, List und individuellem Streben nach Erfolg. Die Szene zeigt einen Mann, der sich offensichtlich aus einer heiklen Situation entfernt. Er trägt fünf Schwerter in seinem Arm und entwaffnet damit die Konkurrenz. Die leuchtend rote Kappe und die roten Stiefel betonen die Entschlossenheit, mit der er zu Werke geht.

Der selbstzufriedene Gesichtsausdruck des Mannes lässt vermuten, dass er sich selbst für sehr schlau hält. Die fünf Schwerter, die er mitnimmt, sind ein Symbol für Ideen, Gedanken oder Argumente. Er hat sich diese angeeignet – ob zurecht oder nicht, ist fraglich. Auf jeden Fall schleicht er sich mit diesen Schwertern davon. Das zeigt seine Absicht, diese geistigen Ressourcen zu nutzen.

Er möchte aus dieser Situation einen egoistischen Vorteil herausschlagen.
Die Schwerter weisen auf taktisches Manövrieren und geistige List hin. Dieser Mann tut nichts spontan: Wie ein Politiker hängt er sein Mäntelchen gekonnt nach dem Wind. Er mag glauben, dass er die Umstände zu seinen Gunsten manipulieren kann. Doch am Ende bleibt er in einem Netz aus Täuschung gefangen. List und taktisches Manövrieren können wie giftiges Gas agieren, das sich langsam in den Verstand einschleicht.

List und Betrug hält uns in einem Teufelskreis gefangen

Dies untergräbt die eigene Integrität, die immer eine Quelle des Selbstvertrauens ist. Ein Betrüger ist ständig misstrauisch und hat Angst, entdeckt und entlarvt zu werden. Diese geistige Anspannung belastet Körper und Geist. Ein Kartenhaus aus Lügen kann jederzeit zusammenbrechen.
Der listige Mann ist in einem Teufelskreis gefangen, aus dem er nur schwer entkommen kann.
Die zwei aufrechten Schwerter im Vordergrund haben eine doppelte Bedeutung. Einerseits können sie auf die Ideen oder Argumente hinweisen, die der Mann zurücklässt – er wählt bewusst, welche Gedanken er für seine Zwecke nutzen möchte und welche er hinter sich lässt. Andererseits könnten sie darauf hinweisen, dass seine Vorgehensweise entdeckt wird. Jemand könnte bemerken, dass er etwas zurückgelassen hat.
Der Hintergrund der Karte zeigt farbenfrohe Zelte und in weiter Ferne eine kleine Gruppe von Menschen. Dies könnte auf eine Gesellschaft hinweisen, in der soziale Dynamiken und Interaktionen eine Rolle spielen. Der Mann könnte darauf aus sein, sich von einer bestimmten Situation oder von der Meinung anderer zu distanzieren, um seinen eigenen Weg zu gehen. Die Zelte deuten auf vorübergehende oder instabile Zustände hin. Die entfernte Gruppe von Menschen zeigt das Potenzial für Konflikte oder Meinungsverschiedenheiten.

Nach dem ruhigen Übergang der 6 der Schwerter beschreibt die 7 listige Taktiken und das Streben nach persönlichem Vorteil. Sie fordert uns dazu auf, über unsere Motive und Absichten in einer Situation nachzudenken. Die Karte erinnert daran, dass wir taktvoll und diskret mit Informationen umgehen sollten. Von bestimmten Gedanken sollten wir uns sogar verabschieden, um unsere Ziele zu erreichen.

Es ist Zeit, dem Reich der Täuschung ein für alle Mal zu entfliehen und zu erkennen, dass aufrichtiges und ehrliches Denken und Handeln der einzige Weg sind.

8 der Schwerter

Die ***8 der Schwerter*** im Tarot zeigt uns eine Szene aus einem Drama. Eine Frau ist gefangen, sowohl physisch als auch emotional. Sie ist von Schwertern umgeben, die tief in den Boden gerammt sind – ein düsteres Bild ihrer Eingrenzung und Begrenzung. Der Satz der Schwerter hat besonders viele schwierige Karten.

Das ist mit der Natur der Gedanken zu erklären. Sie sind mit dem Element Luft verbunden. Das Element ist schwer zu bändigen, aber überall gegenwärtig.

Die Kontrolle über unsere eigenen Gedanken ist eine Aufgabe, die jeden Moment unsere Aufmerksamkeit erfordert. Selbst erfahrene Adepten auf dem spirituellen Weg fallen häufig in überholte Gedankenmuster zurück, wenn sie nicht aufpassen.

Die Frau auf dieser Karte ist in ihrem Kerker aus Schwertern komplett gefangen. Die Binde über ihren Augen symbolisiert die Unfähigkeit, die Realität klar zu sehen. Sie steht still und ist scheinbar machtlos, als ob ihre eigenen Gedanken ein Netz über sie geworfen haben.

Nur wir können die Mauern unserer Gedanken einreißen

Die acht Schwerter wirken wie eine Mauer, die ihre Freiheit einschränkt. Wir können sie als Hindernisse oder Probleme interpretieren. Sie halten die Frau davon ab, ihren Weg zu gehen. Interessanterweise berühren die Schwerter weder die Hände noch die Füße der Frau. Dies deutet darauf hin, dass ihre Begrenzungen zum größten Teil selbst auferlegt sind. Sie reflektieren ihre Ängste und Zweifel.

Die Wasserpfützen unter ihren Füßen symbolisieren ihre emotionalen Qualen. Das Wasser könnte jedoch auch eine Verbindung zu ihrer Intuition und inneren Weisheit symbolisieren. Wenn sie ihre Emotionen verstehen könnte, wäre sie in der Lage, sich von ihnen zu befreien. Gedanken und Gefühle existieren nicht unabhängig voneinander. Gedankengänge können Gefühle erschaffen und umgekehrt.

Die Burg im Hintergrund steht wie eine starke Festung auf einem Felsen. Sie ist ein Zufluchtsort, ein Symbol für Stärke. Wenn die Frau sich bewegt und aus ihrer misslichen Lage entkommt, kann sie ihre innere Festung finden. Die Burg kann auch darauf hinweisen, dass sie ihre Gedanken und Ängste als Schutzmechanismus missbraucht hat. Jetzt ist es an der Zeit, diese Mauern zu durchbrechen.

Die Frau ist nicht so schwach, wie sie selbst denkt. Darauf deutet auch ihr rotes Gewand hin. Rot ist eine Farbe, die Leidenschaft, Energie und Stärke ausdrückt, aber auch Intensität, Wut oder Aggression. Obwohl die Frau äußerlich gefangen wirkt, weist das lebendige Rot ihres Gewandes auf ihre Fähigkeit hin, ihre Lage zu überdenken und Veränderungen herbeizuführen.

Nach der List und Tücke der 7 der Schwerter ruft uns die 8 dazu auf, die Binde von unseren Augen zu nehmen und unsere begrenzenden Glaubenssätze zu erkennen. Nur wir selbst können unsere Schwerter der Begrenzung wahrnehmen und so aus dieser Lage entkommen.

Es ist Zeit, unsere Gedanken klar zu sehen und uns von allen Ängsten zu befreien.

9 der Schwerter

Die ***9 der Schwerter*** trägt die erdrückende Last der Gedanken noch eine Spur weiter. Sie zeigt eine Situation von tiefem emotionalen Leiden und Panik. Wir sehen eine einsame Gestalt, die schlaflos in ihrem Bett sitzt. Dunkelheit umgibt sie. Sie hält ihren Kopf mit den Händen. Diese Geste drückt Sorgen und Unruhe aus, die ihr den Schlaf rauben. Gedanken und Ängste quälen die Figur so sehr, dass sie unter Schlaflosigkeit leidet.

Hinter dem Menschen hängen neun Schwertklingen an der Wand. Sie wirken wie eine bedrohliche Barriere. Diese Schwerter repräsentieren die Ängste und Sorgen der Gestalt. Sie schneiden wie scharfe Klingen durch ihren Geist und manifestieren sich in Form von negativen Gedanken. Besonders nachts können uns Ängste heimsuchen.

Das weiße Gewand der Person erinnert an Reinheit, Klarheit und Unschuld. Inmitten der dunklen und beängstigenden Gedanken findet sich dennoch eine innere Unschuld. Unsere Ängste und Sorgen sind oft ein Produkt eingefahrener Gedankenmuster und haben wenig mit einer direkten Bedrohung in der materiellen Realität zu tun.

Selbst in der schwärzesten Nacht gibt es einen Funken Licht

Das weiße Nachthemd könnte auch betonen, dass es immer Hoffnung auf Heilung gibt. Weiß wird oft mit Licht und Erleuchtung in Verbindung gebracht. Wenn wir unsere eigenen Ängste und Sorgen erkennen und analysieren, bringen wir Licht in die Dunkelheit und führen eine Veränderung herbei. Selbst in unseren dunkelsten Momenten gibt es immer einen Lichtfunken.

Dieses Bild demonstriert, wie verzerrt uns schwierige Gedanken häufig die Wirklichkeit erleben lassen.

Die Bettdecke mit dem hübschen Rosenmuster und der verzierte Bettkasten stehen im Kontrast zur Dunkelheit und den Schwertern. Die Rosen auf der Bettdecke könnten für Schönheit und Hoffnung stehen, die immer im Leben vorhanden sind. Der verzierte Bettkasten deutet an, dass es verborgene innere Reichtümer gibt. Wenn wir sie entdecken, können wir Heilung finden.

Die hübsche Decke und das schöne Muster können auch auf eine äußere Fassade hinweisen. Viele Menschen tragen eine Maske, die sie mit aller Kraft aufrechterhalten. Sie lassen niemanden die inneren Qualen sehen, die sie tatsächlich erleben. Nach den begrenzenden Glaubenssätzen der 8 der Schwerter zeigt uns die 9 einen extremen Angstzustand. Sie erinnert uns daran, dass unsere eigenen Gedanken einen Kerker bauen können.

Es ist Zeit, Licht in die dunkelsten Ecken unserer Gedanken zu bringen, sie ins Tageslicht zu holen und uns so von Ängsten zu befreien.

10 der Schwerter

Die ***10 der Schwerter*** zeigt uns das Extrem unkontrollierter Gedanken. Dieses düstere Bild öffnet ein Fenster in eine Welt, in der alles zu Ende geht. Eine Gestalt liegt reglos auf dem Boden, von 10 scharfen Schwertern durchbohrt. Wenn uns das Leben mit sehr schmerzhaften Situationen konfrontiert, sind wir oft wie gelähmt.

Die Gestalt trägt einen roten Schal, den die Schwerter ebenfalls durchbohren. Das deutet Verstrickungen an. Wenn wir uns von negativen Gedanken und Ängsten überwältigen lassen, können wir uns selbst lähmen. Der rote Schal kann auch als Symbol für emotionales Leid und die Tiefe der inneren Qual gesehen werden, die uns belastet.

Die 10 Schwerter formen ein unregelmäßiges Muster auf dem Rücken. Sie stehen für die Last der Gedanken. Negativen Gedankenmustern fehlt die Harmonie der Symmetrie, die uns Menschen unbewusst immer anspricht. Gedanken beschweren uns in der Dunkelheit der Nacht und lähmen uns so sehr, dass wir keinen Frieden und keine Ruhe finden können.

Zeichen der Hoffnung in einer ausweglosen Situation

Doch noch ist nicht alles verloren: Wir dürfen bei dem Satz der Schwerter nicht vergessen, dass alle Zahlenkarten vorübergehende Situationen darstellen. Im Gegensatz zu den Trümpfen der großen Arkana bezieht sich die Länge ihrer Gültigkeit meist auf wenige Monate, manchmal auch nur Wochen.

Wenn wir die 10 der Schwerter genau betrachten, sehen wir Zeichen der Hoffnung. Das stille Wasser im Hintergrund spiegelt die Klarheit wider, die nach der Dunkelheit kommt. Es erinnert uns daran, dass wir selbst nach den dunkelsten Momenten im Leben wieder zu Ruhe und innerer Harmonie zurückfinden können.

Weit im Hintergrund, über den Bergen, breitet sich die Dämmerung aus. Das verkündet einen neuen Anfang, den wir im Moment der vollendeten Lähmung jedoch noch nicht erkennen können. Der obere Teil dieser Karte besteht aus rabenschwarzer Nacht. Doch das Licht der Dämmerung hat die Berge bereits von hinten stark erhellt. Es ebnet uns den Weg zu einem Neubeginn.

Die 10 der Schwerter lehren uns, dass selbst Momente der größten Verzweiflung und des Schmerzes vorübergehen. Selbst wenn alles verloren scheint, gibt es eine Chance auf Erneuerung und Erholung. Nach den schlaflosen Nächten der 9 zeigt uns die 10, dass uns unkontrollierte Gedanken tatsächlich lähmen können – wenn wir ihnen keinen Riegel vorschieben. Diese Karte erinnert uns daran, dass wir unsere Ängste in jedem Moment überwinden können.

Es ist Zeit, die dunkelsten Zeiten hinter uns zu lassen und wie die aufsteigende Dämmerung eine neue Ära einzuläuten.

Die Zahlenkarten der Stäbe von 1 bis 10

Die zielgerichteten Stäbe ermuntern uns, zu handeln. Sie verkünden, welche Ergebnisse unsere Aktionen vielleicht erzielen und informieren uns über die Umstände, die eine bestimmte Tat umgeben. Diese Zahlenkarten erscheinen wie ein Tanz der Leidenschaft und Energie – von inspirierter Kreativität bis zur Überwindung von Hindernissen. Die Stäbe laden uns ein, unser inneres Feuer zu entfachen und das Leben begeistert anzunehmen.

Ass der Stäbe

Das ***Ass der Stäbe*** wirkt wie ein kraftvoller Funke, der die Flammen des Willens und der Inspiration entzündet. Diese Karte strahlt eine Energie aus, die uns anspornt und motiviert. Sie verkündet, dass wir unsere Träume verfolgen und unsere Leidenschaften entfesseln können.

Die Hand aus der schwebenden Wolke repräsentiert die Verbindung zwischen Himmel und Erde. Sie übermittelt uns göttliche Eingebung und Ideen, wie wir unser Leben voranbringen können. Die Hand hält einen Stab aus Holz, das lebendig ist. Obwohl der Stab abgeschnitten ist, wachsen an ihm zarte grüne Blätter. Sie symbolisieren unser kreatives Potenzial und unser inneres Feuer.

Der Hintergrund der Karte zeigt eine majestätische Burg auf einem Felsen. Die Burg steht für unsere Ziele und Ambitionen. Sie braucht ein festes Fundament auf dem Boden der Tatsachen, den Klippen. Wir können diese Festung nur erreichen, wenn wir mit Entschlossenheit und Ausdauer vorangehen.

Der Stab der Inspiration braucht ständige Pflege

Die grüne Landschaft und der Fluss verweisen auf Wachstum, Vitalität und den natürlichen Fluss des Lebens. Sie unterstreichen die Idee, dass dieser Stab der Inspiration ein Samen ist. Er verkündet einen glücklichen Anfang für neue Projekte, wenn wir sie tatkräftig verfolgen. Wir sind verantwortlich dafür, die Blätter wachsen zu lassen. Wenn wir uns nicht vom Weg abbringen lassen, wird uns das Ass der Stäbe unterstützen.

Die kleinen grünen Blätter am Stab repräsentieren die Frische jedes Neubeginns. Sie erinnern uns daran, dass unsere Ideen und Träume, genau wie die Blätter, die Sonne brauchen. Mit stetiger Pflege und Aufmerksamkeit können wir diese zarten Pflänzchen wachsen und gedeihen lassen. Das Ass der Stäbe ruft uns auf, unser inneres Potenzial zu erkennen und die Flamme unserer Kreativität zu nähren.

Weiße Strahlen leuchten wie eine Aura um die Hand herum. Sie verleihen dem Ass der Stäbe eine zusätzliche spirituelle Dimension. Die Energie unserer Handlungen und Bestrebungen wirkt sich in vielen Ebenen der Existenz aus.

Leidenschaft, Kreativität und Selbstverwirklichung sind nicht nur mit physischer Aktion verbunden. Sie haben auch immer eine tiefe spirituelle Bedeutung.

Das Feuer der Stäbe wird von der universalen Energie des Quantenfelds genährt. Wenn wir bewusst handeln, verbinden wir uns mit der Energie, die alles durchdringt. Stehen unsere Aktionen im Einklang mit unserem wahren Selbst und unserer höheren Bestimmung, dürfen wir einen glücklichen Fortgang aller neuen Projekte erwarten.

Entsprechen unsere Träume unserem Wesen, dann lassen uns Ideen mit einem inneren Licht strahlen. Das Ass der Stäbe steht für die Erweckung unseres inneren Willens, unserer Entschlossenheit und unserer Leidenschaft. Diese Karte ermutigt uns, den ersten Schritt zu wagen, uns von der Inspiration leiten zu lassen und mutig voranzuschreiten.

Es ist Zeit, das Feuer unserer Träume zu entfachen und neue Ziele mit Begeisterung zu verfolgen.

2 der Stäbe

Die ***2 der Stäbe*** zeigt uns ein Bild der Entschlossenheit und der strategischen Planung. Wir sehen einen offensichtlich wohlhabenden, gut gekleideten Mann. Er steht zwischen zwei aufrechten Stäben auf einer prächtigen Terrasse und hält eine Weltkugel in seiner Hand. Sein Blick ist in die Ferne gerichtet, als ob er über die Weite seines Lebens und über seine Möglichkeiten nachdenkt.

Der Mann verkörpert eine erwartungsvolle Entschlossenheit. Er steht an einem Wendepunkt in seinem Leben. Sein Blick lässt vermuten, dass er bereit ist, die Welt zu erobern und neue Horizonte zu erkunden. Die Weltkugel in seiner Hand demonstriert, dass er mit seinen Träumen, Zielen und Ambitionen global denkt, grenzüberschreitend. Sein zuversichtlicher Ausdruck zeigt, dass er das Selbstvertrauen und die Kraft hat, um seine Visionen in die Realität umzusetzen.

Die Terrasse hat eine erhöhte Position. Der Mann hat einen klaren Überblick über sein Leben und seine Möglichkeiten. Das Ufer eines Sees oder Flusses bringt das Element Wasser ins Spiel. Es steht für die tiefen Gefühle, die bei der Entscheidungsfindung eine Rolle spielen können.

Der Mann, der auf der Terrasse steht, hat große Pläne und Visionen. Die Verbindung zur Wasserlandschaft zeigt, dass er dabei auf seine Emotionen und seine Intuition achtet, um kluge Entscheidungen zu treffen.

Die Welt bietet unbegrenzte Möglichkeiten

Die verdeckten Häuser im Hintergrund repräsentieren die Möglichkeiten und Chancen, die sich dem Mann bieten. Sie weisen auf verschiedene Wege oder Optionen hin, die er in Betracht ziehen kann. Die Häuser sind nur teilweise sichtbar. Bei einer Reise ins Unbekannte ist es unmöglich, alle Details im Voraus zu planen und zu bedenken. Dennoch hilft strategisches Denken, um sich auf Herausforderungen vorzubereiten.

Der rote Umhang und die roten Stiefel des Mannes betonen seine Energie, Leidenschaft und Entschlossenheit. Diese Farbe drückt den Mut und die Tapferkeit aus. Wir brauchen diese Qualitäten, um unbekanntes Terrain zu erobern. Die rote Farbe der Kleidung weist auch darauf hin, dass er Hindernisse auf seinem Weg überwinden kann.

Das Rot ermutigt uns dazu, unsere Ziele mit Herz und Leidenschaft zu verfolgen und uns nicht von Zweifeln oder Unsicherheiten aufhalten zu lassen. Die roten Stiefel stehen für Bewegung und Handlung. Der Mann verharrt nicht in den Inspirationen und Ideen der Asse der Stäbe, sondern unternimmt aktive Schritte, um die Pläne in die Tat umzusetzen.

Die Karte fordert uns auf, unsere Ziele klar zu definieren und eine kluge Strategie zu entwickeln, um sie zu erreichen. Sie erinnert uns daran, dass wir die Macht haben, unser Schicksal zu gestalten und neue Wege zu beschreiten. Die 2 der Stäbe teilt uns mit, die ganze Welt mit offenen Augen zu erkunden.

Es ist Zeit, eine Strategie für die Eroberung Deiner Welt zu entwickeln.

3 der Stäbe

Bei der ***3 der Stäbe*** dreht sich alles darum, den Horizont zu erweitern und unsere Perspektive zu verändern. Die Szene zeigt einen Mann, der auf einem erhöhten Hügel steht und nach vorne blickt. Drei Stäbe umringen ihn.

Seine Haltung strahlt Entschlossenheit und Zuversicht aus, während er die weite Ebene überblickt.

Er hält sich an einem Stab fest, aber er stützt sich nicht darauf. Das zeigt, dass er sein Leben fest im Griff hat und auf seine Tatkraft zählen kann. Der Hügel, auf dem der Mann steht, repräsentiert nicht nur eine physische Erhebung, sondern symbolisiert auch die Höhe des Bewusstseins. Diese Position vermittelt den Eindruck, dass der Mann eine neue Perspektive sucht. Dabei hat er bereits einen guten Überblick über das aktuelle Geschehen. Diese Situation lässt vermuten, dass er sich bewusst von der Enge des Alltags entfernt und seinen Blick auf die große weite Welt richtet.

Die drei Stäbe, die vor ihm aufgereiht sind, könnten auf die Zusammenarbeit von Ideen, Plänen oder Menschen hinweisen. Sie symbolisieren die Bereitschaft, neue Möglichkeiten zu erkunden und zukünftige Projekte anzugehen. Der Mann hält einen der Stäbe fest in der Hand, was auf seine aktive Rolle bei der Gestaltung seines Schicksals hinweist. Die Stäbe sind seine Werkzeuge. Er nutzt seine Tatkraft und Ausdauer, um seine Visionen Wirklichkeit werden zu lassen.

Entschlossen und mutig voranschreiten

Die weite, offene Ebene vor ihm repräsentiert das weite Feld der Chancen und Potenziale, die ihm zur Verfügung stehen. Diese unbegrenzte Landschaft zeigt die Vielfalt der Möglichkeiten, die er entdecken kann. Der Mann steht mit Zuversicht und Entschlossenheit auf seinem Platz. Er ist in der Erde verwurzelt, bereit, seine Pläne voranzutreiben und neue Horizonte zu erreichen.

Die Kette von Bergen im Hintergrund kann auf Hindernisse oder Herausforderungen hinweisen, die auf dem Weg liegen könnten. Diese Berge können wir als symbolische Hürden verstehen. Wenn wir einen Plan in die Tat umsetzen möchten, tauchen immer unvorhergesehene Schwierigkeiten auf. Jede Reise hat ihre Höhen und Tiefen. Es geht darum, wie wir mit Herausforderungen umgehen. Wer dabei Ausdauer zeigt, ist auf dem halben Weg zum Erfolg.

Die bunte Kleidung des Mannes übermittelt uns weitere Botschaften. Sein rotes Gewand repräsentiert seine Fähigkeit, mit Leidenschaft und Elan an seinen Plänen und Vorhaben zu arbeiten.

Den grünen Überwurf können wir mit Wachstum, Fruchtbarkeit und Potenzial in Verbindung bringen. Der Mann befindet sich in einer Phase des persönlichen Wachstums und der Entwicklung. Er konzentriert sich jetzt auf die Weiterentwicklung seiner Projekte.

Das blaue Untergewand weist auf Kommunikation, Intuition und geistige Klarheit hin. Seine Fähigkeit, seine Handlungen zu beschreiben, kann ihm bei der Verwirklichung seiner Pläne helfen. Der Reif auf seinem Kopf deutet auf Führung und Weisheit hin. Seine innere Überzeugung und klare Vision leiten ihn auf seinem Weg. Es deutet auch an, dass er andere inspirieren und leiten kann.

Nach der strategischen Planung der 2 der Stäbe bringt uns die 3 die Botschaft, dass wir aktiv an der Verwirklichung unserer Pläne arbeiten müssen. Die Karte ermutigt uns, alle Chancen zu ergreifen, die sich uns bieten.

Es ist Zeit, neue Horizonte zu erkunden und auf unserem Weg mutig voranzuschreiten.

4 der Stäbe

Die ***4 der Stäbe*** zeigt uns eine Szene ungetrübter Freude. Menschen feiern und die 4 Stäbe bilden einen festlichen Rahmen für dieses Vergnügen. Die Stäbe sind wie ein Tor aufgestellt und mit Blumengirlanden geschmückt. Es ist Zeit, die Freuden des Lebens von Herzen zu genießen.

Die Stäbe repräsentieren eine Schwelle, die wir erreicht haben. Die 4 ist eine Zahl der Stabilität und des Erfolgs. Durch umsichtiges Planen und entschlossene Aktion haben wir einen Meilenstein erreicht. Jetzt können wir unseren Erfolg feiern, bevor wir uns weiter auf die Reise begeben.

Hinter den Stäben sehen wir ein Paar, das fröhlich miteinander tanzt und Blumen in den Händen hält. Diese Szene der gemeinsamen Freude symbolisiert die Einheit und das Glück, das wir in gemeinsamen Anstrengungen und Errungenschaften finden können. Die Blumen in den Händen des Paars stehen für Wachstum, Schönheit und die wohlverdiente Ernte, die der Lohn der eigenen Bemühungen ist. Das Paar strahlt Freude und Zufriedenheit aus. Es kann sich über die Belohnungen freuen, die sie durch harte Arbeit und Durchhaltevermögen erreicht hat.

Flower Power: Die positive Energie gemeinsamer Anstrengungen

Die Burg im Hintergrund könnte auf Sicherheit und Stabilität hinweisen. Sie steht für den Schutz, den wir durch unsere Anstrengungen und Errungenschaften gewinnen können. Wenn unsere Pläne unserem innersten Wesen entsprechen und wir sie mit moralisch vertretbaren Handlungen durchsetzen, gewährt uns das Universum Unterstützung.

Blumen verdecken teilweise den Torbogen, sie könnten auf die Freuden und das Wachstum hinweisen, die auf der anderen Seite des Tors in Zukunft auf uns warten. Der Torbogen selbst symbolisiert eine Schwelle zu neuen Möglichkeiten und Erfahrungen, die wir erreicht haben.

Diese Karte repräsentiert die Flower Power der Hippiebewegung. Die Blumen verkörpern positive Energie, die Basis für Wachstum und Schönheit. Gleichzeitig repräsentieren sie die überaus erfreulichen Resultate erfolgreicher Zusammenarbeit. Wenn Menschen an einem Strang ziehen, um gemeinsame Ziele zu erreichen, können magische Dinge geschehen.

Wir können die Blumen auch als Symbole der Ernte betrachten. Diese Ernte kann nicht nur materiellen Wohlstand umfassen, sondern auch emotionales Wachstum, innere Erfüllung und die Freude, die aus dem Teilen von Erfolgen mit anderen entsteht. Flower Power drückt auch die Idee aus, dass die Natur und die Schönheit der Welt eine transformative Kraft haben können. Die Blumen verkörpern die Fähigkeit der Natur, uns zu heilen, zu inspirieren und unser Wohlbefinden zu fördern.

Nach der zielgerichteten Arbeit der 3 der Stäbe genießen wir bei der 4 die Früchte unserer Anstrengungen. Sie fordert uns dazu auf, unsere Erfolge mit einem Fest zu würdigen. Wir brauchen Harmonie und Gemeinschaft, um Meilensteine zu erreichen.

Es ist Zeit, eine Pause zu machen und uns selbst zu feiern.

5 der Stäbe

Die ***5 der Stäbe*** präsentiert ein lebhaftes Szenario, in dem fünf junge Männer in einen hitzigen Konflikt verwickelt sind. Jeder von ihnen hält einen Stab, und ihre Körperhaltungen und Gesichtsausdrücke zeugen von Anspannung und Wettbewerb. Dieses Bild erweckt den Eindruck von Energie, Bewegung und Konfrontation.

Die jungen Männer halten die fünf Stäbe, die alle in verschiedene Richtungen zeigen. Sie stehen für die individuellen Ziele, Interessen und Standpunkte. Offensichtlich führen hier verschiedene Meinungen, Standpunkte und Taten zu einer Konfliktsituation.

Die aufgewühlte Atmosphäre und die angespannten Gesichter zeigen, dass sich die Männer in einem Kampf der Worte oder Ideen befinden. Alle bewegen sich gegeneinander und keiner scheint bereit zu sein, nachzugeben. Die Stäbe können wir als Hindernisse oder Herausforderungen betrachten, die den Weg blockieren und die harmonische Zusammenarbeit erschweren.

Konflikte können konstruktive Ergebnisse haben

Obwohl die Männer in einen Kampf verwickelt sind, scheint niemand verletzt zu sein. Dies weist darauf hin, dass der Konflikt eher verbaler oder ideologischer Natur ist und keine Auseinandersetzung mit roher Gewalt. Die 5 der Stäbe erinnern daran, dass Konflikte nicht immer destruktiv sein müssen. Sie können auch dazu dienen, verschiedene Perspektiven zu beleuchten und zu einer Lösung zu gelangen.

Interessanterweise tragen alle Stäbe auf dieser Karte junge Blätter. Wir können diese als Zeichen der Hoffnung betrachten und als Signale für das Potenzial von Konfliktsituationen. Die wachsenden Blätter verkörpern neues Leben, Frische und Wachstum. Sie verdeutlichen, dass selbst bei starken Meinungsverschiedenheiten Raum für Entwicklung und positive Veränderungen besteht.

Die jungen Blätter ermuntern uns, gegensätzliche Standpunkte zu verstehen. Wenn wir die Motive unserer Mitstreiter erkennen, können wir gemeinsam Lösungen finden. Die Blätter erinnern uns auch daran, dass Konflikte nicht zwangsläufig das Ende bedeuten. Sie markieren auch oft den Anfang eines neuen Kapitels. Junge Blätter sprießen im Frühling aus den Zweigen und künden den Beginn eines neuen Zyklus an. So können Konflikte dazu führen, alte Denkmuster und Ansichten zu überdenken und Platz für frische Ideen und Perspektiven zu machen.

Darüber hinaus könnten die jungen Blätter auch eine Metapher für die Möglichkeit des Wachstums auf persönlicher Ebene sein.

In Konfliktsituationen werden wir oft herausgefordert, uns selbst zu reflektieren und zu überlegen, wie wir mit solchen Herausforderungen umgehen.

Dieses Wachstum der eigenen Persönlichkeit und Reife kann als eine Art spirituelles Gedeihen betrachtet werden, das aus dem Konflikt hervorgehen kann.

Zusammengefasst verdeutlichen die jungen Blätter, die aus den Stäben sprießen, dass selbst inmitten von Konflikten und Spannungen die Chance auf Wachstum, Veränderung und positives Potenzial besteht. Sie erinnern daran, dass selbst in den schwierigsten Situationen immer die Möglichkeit besteht, neues Leben und neue Perspektiven zu finden.

Nach dem Meilenstein der 4 der Stäbe bringt uns die 5 Konflikte. Jetzt zeigt sich, aus welchem Holz wir geschnitzt sind. Gehen wir mit Schwierigkeiten auf konstruktive Art und Weise um oder beharren wir auf unserem Standpunkt? Die 5 der Kelche erinnert uns daran, dass inmitten einer Auseinandersetzung immer die Chance besteht, von anderen zu lernen und zu wachsen.

Es ist Zeit, Konflikte auf gewaltlose Weise zu lösen und Standpunkte unserer Mitmenschen zu verstehen.

6 der Stäbe

Die Karte der ***6 der Stäbe*** verkündet bildlich eine Ode an den Triumph, eine Verkörperung des Sieges, eine Welt des Erfolgs und der Anerkennung. Ein stolzer Mann reitet auf einem majestätischen Schimmel durch eine Menge. Sein Blick ist erhaben und er strahlt Selbstbewusstsein aus, während er einen Stab mit einem Lorbeerkranz hochhält – ein Symbol für Triumph und Ehre.

Der Lorbeerkranz auf dem Kopf des Siegers ist ein Zeichen der Anerkennung und der Belohnung für seine Bemühungen. Er verkündet eine Phase des Erfolgs, in der unsere Anstrengungen gewürdigt werden. In siegreichen Augenblicken fühlen wir uns aus der Menge herausgehoben und bestätigt.

Die jungen Männer im Hintergrund halten fünf weitere Stäbe. Sie bezeugen den Erfolg des Hauptakteurs. Sie stehen für die Gemeinschaft, das Team oder einzelne Personen, die zu diesem Meilenstein beigetragen haben.

Ihre Anwesenheit im Hintergrund verdeutlicht die Bewunderung, die Menschen für erfolgreiche Individuen empfinden. Der Mann und das Pferd tragen Umhänge. Sie unterstreichen die Würde und Feierlichkeit dieses Augenblicks und unterstreichen den gehobenen Status des Siegers.

Erfolg, öffentliche Anerkennung und Jubel

Der rote Umhang des Siegers steht für die Begeisterung und den Antrieb, der zu diesem Erfolg geführt hat. Aus allen Stäben sprießen junge Blätter. Das ist ein Symbol für Wachstum, Erneuerung und Vitalität. Die Anstrengungen des Siegers sind auf fruchtbaren Boden gefallen. Wie die jungen Knospen im Frühling, verdeutlichen die sprießenden Blätter auf den Stäben die frische Energie und den Auftrieb, die uns ein erreichter Erfolg gibt.

Der rote Umhang und die jungen Blätter bilden gemeinsam eine Metapher für eine Phase der Blüte und des Wachstums, die der Sieger in seinem Leben erreicht hat. Außerdem birgt jeder Sieg ein enormes Potenzial. Erfolg ist nicht ein endgültiger Zustand, sondern kann auch eine Plattform für weitere Entwicklungen und Erfahrungen bieten. Gleichzeitig werden wir daran erinnert, in Bewegung zu bleiben, um kontinuierliches Wachstum zu fördern.

Diese Karte spricht von der Bedeutung des Erfolgs, der öffentlichen Anerkennung und des Jubels. Sie erinnert uns daran, dass harte Arbeit, Entschlossenheit und Engagement Früchte tragen. Nach dem Konflikt in der 5 der Schwerter können wir jetzt aufatmen und unseren Triumph genießen.

Gleichzeitig mahnt die Karte jedoch auch zur Demut. Die Erkenntnis, dass Ruhm vergänglich ist, sollten wir nie vergessen. Der Weg zum Erfolg wird stets von einer unterstützenden Gemeinschaft begleitet. Diese Fakten zu beachten, bewahrt uns vor Arroganz und Selbstüberschätzung.

Es ist Zeit, den Erfolg gebührend zu feiern und dabei daran zu denken, Freude und Lob mit anderen zu teilen.

7 der Stäbe

Die ***7 der Stäbe*** demonstriert den Kampfgeist und die Entschlossenheit eines Einzelnen, der sich mutig und standhaft gegen Herausforderungen und Widerstände zur Wehr setzt.

Das Bild zeigt einen Mann auf einer Anhöhe. Er hält einen Stab. Damit wehrt er 6 weitere Stäbe ab, die ihn offensichtlich angreifen möchten.

Der Mann befindet sich in einer erhöhten Position. Das verdeutlicht seine Standhaftigkeit und sein Selbstbewusstsein. Der Stab in seinen Händen ist schräg nach oben gerichtet. Dieser Mann wird sich nicht kampflos geschlagen geben. Er ist bereit und entschlossen, sich zu verteidigen und seinen Standpunkt zu vertreten. Er weiß, woran er glaubt, und wird alles tun, um sich gegen Widerstände zu behaupten.

Die 6 anderen Stäbe können wir als Signale für Hindernisse, Konkurrenz oder Kritiker betrachten. Sie versuchen, den Fortschritt des Mannes zu blockieren oder ihn zu überwältigen. Der Mann wehrt sie jedoch ab. Seine erhöhte Position auf dem Felsen gibt ihm einen taktischen Vorteil. Die Anhöhe steht auch als Sinnbild für geistige und emotionale Stärke. Sie verleiht ihm den Überblick. Er kann die gesamte Situation von einer höheren Ebene analysieren.

Fest verwurzelt in der Erde und dennoch dynamisch

Das grüne Hemd des Mannes signalisiert Wachstum, Erneuerung und Gleichgewicht. Im Kontext dieser Karte weist die Farbe auf mehrere Qualitäten hin. Er steht breitbeinig da, fest verwurzelt in der Erde. Er ist im Einklang mit sich selbst. Seine innere Kraft verleiht ihm die Ausdauer, sich den Herausforderungen zu stellen.

Außerdem deutet das Grün auf die Natur hin. Wenn wir unsere Tage im Einklang mit dem Fluss des Lebens verbringen, können wir selbst in Schwierigkeiten inneren Frieden finden. Die Farbe Grün ist auch mit dem Herzchakra verbunden. Wer sich selbst liebt und akzeptiert, kann seinen Überzeugungen treu bleiben und sich beim Handeln von Liebe leiten lassen.

Grüne Farbtöne können eine beruhigende Wirkung haben und auf emotionale Gelassenheit und Harmonie hinweisen. Trotz der Angriffe bleibt der Mann ruhig und reagiert gelassen auf kommende Herausforderungen, indem er sich auf seine innere Ruhe und Gelassenheit verlässt. Er kennt seine inneren Ressourcen und kann sich Konflikten stellen, ohne dabei die Ruhe zu verlieren.

Diese Karte erinnert uns daran, dass wir uns manchmal energisch für unsere Überzeugungen und Ziele einsetzen sollten. Nach dem Triumph der 6 der Stäbe begegnen wir bei der 7 weiteren Hindernissen. Das zeigt uns: Wir dürfen uns gegen inakzeptable Meinungen, Erwartungen oder Widerstände zur Wehr setzen. Die Karte ermutigt uns auch, an unsere innere Stärke zu glauben. Mit Selbstvertrauen und Entschlossenheit können wir Hindernisse überwinden. Die 7 der Stäbe ermutigt uns, unseren eigenen Weg zu finden, selbst wenn dieser mit Schwierigkeiten gepflastert ist. Sie lädt uns ein, Ängste und Zweifel bewusst wahrzunehmen und unsere Standpunkte leidenschaftlich zu verteidigen.

Es ist Zeit, für Deine Überzeugungen zu kämpfen und dabei die Ruhe zu bewahren.

8 der Stäbe

Die ***8 der Stäbe*** zeigen uns eine Szene magischer Bewegung: 8 Stäbe fliegen durch die Luft, als würden sie eine wichtige Botschaft übermitteln. Sie bewegen sich alle parallel, scheinbar schwerelos. Wie UFOs schweben sie über einer weiten Ebene, durch die sich ein Fluss schlängelt.

Die Stäbe bewegen sich diagonal von links oben nach rechts unten. Das deutet auf das rasante Tempo hin, mit dem Veränderungen und neue Entwicklungen eintreffen können. Manchmal arbeiten wir jahrelang auf ein Ziel hin und haben schon fast aufgegeben. Dann platzt der Knoten und auf einmal läuft alles fast von selbst.

Diese Stäbe lassen keine Zeit für Zögern oder Stagnation. Sie erinnern uns daran, dass das Leben ständig in Bewegung bleibt. Wir müssen flexibel und anpassungsfähig bleiben, um mit den Veränderungen Schritt zu halten. Aus allen Stäben sprießen Blätter. Das ist ein gutes Zeichen für alle Unternehmungen, denn das verheißt Wachstum und Fruchtbarkeit.

Inmitten von Wandel den Boden der Realität nicht verlieren

Die grüne Landschaft unter den fliegenden Stäben verleiht dem Bild eine gewisse Ruhe und Kontinuität. Inmitten der Hektik des Alltags können wir in der beständigen und beruhigenden Präsenz von Bäumen, Hügeln und Flüssen Kraft tanken. Sie weisen auch auf den Boden der Realität hin.

Obwohl die Stäbe hoch über der Ebene fliegen, brauchen wir Pläne und Vorhaben, die in der Erde verwurzelt sind.

Das Haus auf dem Hügel könnte für einen Ankerpunkt oder ein Ziel stehen, das im Mittelpunkt der Veränderungen steht. Es symbolisiert möglicherweise ein Projekt, eine Idee oder ein Vorhaben. Es wurde gestartet und hat jetzt eine eigene Dynamik entwickelt. Das Haus kann auch auf die Notwendigkeit hinweisen, festen Boden zu suchen, wenn unser Leben große Veränderungen durchmacht.

Das Fehlen einer menschlichen Figur deutet an, dass es in dieser Situation weniger um individuelle Handlungen oder Emotionen geht. Stattdessen repräsentieren die Stäbe allgemeine Kräfte oder Ereignisse, die auf den Ratsuchenden zukommen. Die fliegenden Stäbe können auch Ideen oder Möglichkeiten anzeigen, die in der Luft liegen.

In dieser Szene finden Entwicklungen auf einer Ebene statt, die über das Individuum hinausgehen. Vielleicht betreffen die Ereignisse dieser Karte eine breite Schicht der Gesellschaft oder haben eine zusätzliche kulturelle oder spirituelle Bedeutung. Die Stäbe können uns auffordern, über das Persönliche hinauszuschauen und die Auswirkungen und Implikationen auf einer breiteren Skala zu betrachten.

Die fliegenden Stäbe repräsentieren Veränderungen, die noch nicht eingetreten sind. Die Abwesenheit eines Menschen trägt dazu bei, den Fokus auf die symbolischen Elemente zu lenken. Nach den Herausforderungen der 7 der Stäbe erinnert uns die 8 daran, dass Veränderungen oft jenseits unserer persönlichen Kontrolle liegen. Aber wir können jederzeit offen und flexibel reagieren.

Insgesamt strahlt die 8 der Stäbe dynamische Veränderung aus. Sie ermutigt den Betrachter, sich auf die Herausforderungen und Möglichkeiten einzulassen, die im Leben auftreten. Die fliegenden Stäbe senden uns die Botschaft, dass eine günstige Gelegenheit auf uns zukommt. Bei allen Höhenflügen sollten wir aber die Realität nicht vergessen.

Es ist Zeit, sich auf unvorhergesehene Ereignisse vorzubereiten und flexibel zu reagieren, um die Richtung unseres Lebens aktiv zu gestalten.

9 der Stäbe

Die ***9 der Stäbe*** offenbart eine Szene von Anspannung und Entschlossenheit. In ihrem Zentrum steht ein Mann mit einem Stab in der Hand. Um seinen Kopf ist eine Binde gewickelt. Er blickt über seine Schulter auf 8 Stäbe, die senkrecht im Raum stehen. Den Hintergrund bilden grüne Berge.

Auf den ersten Blick fällt die Verteidigungshaltung auf. Fast wie aus Trotz hält der Mann einen Stab fest umklammert. Das kann auf innere Stärke und Entschlossenheit hindeuten. Obwohl sich die Stäbe hinter ihm befinden und er nur eine verdeckte Sicht auf sie hat, bleibt er standhaft. Er ist bereit, sich den Herausforderungen zu stellen. Sein fester Griff um den Stab zeigt, dass er trotz Widrigkeiten nicht aufgibt und den Willen hat, weiterzumachen.

Um den Kopf des Mannes windet sich eine Binde. Sie symbolisiert eine Art von Verwundung oder Verletzung, die der Mann erlitten hat. Sie kann ihn an einer klaren Sicht der jetzigen Situation hindern. Gleichzeitig kann sie darauf hinweisen, dass er sich in einer Phase der Unsicherheit oder des Zweifels befindet. Was er jetzt braucht, sind Klarheit und Orientierung.

Äußere Hindernisse und innere Blockaden überwinden

Die 8 aufrechten Stäbe hinter ihm können wir als eine Art Barriere sehen, die ihn umgibt. Sie erinnern an einen Zaun oder sogar an ein Gefängnis. Vielleicht fühlt sich der Mann in einer Situation gefangen, obwohl er eigentlich frei handeln könnte. Die Stäbe befinden sich hinter ihm. Er könnte ganz einfach weggehen, wenn er wollte. Dies kann sowohl äußere Hindernisse als auch innere Blockaden darstellen. Sie machen es ihm schwer, voranzukommen.

Die grünen Berge im Hintergrund können wir als Symbole für Herausforderungen und Hindernisse betrachten, die noch weit entfernt sind. Grün steht oft für Wachstum, Hoffnung und Neubeginn. Das zeigt uns, dass alle Hindernisse letztendlich eine Gelegenheit für persönliches Wachstum und Entwicklung sein können. Wichtig ist die Haltung, mit denen wir sie angehen.

Das Grün der Berge wiederholt sich in den Hosen und den Stiefeln des Mannes. Grün ist eine Farbe, die oft mit Wachstum, Hoffnung, Erneuerung und Harmonie in Verbindung gebracht wird.

In diesem Zusammenhang könnte das bedeuten, dass trotz der aktuellen Herausforderungen und Hindernisse ein Potenzial für Wachstum und positive Veränderungen vorhanden ist.

Die grünen Hosen und Stiefel zeigen auch, dass der Mann fest auf dem Boden steht. Durch seine Erdverbundenheit ist er in der Lage, Situationen zu navigieren. Selbst in schwierigen Zeiten kann er so eine gewisse Ruhe und Balance bewahren.

Zusammen mit dem Stab vermittelt das die Botschaft, dass er die Situation meistern kann. Die Hoffnung auf Wachstum und positive Veränderungen kann dazu beitragen, in schwierigen Zeiten stabil und ausgeglichen zu bleiben. Hindernisse und Unsicherheiten können eine Quelle der Kraft sein, wenn wir die Herausforderungen überwinden und vorankommen.

Nach den schnellen Entwicklungen der 8 der Stäbe verlangsamt die 9 unseren Fortschritt. Wir brauchen innere Stärke und Entschlossenheit, um zu bestehen. Diese Karte erinnert uns daran, dass der Weg möglicherweise schwierig ist. Nur wir selbst können uns den Aufgaben stellen und trotz Verwirrung und Hindernissen vorwärts gehen.

Es ist Zeit, dass wir uns von innerer Stärke leiten lassen und das Vertrauen in die eigenen Fähigkeiten nicht verlieren.

10 der Stäbe

Die ***10 der Stäbe*** präsentiert ein Bild von Last und Erschöpfung, was durch die einzelnen Symbole noch verstärkt wird. Ein Mann trägt ein schweres Bündel aus 10 Stäben auf seinen Schultern. Die Last beansprucht ihn stark, während er in Richtung eines Turms voranschreitet. Felder und Wälder strahlen Ruhe aus.

Der Mann ist stark gebeugt. Diese Haltung drückt Müdigkeit und Erschöpfung aus. Sein Gang über die glatte Straße ist langsam und beschwerlich. Offensichtlich müht er sich mit einer schweren Aufgabe ab. Die Art und Weise, wie er die Stäbe hält, erinnert an eine riesige Bürde. Sie lastet auf seinen Schultern und hält ihn davon ab, aufrecht und frei zu gehen.

Die 10 der Stäbe verkörpert das Gefühl der Überlastung. Es entsteht, wenn wir zu viel Verantwortung und zu viele Aufgaben auf uns nehmen. Die Karte warnt uns vor dem Festhalten an zu vielen Verpflichtungen oder vor dem Aufschieben von Entscheidungen.

Denn dies kann sich zu einer erdrückenden Last entwickeln, die das Vorankommen erschwert.

Langer Weg mit Herausforderungen und Unsicherheiten

Der Turm im Hintergrund kann als Symbol der Einschränkung oder der Begrenzung interpretiert werden. Er könnte darauf hinweisen, dass der Mann auf dem Weg zu einem unwirtlichen Ort unterwegs ist. Dort wartet vielleicht weitere Plackerei auf ihn. Die Felder und der Wald könnten bedeuten, dass er noch einen langen Weg sich hat. Herausforderungen und Unsicherheiten sind so vorprogrammiert.

Wie bei allen Tarotkarten liefern die Farben zusätzliche Bedeutungen. Der Mann trägt ein rotes Hemd mit weißen Ärmeln, grüne Hosen und braune Schuhe.

Das rote Hemd verweist auf seine Energie. Trotz der schweren Last geht er seinen Weg mit Entschlossenheit und Engagement. Das Weiß der Ärmel kann Reinheit und Klarheit repräsentieren. Trotz der Belastung sieht der Mann seine Absichten und Ziele in einem klaren Licht.

Die grüne Farbe deutet an, dass er trotz allem nach positiven Veränderungen strebt und die Möglichkeit einer besseren Zukunft im Auge behält. Die braunen Schuhe können wir mit Bodenständigkeit, Stabilität und praktischer Herangehensweise verbinden. Trotz der Schwierigkeiten bleibt der Mann fest in der Realität verankert. Er unternimmt pragmatische Schritte, um mit den Herausforderungen umzugehen.

Nach der Anspannung der 9 der Stäbe zeigt uns die 10, dass wir unsere Lasten klug wählen sollten. Wir sollten uns nicht mit zu vielen Verpflichtungen überfordern. Die 10 der Stäbe fordert uns auf, Prioritäten zu setzen und sich von unnötigem Ballast zu befreien. Das erleichtert unser Vorankommen. Es ist in Ordnung, um Hilfe zu bitten oder Verpflichtungen abzugeben.

Es ist Zeit, bestimmte Dinge loszulassen, unseren Alltag zu vereinfachen und klare Ziele zu verfolgen.

Die Zahlenkarten der Münzen von 1 bis 10

Die soliden Münzen bilden die Basis, den festen Boden, auf dem wir stehen. Diese Karten spiegeln die Welt unserer materiellen Sinnesempfindungen wider und lehren uns den Wert von Besitz und Sicherheit zu schätzen. Von finanzieller Stabilität und beruflichem Erfolg bis hin zu materiellen Herausforderungen und praktischen Angelegenheiten zeigen uns die Münzen, wie wir unsere Ressourcen verwalten und unseren Wohlstand aufbauen können.

Das Ass der Münzen

Das ***Ass der Münzen*** lädt uns ein, die Schätze und Möglichkeiten der materiellen Welt zu erkunden. Diese Karte spricht von Potenzial und Manifestation. Sie verkörpert den Anfang einer materiellen Reise, die auf der festen Grundlage der physischen Welt steht.

Die Hand, die aus einer Wolke erscheint und die Münze mit dem Pentagramm hält, symbolisiert den Beginn einer konkreten und greifbaren Manifestation. Die Münze selbst ist ein Symbol des Wohlstands, der materiellen Ressourcen und des praktischen Handelns. Die weißen Strahlen, welche die Hand und die Münze umgeben, könnten auf göttliche Unterstützung und spirituelle Führung hinweisen, während wir uns auf die materielle Ebene begeben.

Das Pentagramm, auch als Fünfzackstern bekannt, ist ein altes Symbol, das in vielen Kulturen und Traditionen eine Rolle spielt. Beim Rider Waite Tarot hat es mehrere Bedeutungen. Das Pentagramm verbindet uns mit Spiritualität. Die fünf Spitzen des Sterns können die fünf Elemente repräsentieren - Erde, Wasser, Luft, Feuer und Geist.

Materielle und spirituelle Erfahrungen verknüpft

Das Pentagramm erinnert uns daran, dass unsere materiellen und spirituellen Erfahrungen verknüpft. Außerdem zeigt es uns die Harmonie von Symmetrie. Die fünf Spitzen sind exakt gleichmäßig verteilt. Das Ass der Münzen weist uns darauf hin, dass Streben nach materiellem Wohlstand und Fülle im Einklang mit spirituellen Werten und Prinzipien geschehen sollte.

In einigen esoterischen Traditionen gilt das aufrechte Pentagramm als Schutzsymbol, das negative Energien abwehrt.

Wir sind geschützt, wenn wir unsere Werte, Integrität und spirituelle Verbindung bewahren, während wir uns auf die materielle Welt konzentrieren.

Die Wiese und der Obstgarten im Vordergrund symbolisieren Fruchtbarkeit und die Potenziale, die in der physischen Welt auf uns warten. Der Obstgarten repräsentiert die Arbeit, die wir in unser materielles Wohl investieren – ähnlich wie Gärtner, die Samen säen und Ernten erwarten. Die Bäume bilden ein Tor, gleichsam einer Eintrittspforte in eine neue Zeit des Wohlstands.

Durch das Tor sehen wir Berge im Hintergrund. Diese Berge können Herausforderungen und Hindernisse bedeuten auf dem Weg zum Wohlstand. Sie erinnern uns daran, dass die Reise zur materiellen Sicherheit Mut und Einsatz erfordert.

Die Farbe der Münzen, das Element Erde, verkörpert Stabilität und Solidität. Sie betont den Wert von Erdverbundenheit und von einer festen Basis, um Wohlstand aufzubauen. Die Münzen-Karten im Tarot zeigen uns, wie wir unsere materielle Welt gestalten und manifestieren können – sei es durch Finanzen, Gesundheit oder Sicherheit.

Das Ass der Münzen schlägt die Brücke zwischen den spirituellen und materiellen Ebenen des Lebens. Wir wandeln auf der Erde und gestalten unsere materielle Realität, bewusst oder unbewusst. Dabei können wir auf spirituelle Führung und göttliche Unterstützung vertrauen. Das Ass ist eine Karte des Anfangs, des Potenzials und der praktischen Schritte.

Es ist Zeit, Verantwortung zu übernehmen und unsere Umwelt mühelos durch Manifestieren und kreatives Schaffen zu gestalten.

2 der Münzen

Die ***2 der Münzen*** zeigt uns ein Bild der Balance, des Gleichgewichts und der Bewegung inmitten der stürmischen Gewässer des Lebens. Wir sehen einen jungen Mann mit zwei Münzen jonglieren. Ein grünes Unendlichkeitszeichen umgibt diese wie eine Art göttliches Muster. Diese Karte erzählt eine Geschichte von Anpassungsfähigkeit und Geschicklichkeit in einer sich ständig verändernden Welt.

Der junge Mann jongliert mit verschiedenen Bereichen des Lebens. Sein hoher roter Hut ragt stolz in den Himmel, als ob er die Herausforderungen mit Zuversicht und Mut angeht. Seine tänzerischen Bewegungen betonen die Leichtigkeit und den Rhythmus, mit dem er die Münzen in der Luft hält. Er hat sich die Fähigkeit angeeignet, die Münzen im Gleichgewicht zu halten. Das verkörpert die Kunst, Arbeit und Freizeit, materielle Bedürfnisse und spirituelle Bestrebungen, geschickt auszubalancieren.

Die grüne Acht um die Münzen verkörpert das Unendliche, die Ewigkeit und das ewige Muster des Lebens. Sie erinnert daran, dass Herausforderungen ständig in Bewegung sind. Die Acht kann uns dazu anleiten, unsere Realität bewusst zu gestalten – so wie der Jongleur die Bewegungen der Münzen lenkt.

Lockeres Jonglieren vor einem tosenden Meer

Die tosenden Wellen und die schaukelnden Schiffe im Hintergrund sind ein visuelles Gegenspiel zur Gelassenheit des jungen Mannes. Die Wellen repräsentieren die Unsicherheiten und stürmischen Zeiten, die in unserem Leben auftreten können. Trotz des etwas chaotischen Hintergrunds jongliert der junge Mann unbeeindruckt. Um auf Kurs zu bleiben, müssen wir uns flexibel an sich wandelnde Umstände anpassen.

Die grünen Schuhe des Mannes stehen für Wachstum, Frische und Neuanfang. Die Farbe Grün wird mit Natur, Vitalität und Veränderung assoziiert. Der junge Mann ist auf dem Weg des persönlichen Wachstums und der Weiterentwicklung, während er seine Balance bewahrt.

Die roten Hosen des Mannes verraten uns, dass er mit Leidenschaft an seinen Aufgaben arbeitet. Er scheut sich nicht, Herausforderungen anzunehmen. Das braune Gewand des Mannes dagegen repräsentiert Stabilität, Erdung und Praktikabilität. Der Mann hat eine solide Basis und ist gut geerdet. Er geht auf kluge und praktische Weise mit Herausforderungen um, ohne sich von der Vielfalt der Aufgaben überwältigen zu lassen.

Die grüne Acht, die Münzen und der tanzende Mann formen zusammen ein Bild der Anpassungsfähigkeit und des Gleichgewichts. Die Karte ermutigt uns, das Leben als eine Folge von Veränderungen zu betrachten. Verschiedene Verpflichtungen und Ziele verlangen von uns, unsere Energie gekonnt zu verteilen. Die Karte erinnert uns daran, dass wir selbst inmitten stürmischer Wellen eigene Wege finden können.

Es ist Zeit, die Stürme des Lebens gelassen zu akzeptieren und unsere Ressourcen klug zu nutzen.

3 der Münzen

Die ***3 der Münzen*** entführt uns in eine Szene von Zusammenarbeit, handwerklichem Geschick und dem Streben nach Perfektion. Elemente der Architektur, Figuren und Objekte verschmelzen in einer harmonischen Komposition, die auf geduldiger Arbeit und künstlerischem Geschick beruht.

Der gotische Torbogen wirkt wie das Eingangsfenster einer majestätischen Kathedrale. Er verkörpert nicht nur die Kunst des Bauens, sondern auch den Wunsch nach Höherentwicklung und spirituellem Streben. Gotische Architektur zeichnet sich durch hochstrebende Räume und Fenster aus, die das Streben himmelwärts in eine Existenz voller Schönheit symbolisieren. Der Torbogen dient hier als Metapher für den Aufstieg und die Entwicklung auf geistiger Ebene.

Die drei Männer unter dem Torbogen verkörpern unterschiedliche Aspekte des Wissens und der Fähigkeiten. Ein Handwerker steht auf einer Bank und hält ein Werkzeug in der Hand. Er zeigt das Streben nach Perfektion, das oft mit harter Arbeit, Geduld und Detailgenauigkeit verbunden ist.

Gemeinsames Streben nach Exzellenz

Der Mönch steht für spirituelle Hingabe, Disziplin und tiefe Weisheit. Seine Präsenz unterstreicht die Verbindung zwischen handwerklichem Können und spiritueller Bedeutung. Der Mann mit der Kutte könnte ein edler Herr sein, der die Vision und die finanziellen Mittel für das Projekt zur Verfügung stellt. Er demonstriert, wie ein Zusammenfügen unterschiedlicher Fähigkeiten zu einem harmonischen Ergebnis führen kann.

Den Plan, den die Männer betrachten, können wir als Beschreibung ihrer gemeinsamen Anstrengungen betrachten. Ein bedeutendes Projekt wird vollendet. Erbrachte Leistungen finden Anerkennung.

Die Münzen im Kreisbogendreieck unter dem Torbogen repräsentieren materielle Werte und die Früchte der Zusammenarbeit. Die Blume mit einem Kreuz in der Mitte könnte auf spirituelle Erkenntnis hindeuten. Das gemeinsame Streben nach Exzellenz treibt auch unsere geistige Entwicklung voran.

Das Kreisbogendreieck wird auch Gleichdick oder ***Vesica Piscis*** genannt. Ein Dreieck mit Kurven statt geraden Seiten verkörpert die Vereinigung von Gegensätzen und die Harmonie von Dualitäten. Wir können es auch als großes Zusammentreffen sehen – als Zusammentreffen von Geist und Materie, von männlich und weiblich oder von Licht und Dunkelheit. In der Mitte, im Schnittpunkt der Gegensätze, kann eine Einheit gefunden werden.

Die Form des Gleichdicks erinnert an das menschliche Auge, weshalb es auch den Namen ***Auge Gottes*** trägt. Es steht für das innere Auge, das intuitives Wissen und Erleuchtung vermittelt. Darüber hinaus wird das Gleichdick oft mit Geburt und Neuschöpfung in Verbindung gebracht. Die Form ähnelt dem Geburtskanal und kann daher als Übergang von einem Bewusstseinszustand zum anderen gesehen werden.

In einigen spirituellen Traditionen wird das Gleichdick auch als ein Symbol für das Herzchakra interpretiert, das Energiezentrum des Herzens. Es steht für bedingungslose Liebe, Mitgefühl und Einheit.

Nach dem Jonglieren der 2 der Münzen sehen wir in der 3 gemeinsame Hingabe, handwerkliches Können und spirituelles Streben. Sie erschaffen ein Werk von bleibendem Wert.

Es ist Zeit, unsere Talente gemeinsam mit anderen zu entfalten, um materielle Erfolge und geistige Erfüllung zu erreichen.

4 der Münzen

Die ***4 der Münzen*** im Rider-Waite-Tarot bringt uns in eine Lage, in der Reichtum, materielle Sicherheit und Kontrolle dominieren. In der Mitte thront ein Mann in königlicher Pracht mit einer Krone. Sein Blick wirkt starr, während er eine Münze fast liebevoll umarmt.

Der Mann, vielleicht ein König, hütet seine materiellen Güter so sehr, dass sie sein Leben bestimmen. Der Mann sitzt auf einem erhöhten Thron, während seine Füße auf Münzen ruhen. Dieses Bild zeigt den Drang, Besitz und Reichtum festzuhalten. Die Stadt mit den hohen Türmen im Hintergrund weist darauf hin, dass dieser Mann über materielle Ressourcen und Wohlstand verfügt. Die Münze über seiner Krone unterstreicht seine Ausrichtung auf materielle Erfolge.

Das rote Gewand weist auf die Energie hin, mit der er seine materiellen Ressourcen hütet. Es könnte auch auf seinen inneren Antrieb und seine Entschlossenheit hinweisen, materielle Ziele zu erreichen. Möglicherweise warnt die Karte vor Gier und Habsucht, wenn diese Eigenschaften wichtiger als alles andere sind.

Erlangen von Wohlstand nicht als Selbstzweck

Der blaue Streifen auf dem roten Gewand könnte die Verbindung zwischen Erde und Geist repräsentieren. Die Farbe Blau steht für Spiritualität, Kommunikation und Weisheit. Der Mann verbindet seine Anstrengungen mit Intellekt. Blau rät uns, das Erlangen von Wohlstand in einem größeren Zusammenhang und nicht als Selbstzweck zu sehen.

In diesem Kontext könnte der blaue Streifen darauf hinweisen, dass der Mann seine materiellen Bemühungen mit einem gewissen Grad an Intellekt und spirituellem Bewusstsein verbindet. Der Umhang ist ein Symbol für Ansehen und Position in der Gesellschaft und betont den Status des Mannes. Er spielt offensichtlich eine führende Rolle. Gleichzeitig könnte der Umhang aber auch auf die Gefahr hinweisen, sich zu sehr von äußeren Identitäten und sozialen Normen beeinflussen zu lassen.

Diese Karte drückt jedoch auch die Kehrseite des Festhaltens an Besitz aus. Der Mann hält die Münze so fest, dass er nichts anderes mit seinen Händen tun kann. Mit der Zeit wird er sich in seiner Suche nach Sicherheit und Wohlstand eingeschränkt fühlen. So übersieht er vielleicht auch Gelegenheiten, die ihm das Leben bietet. Das starre Festhalten an materiellen Gütern kann das Wachsen eines Menschen behindern.

Diese Karte mahnt uns, nicht in der Angst vor Verlust gefangen zu sein. Denn dies blockiert den Fluss des Lebens. Wir können unsere Ressourcen teilen und großzügig sein. Die Karte lädt uns ein, unsere Einstellung zum Besitz zu überdenken und zu erkennen, dass wahre Fülle in der Bereitschaft liegt, loszulassen und die Schätze des Lebens in all ihren Formen zu schätzen.

Nach der Zusammenarbeit der 3 der Münzen erinnert uns die 4 daran, dass wahre Sicherheit und Wohlstand nicht nur im materiellen Besitz liegen. Wichtiger als Summen auf einem Bankkonto ist die Fähigkeit, loszulassen. Das Öffnen für neue Erfahrungen schafft ein Gleichgewicht zwischen materiellen Bedürfnissen und spiritueller Entwicklung.

Es ist Zeit, die Balance zwischen Sicherheit und Freiheit zu finden, zwischen materieller Stabilität und dem Wunsch nach spirituellem Wachstum.

5 der Münzen

Die ***5 der Münzen*** stößt uns in eine Szene der Kälte und des Mangels. Inmitten eines winterlichen Schneesturms zeigt das bunte Glasfenster einer Kirche fünf Münzen. Sie bilden einen starken Kontrast zu dem Elend vor diesem heiligen Ort.

Diese Karte enthüllt Verlust, Not und Isolation, die in jedem Leben auftreten können. Das bunte Glasfenster der Kirche wirkt wie eine visuelle Klammer, die zwei Welten miteinander verbindet. Es steht für die spirituelle Zuflucht und den Trost, den die Kirche bieten kann.

Die bunten Farben und das Motiv des Fensters bilden einen Kontrastpunkt zu der kalten Umgebung. Das können wir als ein Zeichen von Hoffnung sehen. Trotz der Widrigkeiten können wir Unterstützung finden, auch wenn sie momentan nicht greifbar erscheint.

Isolation und ein Mangel an Wärme, Sicherheit und Trost

Schnee und Kälte repräsentieren die Schwierigkeiten, die das Leben manchmal mit sich bringt. Der fallende Schnee erzeugt ein Gefühl von Isolation. Die damit verbundene Kälte weist auf den Mangel an Wärme, Sicherheit und Trost hin. Die Entbehrung und das Leiden dieser Szene sind fast spürbar.

Die schwarze Wand um das bunte Fenster herum zeigt uns die Dunkelheit. Unsicherheit begleitet Zeiten der Not. Das Schwarz könnte auf die unüberwindbar scheinenden Hindernisse hinweisen, die sich vor uns auftürmen. Sie hinterlässt einen Eindruck von Isolation und Abgeschiedenheit.

Das bunte Fenster dagegen weist auf Potenzial hin. Wir können es entdecken, wenn wir das Leben aus einer anderen Perspektive betrachten. Das zeigt uns möglicherweise einen Ausweg aus schwierigen Situationen. Manche Kreative legen sich auf den Boden, um die Welt von unten zu betrachten. Der weiße Schnee dagegen verkündet Reinheit und einen Neuanfang. Selbst in härtesten Zeiten besteht die Möglichkeit, von Grund auf etwas Neues zu schaffen.

Der Mann auf Krücken mit dem verbundenen Fuß kann nur humpeln. Das könnte eine Zeit von körperlicher Schwäche und eingeschränkter Bewegung bedeuten. Sein Gesicht drückt Schmerz und Unbehagen aus. Das ist eine Metapher für Zeiten, in denen wir uns verletzlich und leidend fühlen, sei es auf körperlicher, emotionaler oder materieller Ebene.

Die Frau ohne Schuhe, aber mit verhülltem Gesicht, zeigt einen Mangel an Schutz. Sie befindet sich in einer prekären Situation. Ihre nackten Füße auf dem kalten Boden müssen schmerzen. Wir sehen ihr Gesicht nicht, das könnte auf einen Ausschluss aus der Gesellschaft hinweisen.

Nach dem Festhalten an Reichtum der 4 der Münzen bringt uns die 5 finanzielle Unsicherheit, körperliches Leid und emotionale Entbehrung. Dennoch lässt uns das bunte Glasfenster der Kirche hoffen.

Es ist Zeit, auch in schwierigen Zeiten auf spirituelle Unterstützung zu vertrauen und Trost zu suchen und zu finden.

6 der Münzen

Die ***6 der Münzen*** präsentiert eine Szene von Geben und Nehmen, eine Balance zwischen Großzügigkeit und Abhängigkeit. Ein wohlhabender Mann lässt Münzen herabregnen an Bittsteller, die vor ihm auf dem Boden knien. Diese Karte spiegelt die Kunst des Teilens wider, während sie gleichzeitig verschiedene Facetten von Machtverhältnissen und sozialer Verantwortung enthüllt.

Der gut gekleidete Mann mit Turban und Umhang hält eine Waage. Er besitzt die vollkommene Kontrolle über seinen Reichtum. Der Turban auf seinem Kopf kann auf seine Weisheit und Klugheit hinweisen, während der Umhang seine Stellung in der Gesellschaft betont.

Mit der rechten Hand lässt er Münzen fallen, eine großzügige Geste des Gebens. Oder spricht aus dem Fallenlassen eine gewisse Arroganz? Es ist unmöglich, die Münzen auf einmal zu fangen. Die Bittsteller werden sie auf dem Boden zusammensuchen müssen. Jedenfalls ist der Mann bereit, seine Ressourcen zu teilen. Er zeigt Wohlwollen, indem er Menschen in Not unterstützt. Das Geben von Münzen kann auch als eine Metapher für das Teilen von Wissen, Ratschlägen oder positiven Energien verstanden werden.

Gerechtigkeit und Ausgleich von Geben und Nehmen

Die Waage in seiner linken Hand symbolisiert Gerechtigkeit und Ausgleich. Offensichtlich liegt ihm etwas daran, fair zu handeln. Die Waage ist ein klassisches Symbol für Ehrlichkeit bei Entscheidungen und Handlungen. Das Halten der Waage drückt das Streben nach gleichberechtigtem Austausch aus, sowohl in materieller als auch in sozialer Hinsicht. Die rechte Gehirnhälfte, zuständig für Intuition, steuert die linke Hand.

Die beiden knienden Figuren vor ihm brauchen dringend Hilfe. Die linke Figur mit dem verbundenen Kopf könnte auf eine verwundbare Position hinweisen, in der Unterstützung dringend benötigt wird. Die rechte Figur mit dem blauen Umhang und dem roten Fleck könnte eine Krise andeuten. Auch sie braucht Unterstützung, um schwere Zeiten zu bewältigen. Beide Figuren stehen für sozial schwache Menschen, die auf Großzügigkeit angewiesen sind. Die Kulisse der Bäume und der entfernten Burg könnte auf die Verbundenheit mit der Natur und der Gesellschaft hinweisen.

Die Bäume stehen für Wachstum, Leben und Fülle, während die Burg für Schutz und Sicherheit stehen könnte. Zusammen signalisieren sie die weiterführende Bedeutung von Großzügigkeit. Das Teilen von Ressourcen erfüllt nicht nur individuelle Bedürfnisse, sondern trägt zur Stärkung der Gemeinschaft bei.

Nach dem Mangel der 5 der Münzen enthüllt die 6 die Balance zwischen Geben und Nehmen, die Bedeutung von Großzügigkeit und sozialer Verantwortung. Wir können Wohlstand und Ressourcen zum Wohle aller gemeinsam nutzen. Gleichzeitig sollten wir dabei darauf achten, dass dies auf gerechte und faire Weise geschieht.

Es ist Zeit, unsere eigenen Ressourcen zu teilen und bedürftige Menschen auch mit Mitgefühl zu unterstützen.

7 der Münzen

Die ***7 der Münzen*** drückt einen Moment der Kontemplation und des Innehaltens aus. Ein einfach gekleideter Mann steht im Zentrum der Karte. Gestützt auf den Stiel einer Harke betrachtet er einen üppigen Busch, der 6 Münzen trägt. Er verkörpert eine Phase langsamen Wachstums, die Geduld und Ausdauer erfordert.

Die breitbeinige Haltung des Mannes zeugt von Standhaftigkeit und Stabilität. Er verwendet eine Harke als Stütze. Sie war früher ein wichtiges Werkzeug für Bauern, mit dem sie ihre Felder pflegten und auch ernteten. Diese Geste verbindet ihn mit der Erde. Offensichtlich hat er harte Arbeit und viel Energie in den Busch vor ihm investiert.

Das Grün in der Kleidung des Mannes weist auf seine Verbindung zur Natur und zur Erde hin. Er trachtet danach, im Einklang mit den natürlichen Rhythmen und Zyklen zu handeln. Das Braun der Stiefel und des Hemdes deuten auf eine praktische und bodenständige Herangehensweise hin. Er verfolgt sein finanzielles Wachstum mit Augenmaß und schafft solide Grundlagen für seine Zukunft.

Gleichgewicht zwischen Wachstum und Stabilität

Die Kombination von Grün und Braun zeigt das Gleichgewicht zwischen Wachstum und Stabilität.

Materielle Ressourcen können wir auf nachhaltige Weise vermehren, indem wir auf die Fülle der Natur und auf praktische Überlegungen setzen. Die Farbwahl können wir auch als Symbol für die innere Einstellung sehen. Grün steht für Hoffnung und Optimismus, während Braun die Verbindung zur Erde und Verantwortungsbewusstsein hervorhebt.

Die Münze zwischen seinen Beinen unterstreicht den Stellenwert von materiellem Besitz und Wohlstand. Er erkennt den Wert und die Früchte seiner Arbeit an und überlegt gleichzeitig, wie er diese Ressourcen weiterhin effektiv nutzen kann. Den Busch können wir als Metapher für die Früchte seiner Anstrengungen verstehen.

Die sechs Münzen weisen darauf hin, dass er bereits eine gewisse Fülle und Ernte geschaffen hat. Doch seine ruhige und nachdenkliche Haltung zeigt, dass er das bisher Erreichte bewertet und analysiert. Er überlegt, wie er sein Vermögen und seine Ressourcen am besten einsetzen kann, um weiteres Wachstum zu bewirken.

Die Berge im Hintergrund symbolisieren möglicherweise die höheren Ziele und Herausforderungen, die noch vor ihm liegen. Sie erinnern uns daran, dass der Weg zu Wohlstand und Erfolg oft mit vielen Herausforderungen gepflastert ist. Die Berge können auch eine Erinnerung an die Langlebigkeit und Stabilität sein, die wir durch kluge Investitionen und sorgfältige Planung erreichen können.

Nach dem Geben und Nehmen der 6 der Münzen drückt die 7 eine Zeit der Geduld, des Abwägens und der Planung aus. Sie fordert Dich auf, innezuhalten und zu überlegen. Wie kannst Du Deine Ressourcen am besten einsetzen, um langfristiges Wachstum und Wohlstand zu fördern? Die Karte ermutigt uns dazu, die Früchte der eigenen Arbeit anzuerkennen. Gleichzeitig gilt es, für eine erfolgreiche Entwicklung den Blick auf künftige Ziele und Herausforderungen zu richten.

Es ist Zeit, eine Pause zu machen, die gegenwärtige Lage zu studieren und über mögliche Verbesserungen nachzudenken.

8 der Münzen

Die ***8 der Münzen*** stellt uns ein Bild vor, das sich um die Kraft der Hingabe, Fleiß und handwerkliches Geschick dreht. Ein Handwerker sitzt auf einer stabilen Holzbank unter freiem Himmel. Vor ihm liegt ein Amboss mit einer einzelnen Münze, die er mit Stichel und Hammer bearbeitet.

Der Handwerker zeigt Geduld, Konzentration und Ausdauer. Seine Arbeit ist akribisch und erfordert seine volle Aufmerksamkeit. Der Prozess des Hämmerns auf die Münze steht für das kontinuierliche Bemühen, eine Form zu schaffen und sie zu verfeinern. Die Perfektionierung einer Fähigkeit oder eines Projekts erfordert Zeit und Hingabe.

Die leuchtend rote Hose steht für Energie, Leidenschaft und Entschlossenheit. Sie zeigt uns, dass der Handwerker mit Leidenschaft bei seiner Arbeit ist. Er investiert seine ganze Energie in das, was er tut. Das türkisfarbene Hemd signalisiert Kommunikation, Klarheit und kreativen Ausdruck. Erfrischendes Türkis kann Intuition und Kreativität fördern. In diesem Kontext sagt es uns, dass der Mann eine klare Vision für sein Handwerk hat. Die schwarze Schürze ist ein Symbol für Ernsthaftigkeit, Konzentration und Professionalität.

Solide Grundlage für langfristigen Erfolg

Die Werkbank macht einen soliden Eindruck. Sie gibt der Arbeit des Handwerkers Stabilität und Festigkeit. Seine Arbeit verrichtet er auf einem starken Fundament. Die sechs Münzen am Baumstamm vor ihm drücken Fülle und Wohlstand aus, die aus seiner konzentrierten und engagierten Arbeit entstehen.

Der große Baumstamm auf der rechten Seite verkündet Stärke, Kontinuität und Wachstum. Er dient als Metapher für die Grundlagen, auf denen der Handwerker seine Arbeit aufbaut. Ein Baum wurzelt tief in der Erde, um Wasser und Nährstoffe für seine Äste und Blätter zu erhalten. Er zeigt uns, dass wir für Erfolg eine starke Basis brauchen.

Der Baumstamm weist aber auch auf kontinuierliches Wachstum und Entwicklung hin. Ein Baum wächst langsam, aber stetig. So können auch unsere Fähigkeiten und Talente wachsen, wenn wir uns kontinuierlich verbessern.

Wahre Meisterschaft und Erfolg sind das Ergebnis von beharrlicher Anstrengung und ständiger Verbesserung.

Die Stadtmauer und der Turm im Hintergrund weisen auf die Belohnungen hin, die aus der Beherrschung eines Handwerks oder einer Fähigkeit erwachsen. Sie stehen für den Erfolg und die Anerkennung, die der Mann in seiner Gemeinschaft gewonnen hat.

Die Münzen selbst stehen für materiellen Wohlstand und die praktische Seite des Lebens. In dieser Karte symbolisieren sie die Ergebnisse der harten Arbeit, die der Handwerker geleistet hat. Die Münze auf dem Amboss kann auch auf den Prozess der Weiterentwicklung und Verfeinerung hinweisen, den der Handwerker durchläuft.

Nach dem langsamen Wachstum der 7 der Münzen strahlt die 8 die Energie der Vertiefung und Hingabe aus. Sie ermutigt uns, unsere Talente zu verfeinern, um langfristige Erfolge zu erzielen. Wahre Meisterschaft braucht Zeit, Geduld und konzentrierte Anstrengung. Doch diese Bemühungen bringen eine reiche Ernte, sowohl auf materieller als auch auf spiritueller Ebene.

Es ist Zeit, sorgfältig an einem Projekt oder einer Fähigkeit zu arbeiten, um langfristig Erfolge zu feiern.

9 der Münzen

Die ***9 der Münzen*** führt uns eine Szene von Eleganz, Unabhängigkeit und Genuss vor Augen. Sie vermittelt eine Botschaft von Selbstständigkeit, Selbstvertrauen und Ernte. Die elegant gekleidete Frau im Zentrum der Karte wird von einer Aura von Anmut und Selbstgewissheit umgeben. Vor üppigen Rebstöcken hält sie einen Falken.

Das lange, wallende Gewand der Frau verkündet Freiheit und Fließen, während ihre kunstvolle Haube ein Zeichen von Stolz und Raffinesse ist. Die Blumen auf ihrem Gewand repräsentieren Schönheit, Wachstum und Natur. Sie stehen auch für den Reichtum und die Fülle, die sie durch ihre eigenen Anstrengungen erreicht hat.

Die Dame genießt die Früchte ihrer Arbeit, symbolisiert durch die Blumen und die prallen Trauben an den Rebstöcken. Die Rebstöcke hinter der Frau sind übervoll mit reifen Trauben beladen. Sie zeigen den Reichtum und die Fülle.

Dank harter Arbeit steht die Frau vor einer reichen Ernte. Die Münzen scheinen vor den Rebstöcken zu schweben. Das weist darauf hin, dass die Frau sich der Früchte ihrer Anstrengungen bewusst ist und die Belohnungen ihrer Arbeit in vollen Zügen genießt.

Stabilität, Unabhängigkeit und Lebensfreude

Sie berührt nur eine der Münzen. Das zeigt uns, dass sie sich auf das Wesentliche konzentrieren kann. Es ist auch ein Zeichen für ihre Selbstzufriedenheit und ihre finanzielle Stabilität und Unabhängigkeit. Sie hat alles erreicht, was sie braucht. Diese eine Münze kann auch als Metapher für Genügsamkeit dienen. Wahres Glück liegt nicht in materiellem Reichtum, sondern in der Fähigkeit, die einfachen Freuden des Lebens zu schätzen und sich mit dem zufrieden zu geben, was man hat.

Auf der Hand der Frau sitzt ein Falke. Er trägt die typische Falkenhaube über den Augen, die ihn ruhigstellt. Der Falke war einst ein Zeichen für Könige und Adlige. Er betont die Kontrolle und Souveränität der Dame über ihre Umgebung. Sie trägt den Handschuh der Falkner, der sie vor Verletzungen durch die scharfen Krallen des Raubvogels bewahrt. Der Falke zeigt uns die Beziehung zwischen Mensch und Tier. Gezähmte Falken können ihren animalischen Instinkten auf Befehl folgen.

Die beiden Bäume im Hintergrund repräsentieren die Stabilität und das Wachstum, das sie in ihrem Leben erreicht hat. Die Hügel im Hintergrund zeigen vergangene Herausforderungen. Sie hat sie überwunden, um ihre unabhängige Position zu erreichen.

Nach der konzentrierten Anstrengung der 8 der Münzen strahlt die 9 eine Atmosphäre der Zufriedenheit und Erfüllung aus. Erfolg und Wohlstand sind jetzt der Lohn der Bemühungen. Die 9 der Münzen lädt Dich ein, die Früchte der Arbeit zu schätzen, die Selbstständigkeit zu feiern und das Leben in vollen Zügen zu genießen.

Es ist Zeit, Dein Leben zu genießen und Deine Selbstverwirklichung zu feiern.

10 der Münzen

Die ***10 der Münzen*** bringt uns in eine Situation von Wohlstand, Fülle und Harmonie. Der Torbogen mit dem noblen Wappen ist der Eingang zu einer wohlhabenden Gemeinschaft, ein Eintrittstor zu einer besseren Welt. Eine Familie mit Großvater, Eltern, Kind und Hunden in festlichen Gewändern lebt offensichtlich hier.

Harte Arbeit und kluge Entscheidungen haben zu diesem Bild geführt. Das Wappen repräsentiert die stolze Geschichte und das Ansehen der Familie, die in dieser Karte porträtiert wird. Sie ist ein Spiegelbild des materiellen Erfolgs und der Sicherheit, die durch harte Arbeit, Weisheit und Generationen von Bemühungen erreicht werden können.

Der alte Mann mit weißem Haar und Bart verkörpert die Weisheit, die im Laufe der Zeit gewonnen wurde. Er trägt einen prächtigen Umhang mit kräftigen Farben. Dieser unterstreicht seinen Status als Familienoberhaupt, zeigt aber auch seine Verbindung zur materiellen Welt. Wir können in ihm auch den gereiften Magier sehen, der sein Leben gemeistert hat.

Die beiden Windhunde an seiner Seite stehen für Loyalität, Schutz und Treue. Sie sind auch ein Hinweis auf finanzielle Sicherheit, da Hunde oft als Wächter und Beschützer angesehen werden. Der Blick des alten Mannes hin zu der Frau und dem Kind zeigt seine Rolle als erfahrener Kämpfer und Stratege für das Wohl seiner Familie.

Das Paar geht in entgegengesetzte Richtungen. Das signalisiert Dualität und Balance. Sie stehen für Erfahrungen, die Generationen übergreifen. Dank Epigenetik wissen wir heute, dass Erinnerungen unserer Blutsverwandten vererbt werden können. Die Frau mit dem Kind signalisiert den Fluss des Lebens, die Kontinuität und die Übertragung von Wohlstand und Weisheit von einer Generation zur nächsten.

Mann und Frau sehen sich nicht in die Augen. Offensichtlich müssen sie sich nicht mehr auf materielle Dinge konzentrieren, denn die Familie verfügt über eine solide Basis. Der Mangel an Blickkontakt könnte Gelassenheit und Sicherheit in Bezug auf ihre materielle Situation symbolisieren.

Die festliche Kleidung der Personen lässt vermuten, dass sie einen Meilenstein feiern.

Sie demonstriert auch den sozialen Status und den Wohlstand. Sie können es sich leisten, das Leben bei festlichen Zusammenkünften zu genießen.

Alle Personen sind für ein Fest gekleidet, aber die Personen interagieren nicht miteinander. Das deutet auf die individuelle Erfahrung hin. Selbst in einer Familie oder Gemeinschaft brauchen wir Freiheit, obwohl der Wohlstand geteilt wird. Gleichzeitig kann dies auf eine Distanz hinweisen, die durch den erworbenen Wohlstand und sozialen Erfolg entstanden ist.

Im Hintergrund sehen wir einen hohen Turm und ein großes, rotes Dach. Das weist auf ein großes Herrenhaus, vielleicht sogar auf ein Schloss hin. Der hoch aufstrebende Turm könnte eine Metapher für den sozialen Status und den Erfolg sein, den die Familie erreicht hat.

Nach der individuellen Lebensfreude der 9 der Münzen zeigt uns die 10 Wohlstand und Harmonie in der Gemeinschaft. Weisheit und harte Arbeit über Generationen führen zu einem erfüllten und stabilen Leben, in dem materielle und familiäre Werte miteinander in Einklang stehen. Die Karte erinnert uns aber auch daran, eine Balance zwischen materiellem Erfolg und zwischenmenschlichen Beziehungen zu finden.

Es ist Zeit, die Fülle des Lebens dankbar mit Familie und Freunden zu feiern.

Die Hofkarten der kleinen Arkana

Die Hofkarten präsentieren uns einen Spiegel mit verschiedenen Charaktermerkmalen und Qualitäten. Entweder verkörpern Menschen in unserer Umgebung diese Facetten oder wir bringen sie selbst zum Ausdruck. Sie erinnern uns daran, dass wir alle verschiedene Rollen spielen können und dürfen. Je nach Lebenssituation können wir uns verschieden ausdrücken. Wir sind nicht an eine persönliche Identität gebunden. Wenn wir uns selbst in eine Schublade zwängen, begrenzen wir unsere Freiheit.

Wir können in jeder Sekunde bestimmen, wie wir uns verhalten wollen. Wir müssen uns nicht selbst vorsagen, was wir können und was nicht. Die Hofkarten teilen uns mit, welche Qualitäten wir in einer bestimmten Lebensphase benötigen.

Wenn wir auf ihren Rat hören, können wir unsere Beziehungen vertiefen, unsere eigenen Potenziale erkennen und eine umfassendere Sicht auf uns selbst und andere gewinnen.

König der Kelche

Der ***König der Kelche*** herrscht über das Meer der Emotionen. Er thront majestätisch auf einem quadratischen Untergrund, den hohe Wellen umtosen. Er erscheint in königlicher Pracht, gekleidet in ein blaues Gewand und einen gelben Umhang.

Der Thron erinnert an eine Insel der Stabilität inmitten der unberechenbaren Tiefen der Gefühle. In seiner rechten Hand hält der König einen Kelch, das Symbol der Gefühle und Intuition. Bei diesem Kelch handelt es sich nicht um ein einfaches Gefäß. Er erinnert an den Kelch der katholischen Liturgie, ein Symbol für den Heiligen Gral. Er verleiht dem König die Macht, intensive Emotionen zu verstehen und zu lenken. Seine linke Hand umfasst ein Zepter, ein Zeichen seiner Führungskraft in der Welt der Gefühle. Er kann die hohen Wogen lenken, ohne von ihnen überwältigt zu werden.

Die Krone auf seinem Haupt ist reich verziert und mit Ohrenklappen versehen, die sowohl Schutz als auch Empfänglichkeit symbolisieren. Er hört nicht nur die äußeren Stimmen, sondern auch die leisen Rufe seines Herzens im Inneren. An seiner Halskette hängt ein Fisch, ein Symbol der Tiefe und der verborgenen Aspekte des Unterbewusstseins. Der Fisch zeigt uns die Fähigkeit des Königs, in die stärksten Tiefen der Seele abzutauchen, um Wahrheiten und Einsichten zu finden.

Gefühle verstehen und gelassen bleiben

Das blaue Gewand des Königs der Kelche symbolisiert Ruhe, Tiefe und Weisheit. Es zeigt auch seine Fähigkeit, inmitten der manchmal stürmischen See der Emotionen ruhig und gefasst zu bleiben. Der leuchtend gelbe Umhang mit roten Details repräsentiert Licht, Freude und Vitalität.

Gelb ist eine Farbe, die mit Optimismus, Kreativität und positiver Energie in Verbindung gebracht wird. Der König kann die emotionalen Tiefen der Schattenseite erhellen und Freude sowie Wohlbefinden in Gefühlen verankern.

Die Farben drücken die Essenz seiner Rolle als Herrscher über die emotionale Welt aus: Er ist einfühlsam, weise und gelassen. Er kann seine Gefühle kontrollieren, weil er sie versteht und akzeptiert.

Im Hintergrund sehen wir einen Fisch, der aus dem Wasser springt. Gefühle können uns überraschen und zu spontanen Einsichten führen. Der König der Kelche hört auf diese Signale der Seele und richtet sich nach ihnen. Die Fregatte mit ihren Segeln spiegelt seine Fähigkeit wider, auf den Wellen der Gefühle zu navigieren und die gewünschte Richtung einzuschlagen.

Der König der Kelche herrscht uneingeschränkt über seine eigenen Emotionen. Er ist einfühlsam und fähig zu Empathie, aber nicht übermäßig sentimental. Seine Macht stammt von seiner Fähigkeit, seine Gefühle zu verstehen und zu lenken. Das erlaubt ihm, die Emotionen seiner Mitmenschen zu erkennen und zu respektieren. Er lädt uns ein, unsere eigenen emotionalen Fähigkeiten zu erkunden und unsere Intuition zu nutzen.

Wie kannst Du die Verantwortung für Deine Gefühle übernehmen und sie lenken, ohne sie zu unterdrücken?

Königin der Kelche

Die ***Königin der Kelche*** versteht die Tiefe von Emotionen. Sie hält Hof auf einem prächtig geschmückten Thron am Ufer eines ruhigen Gewässers. Ihr fließendes Gewand, ihre Krone und der prächtige Kelch verdeutlichen ihre königliche Würde.

Diese Königin herrscht über das Reich der Gefühle, das wir mit ihrer Führung erkunden können. In ihrer Hand hält die Königin einen prächtig verzierten, sechseckigen Kelch, den zwei kleine Cherubim-Figuren mit großen Flügeln schmücken.

Der Kelch selbst steht für die spirituelle Dimension der Gefühle. Die Cherubim – geflügelte Mischwesen - sind Engel, die als Beschützer und Boten Gottes gelten. Sie betonen die spirituelle Reinheit und die göttliche Verbindung der Königin. Sie blickt ernst und würdevoll auf ihren Kelch.

Muschel und Engel: Erneuerung durch Gefühle

Der Thron der Königin zeigt viele Dekorationen mit symbolträchtigem Gehalt.

Die Rückenlehne wird durch eine Muschel geziert, ein typisches Ornament der Renaissance. Das halbrunde Muschelmotiv entwickelte sich aus den Rosetten, die im Mittelalter gotische Kathedralen schmückten. Zwei zierliche Putten flankieren die Muschel.

Das Muschelmotiv steht für Fruchtbarkeit, Wiedergeburt und Erneuerung. Die Muschel war eng mit der Göttin Venus (auch bekannt als Aphrodite) verbunden, die aus dem Meeresschaum geboren wurde und als Symbol der Liebe und Schönheit gilt. Zu sehen ist dies etwa auf dem berühmten Bild ***„Die Geburt der Venus"*** von Sandro Botticelli.

Insgesamt fünf Engel umgeben die Königin der Kelche. Sie sind Vermittler zwischen göttlichen und menschlichen Dimensionen. Auf dieser Karte symbolisieren sie Schutz, Führung und spirituelle Erkenntnis. Die Königin macht uns empfänglich für spirituelle Einsicht und Führung durch unsere Gefühle.

Obwohl ***Fließen*** der Natur des Wassers und der Gefühle entspricht, hat ihr Reich nichts Vergängliches. Der Kelch zeigt uns, wie komplex die formlose Welt der Gefühle ist. Wer seine Emotionen ernsthaft erkundet, findet die Unterstützung der Königin. Dabei handelt es sich um eine Aufgabe, die nur mit Zeit und Geduld zu bewältigen ist.

Die goldene, eckige Krone der Königin ist kunstvoll gestaltet – wie es sich für eine königliche Hoheit gehört. Diese Krone zeigt die Verbindung zwischen Geist und Emotionen. Über diese Domäne wacht die Königin. Das eckige Design weist auf ihre Fähigkeit hin, die Welt sowohl aus emotionaler Tiefe als auch aus einer klaren geistigen Perspektive wahrzunehmen.

Ihr fließendes, wasserblaues Gewand weist ebenfalls auf das Element Wasser hin. Die Farbe unterstreicht ihre Fähigkeit, auf intuitive Weise in die emotionale Welt hineinfließen und daraus Weisheit zu schöpfen.

Die Kulisse zeigt eine mit grünem Gras bewachsene Klippe, die sich steil über den stillen Wassern erhebt. Diese Landschaft veranschaulicht die Verbindung der Königin zur Natur und zu den Elementen. Die grüne Farbe symbolisiert Wachstum, Harmonie und Heilung und betont ihre Fähigkeit, sich in Einklang mit den natürlichen Rhythmen und Zyklen zu bewegen.

Nach der disziplinierten Kontrolle der Gefühle beim König der Kelche tauchen wir bei der Königin tief hinein in die Welt der Emotionen. Sie verkörpert die Qualitäten der Intuition, Empathie und spirituellen Weisheit. Sie ermutigt uns, uns mit unserer inneren Welt zu verbinden. Die Motive unserer Emotionen können uns spirituelle Einsichten vermitteln, die sich nicht in Worte kleiden lassen.

Wie kannst Du Deine Gefühle zulassen, verstehen und akzeptieren und Dich von ihnen leiten lassen?

Ritter der Kelche

Der ***Ritter der Kelche*** versteht die Gefühle als eine Gabe, die Ressourcen erschließen kann. Er reitet auf einem mächtigen Schimmel, der kraftvoll voranschreitet. Seine Erscheinung umgibt eine mystische Aura, die aus seinem inneren Wesen hervorscheint.

Das elegante Schreiten des weißen Pferdes signalisiert besonnene Aktion. Der Ritter agiert in Harmonie mit sich selbst und seiner Umgebung. Sein Schimmel symbolisiert nicht nur physische Kraft, sondern auch eine spirituelle Reise. Die Schritte des Pferdes könnten wir als metaphorische Schritte auf einem spirituellen Pfad betrachten.

Der Kelch in seiner rechten Hand repräsentiert das intuitive Verständnis unbewusster Emotionen. Der Ritter hält den Kelch wie ein wertvolles Geschenk. Er betrachtet seine Verbindung mit dem Kelch offensichtlich als wertvolle Ressource. Er erinnert an den Heiligen Gral. Dieser legendäre Gegenstand wird oft mit den Rittern der Tafelrunde in Verbindung gebracht. Die Geschichte des Heiligen Grals hat im Laufe der Zeit viele Interpretationen erfahren. Im Allgemeinen wird er als ein Gefäß oder eine Schale beschrieben, die Jesus Christus beim letzten Abendmahl benutzt haben soll. Später diente er als ein Symbol für göttliche Gnade, Erleuchtung und spirituelle Suche.

Gefühle als Mittel der Kommunikation zwischen den Dimensionen

Der Ritter der Kelche weist auf die spirituelle Suche der Ritter der Tafelrunde hin. Sie wollten den Heiligen Gral finden, um Erlösung, Macht und ewiges Leben zu erhalten.

Beim Tarot deutet der Kelch jedoch auf die spirituelle Erkenntnis hin, die wir durch Gefühle erlangen können. So wie die Ritter der Tafelrunde, muss der Ritter auf seiner Reise emotionale und spirituelle Hindernisse überwinden. Diese Selbstentdeckung bringt ihn mit höheren spirituellen Ebenen in Kontakt.

Die Rüstung des Ritters mit Flügeln an Stiefeln und Helm erinnert an Hermes oder Merkur. Diese Götterboten der griechischen und römischen Mythologie reisten zwischen den Welten der Götter und der Menschen. Die Flügel weisen auf die Fähigkeit des Ritters hin, zwischen verschiedenen Ebenen der Realität zu reisen.

Der prächtige Umhang mit dem Muster aus roten Fischen und Wellen unterstreicht die Verbindung des Ritters zur emotionalen und intuitiven Sphäre. Die Fische symbolisieren die Tiefen des Unbewussten und die reichen Schätze der Gefühle. Die Wellen weisen auf intensive Gefühle hin, die er auf seiner Reise navigieren muss.

Er reitet durch eine karge Landschaft. Sie spiegelt möglicherweise seine innere Welt wider, die spirituelle Reflexion und innere Suche prägen. Der Fluss erinnert uns an das Fließen der Emotionen. Der Ritter durchquert sie mit Entschlossenheit und Anmut.

Nach dem tiefen Eintauchen in die Gefühle bei der Königin der Kelche ermutigt uns der Ritter, unsere Emotionen als Mittel der Kommunikation zu betrachten. Seine Reise auf dem Schimmel zeigt, dass unsere Gefühle intuitive Fähigkeiten erwecken können.

Wie kannst Du Deine Gefühle erkunden und sie als Mittel für Kommunikation mit höheren Dimensionen verwenden?

Page der Kelche

Der ***Page der Kelche*** verkörpert Einfühlsamkeit, die kreative Schaffenskraft erschließen kann. Ein junger Edelmann hält einen goldenen Kelch in seiner rechten Hand, aus dem ein blauer Fisch herausschaut. Ihn umgibt die spielerische Atmosphäre jugendlichen Elans. Der Page hält den goldenen Kelch fast wie ein Spielzeug. Er kann auf spielerische Art und Weise in die Welt der Gefühle eintauchen, ohne sich davon allzu stark beeindrucken zu lassen.

Den blau schimmernden Fisch, der aus dem Kelch hervorlugt, können wir als Symbol für die oft verborgenen Emotionen sehen. Sie warten in unserem Inneren auf ihre Entdeckung, um ihre intuitiven Einsichten zu enthüllen.

Die Verbindung zwischen dem Kelch und dem Fisch verdeutlicht die enge Beziehung zwischen Gefühlen und Wissen über die Gesetze des Universums.

Der Page steht auf einem absolut ebenen Boden. Das signalisiert Stabilität und Bodenhaftung. Die niedrigen Wellen im Hintergrund deuten darauf hin, dass er sich nicht allzu tief auf intensive Gefühle einlässt. Er bleibt lieber an der Oberfläche, wo er Emotionen auf spielerische Weise begegnen kann. Dennoch ist er mit Wasserenergie verbunden und damit mit allen Gefühlen.

Sich spielerisch und angstfrei auf die Welt der Gefühle einlassen

Die Kleidung des Pagen zeigt seinen jugendlichen Status und seine Verbindung zur Kreativität. Die blaue Kappe mit dem wellenförmigen Schal unterstreicht seine Affinität zum Wasser, zur Welt der Emotionen und zur Intuition. Das Lilienmuster auf seinem Gewand können wir als Zeichen der Reinheit und spirituellen Entwicklung sehen. Das rot-weiße Muster des Untergewands und der Hosen deutet auf die Vielfalt seiner Erfahrungen und Emotionen hin.

Seine tänzerische Haltung spiegelt die Leichtigkeit, die Unbeschwertheit und die spielerische Natur der Jugend wider. Doch dieser Tanz geht über die reine Freude am Bewegen hinaus – er symbolisiert auch die subtile Balance zwischen den verschiedenen Aspekten des Lebens und der Spiritualität, die der Page erforscht.

Das Tänzeln unterstreicht seine Offenheit für neue Erfahrungen und seinen Wunsch, die Welt zu erkunden. Jugendliche sind oft unvoreingenommener und neugieriger als Erwachsene und haben die Fähigkeit, sich leichter von den Strömungen des Lebens mitreißen zu lassen. Der Page ist bereit, sich ohne Sorgen oder Ängste auf die Reise in die Welt der Gefühle einzulassen.

Gleichzeitig können wir den Tanz auch metaphorisch verstehen. Er repräsentiert die Fähigkeit, mit den emotionalen Wellen des Lebens mitzugehen. Ein Tänzer bewegt sich harmonisch zur Musik, während der Page in den Veränderungen der Emotionen und der Lebendigkeit des Moments Erfüllung findet.

Das Tanzen können wir auch als Ausdruck seiner kreativen und intuitiven Natur betrachten. Kreativität und Intuition sind fließende Prozesse, die sich organisch entfalten.

Durch Zwang oder Druck wird sie nicht gefördert. Der tänzelnde Page verbindet sich mit seiner inneren Kreativität und Intuition, während er sich von der Energie des Lebens tragen lässt.

Nach der ernsten Suche des Ritters der Kelche zeigt uns der Page die Freude am Leben, die Bereitschaft, Neues zu entdecken, und die Fähigkeit, sich den emotionalen Strömungen hinzugeben. Sein Tanz symbolisiert Loslassen, Vertrauen und spielerisches Eintauchen in die tiefen Gewässer der Emotionen und Intuition.

Wie können wir spielerisch mit unseren Gefühlen umgehen und so unsere Kreativität und Intuition fördern?

König der Schwerter

Der ***König der Schwerter*** zeigt Entschlossenheit, Klarheit und analytisches Denken. Er hält ein Schwert, das schräg nach oben zeigt – eine Geste der Dominanz und Führung. Sein hoher Thron demonstriert seine aufrechte Haltung und die Fähigkeit, durchdacht zu handeln. Der Blick des Königs ist fokussiert, sein Gesichtsausdruck ernst und entschlossen. All dies verleiht ihm eine Aura der Autorität und Macht.

Das hellblaue Gewand unterstreicht seine geistige Klarheit, die ihm Ruhe verleiht. Die roten Ärmel symbolisieren seine Leidenschaft und Entschlossenheit, während der graue Umhang mit rotem Futter auf die Verbindung zwischen rationaler Analyse und emotionaler Tiefe hinweist.

Die Verzierungen auf der hohen Rückenlehne seines Throns verraten uns viel über die Bedeutung dieser Karte. Die Schmetterlinge stehen für Veränderung und Transformation. Der Fachausdruck dafür heißt Metamorphose. Dabei handelt es sich um eine komplette Wiedergeburt. Die hässliche Raupe verpuppt sich und verwandelt sich in einen wunderschönen Schmetterling.

Klar denken und kluge Entscheidungen treffen

Das betont die Fähigkeit des Königs, sich an wandelnde Umstände anzupassen. Er kann schnell kluge Entscheidungen treffen, wenn es die Situation erfordert. Das nackte Paar auf der Rückenlehne weist auf den Stellenwert seiner inneren Wahrheit und Authentizität hin. Der König handelt immer aufrichtig und bleibt sich selbst treu.

Er überblickt eine grüne Landschaft mit Bäumen. Das signalisiert Wachstum, Fülle und Harmonie, wenn wir auf der Grundlage klaren Denken handeln. Darüber hinaus weist es auf die Fähigkeit hin, rationale Entscheidungsfindung mit natürlichen Gesetzen und Rhythmen zu vermählen. Der blaue Himmel steht für die Weite des Denkens und das Streben nach Wahrheit und Erkenntnis.

Das Element der Schwerter ist Luft, die alles durchdringt – diese ist nicht zu sehen, aber klar zu spüren. Ein Sturm kann ungeheure Kräfte entfesseln. Die Vögel am Himmel stehen für geistige Freiheit und Vision. Als Herrscher der Luft verkörpert der König der Schwerter die Welt des Geistes und der Ideen. Die Vögel können auch auf die Fähigkeit hinweisen, unterschiedliche Perspektiven zu berücksichtigen und die Dinge aus verschiedenen Blickwinkeln zu sehen.

Die parallele Flugbahn der Vögel deutet auf die ausgewogene Urteilsfähigkeit des Königs hin. Er betrachtet Situationen objektiv und rational, ohne sich von starken Emotionen oder persönlichen Vorurteilen beeinflussen zu lassen. Er ist in der Lage, seine Gedanken selbst inmitten von Herausforderungen oder Konflikten ruhig und gleichmäßig zu lenken. Gleichzeitig kann er sie klar kommunizieren. Er kann komplexes Denken in verständlicher Weise ausdrücken und somit andere Menschen inspirieren und informieren.

Der König der Schwerter verkörpert als souveräner Anführer klares Denken. Er ist ein rationaler Entscheidungsträger mit Durchsetzungskraft und Entschlossenheit. Das bedeutet nicht, dass er selbstsüchtig handelt. Bei all seinen Überlegungen lässt er die Verbindung zwischen Kopf und Herz nie außer Acht. Er ermutigt uns, klare Entscheidungen zu treffen und dabei stets unsere Authentizität zu bewahren.

Wie kannst Du Deine Gedanken ordnen und Entscheidungen treffen, die Deinem innersten Wesen entsprechen?

Königin der Schwerter

Die ***Königin der Schwerter*** im Tarot strahlt eine Aura von Klarheit, Intellekt und Präzision aus. Ihre Darstellung im Profil unterstreicht ihre nachdenkliche und analytische Natur. Die geschwungenen Linien ihres Throns vermitteln ein Gefühl von weiblicher Erhabenheit und Würde. Sie herrscht mit intuitiver Umsicht über das Reich des Geistes und der Intelligenz.

Das senkrecht nach oben weisende Schwert in der rechten Hand der Königin zeigt ihre Macht. Ihr Verstand arbeitet glasklar. Sie kann komplexe Situationen auf einen einfachen Nenner bringen. Indem sie Unklarheiten beseitigt, kann sie zur Wahrheit vordringen. Ihre erhobene linke Hand können wir als Geste der Begrüßung verstehen. Dies unterstreicht ihre Fähigkeit zur Kommunikation und zum Austausch von Ideen. Sie ist eine Meisterin der Sprache und der intellektuellen Diskurse. Ihre Worte können präzise und durchdringend sein, wie das Schwert, das sie hält.

Das weiße Gewand der Königin der Schwerter repräsentiert die Reinheit des Geistes und die Klarheit der Absichten. Selbstsüchtiges Denken und Handeln liegt ihr fern. Als Herrscherin über ihr Reich liegt ihr das Wohl aller am Herzen. Der hellblaue Umhang mit dem Muster von Wolken verweist auf ihre geistige Beweglichkeit und ihre Fähigkeit, auf unterschiedlichen Ebenen zu denken. Die rote Fütterung des Umhangs symbolisiert ihre leidenschaftliche Entschlossenheit und Energie, die sie in ihre gedanklichen Analysen einbringt.

Harmonie zwischen Denken, Gefühlen und Idealen

Die Krone aus goldenen Schmetterlingen und der rote Schleier über ihrem Haar betonen ihre Vereinigung von Geist und Intuition. Schmetterlinge sind Symbole der Transformation und Metamorphose. Die Königin kann neue Ideen entwickeln und verwirklichen. Den roten Schleier können wir als Hinweis auf die Emotionen betrachten, die mit ihrem Denken und ihren Idealen harmonieren.

Die Verzierungen an der Seite des Throns zeigen inspirierende Kräfte, die sie lenken. Der Engel steht für spirituelle Führung, Schutz und Inspiration.

Seine Flügel verstärken das Gefühl der Erhabenheit und Transzendenz. Der Engelkopf weist darauf hin, dass die Königin der Schwerter von höheren Dimensionen geleitet wird. Sie schöpft ihre Weisheit nicht nur aus ihrem Intellekt, sondern auch aus Intuition und spiritueller Erkenntnis.

Die Schmetterlinge auf der Seite des Throns spiegeln den Weg der persönlichen Entwicklung und des geistigen Wachstums wider, den die Königin der Schwerter durchlaufen hat. Sie hat alte Überzeugungen und Denkmuster losgelassen und in neue, erhebende Gedanken verwandelt. Wie ein Schmetterling, kann sie mit ihren Gedanken verschiedene Ebenen der Wahrnehmung erreichen.

Die Bäume im Hintergrund repräsentieren Wachstum und Entwicklung. Eine dichte Wolkendecke hängt über dem Horizont. Das zeigt die geistige Tiefe der Königin und ihre Fähigkeit, die Oberfläche zu durchdringen und die tiefer liegenden Motive und Beweggründe zu verstehen.

Ein einziger Vogel fliegt am Himmel. Das zeigt uns den geistigen Höhenflug der Königin, der sie aus der Masse heraushebt. Ihr scharfer Intellekt ermöglicht ihr eine umfassende Perspektive. Sie kann allein die Weite des universalen Wissens erkunden.

Nach den klaren Gedanken und Entscheidungen des Königs der Schwerter bringt uns die Königin die Fähigkeit, scharfsinnig zu denken, ein tiefes Verständnis zu entwickeln und dies klar zu kommunizieren.

Wie kannst Du Dein Leben besser verstehen und Dich so Deinen Lieben besser mitteilen?

Ritter der Schwerter

Der ***Ritter der Schwerter*** im Tarot verkörpert intellektuelle Bewegung und Entschlossenheit. Der Ritter stürmt auf seinem weißen Schimmel voran, der zu fliegen scheint. Der Antrieb des Ritters ist so enorm wie seine Geschwindigkeit. Dieser mutige Krieger stürzt sich, ohne zu zögern, auf jede Herausforderung.

Den Schimmel können wir als Zeichen von Reinheit und Stärke sehen. Der Ritter verfolgt aufrichtige Absichten auf eine kraftvolle Weise. Er kann über den Tellerrand seines Egos hinaussehen und idealistische Ziele anvisieren.

Das erhobene Schwert in der rechten Hand des Ritters steht für seinen Willen, Hindernisse zu durchbrechen und jedes Problem wie einen gordischen Knoten zu durchschneiden. Er überwindet jedes Hindernis, das sich ihm in den Weg stellt. Das Schwert repräsentiert auch seine geistige Schärfe und intellektuelle Stärke. Er setzt sie ein, um seine Ziele mit allem Nachdruck zu verfolgen.

Die roten Federn am Helm der Rüstung zeigen Leidenschaft, Mut und Entschlossenheit. Sie bedeuten auch, dass der Ritter seine Anliegen mit voller Hingabe und Engagement verfolgt. Sein rotes Obergewand ist mit blauen Vögeln verziert. Die Kombination von Rot und Blau repräsentiert die Verschmelzung von Emotionen und rationalen Gedanken.

Logische Entscheidungen im Einklang mit Gefühlen

Obwohl der Ritter seine Vorhaben mit Nachdruck verfolgt, lässt er hierbei seine Gefühle nicht außer Acht. Die Vögel können Freiheit und den Wunsch nach Kommunikation mit höheren Bewusstseinsebenen symbolisieren. Sein roter Umhang flattert im Wind. Er repräsentiert den Schutz, den zielgerichtete Energie bietet. Der Ritter lässt sich von seinen Ideen beflügeln.

Der blaue Brustriemen des Schimmels ist mit gelben Schmetterlingen und roten Vögeln verziert. Jedes dieser Elemente betont die Charaktereigenschaften des Ritters. Das Blau zeigt die klaren Gedanken und den fokussierten Verstand des Ritters. Er analysiert rational und trifft kluge Entscheidungen, die auf logischen Gedankengängen beruhen.

Die gelben Schmetterlinge zeigen, dass der Ritter neue Ideen und Perspektiven begrüßt. Er entwickelt sich kontinuierlich weiter, um seine Ziele zu erreichen. Die roten Vögel signalisieren Handlungsbereitschaft. Der Ritter ist bereit, Risiken einzugehen und die notwendige Energie in seine Unternehmungen zu investieren.

Der stürmische Hintergrund mit zerzausten Wolken, Hügeln und Bäumen deutet auf eine bewegte Atmosphäre hin. Dies spiegelt den Elan und die Entschlossenheit des Ritters wider. Er stellt sich den Widrigkeiten des Lebens und lässt sich von Stürmen nicht von seiner Richtung abbringen. Die unter dem Wind gebogenen Äste der Bäume weisen auf die Fähigkeit des Ritters hin, sich flexibel an verschiedene Situationen anzupassen.

Nach dem tiefen Verständnis der Motive der Königin der Schwerter zeigt uns der Ritter die geistige Entschlossenheit, die uns zum Handeln veranlasst. Er prescht furchtlos durch die Stürme des Lebens, um seine gerechten Ziele zu verfolgen.
Wie kannst Du Dich inspirieren lassen und Deine Vorhaben mutig vorantreiben?

Page der Schwerter

Der ***Page der Schwerter*** führt uns jugendliche Energie, Neugierde und den Geist des Lernens vor Augen. Der Page hält ein Schwert mit beiden Händen, das in Richtung Himmel zeigt. Er strebt nach höherer Weisheit und schreitet mit Elan auf dem Pfad des Lernens und der Erkenntnis voran.
Das Schwert des Pagen weist auf seinen intellektuellen Geist und seine Analysefähigkeit hin. Er möchte neues Wissen erlangen und sich geistig entwickeln. Indem er das Schwert gen Himmel erhebt, drückt er diesen Wunsch aus. Aber er sieht das Schwert nicht an.
Stattdessen blickt er spielerisch über seine Schulter, in die entgegengesetzte Richtung. Das zeigt seine Offenheit gegenüber dem Unbekannten und seine Bereitschaft, Neues zu erforschen. Dieser junge Mann ist noch nicht von den Zwängen der Welt geknechtet. Er behält eine natürliche Neugierde und kindliche Entdeckungsfreude bei. Die flatternden Haare des Pagen im Wind verstärken die Bewegung, die Freiheit und die Dynamik dieser Karte.

Reise in unbekannte Gefilde mit offenem Geist starten

Seine roten Stiefel stehen für Energie, Mut und Tatendrang. Sie unterstreichen den Enthusiasmus, mit dem der Page neue Herausforderungen angeht. Das blassrote Obergewand weist auf den Beginn seiner Reise hin. Der jugendliche Page hat in seinem Leben noch nicht viel erlebt und hat sich deshalb eine gewisse kindliche Unschuld bewahrt.
Das Gelb in der Kleidung repräsentiert Intellekt und geistige Führung. Gemeinsam repräsentieren diese Farben den Geist der Jugend und des Lernens. Der Page kann es kaum erwarten, mit Ideen und Konzepten neue Welten zu erschließen.
Die Wolkenberge am Himmel deuten auf die verschiedenen Gedanken und Ideen hin, die in seinem Geist herumschwirren.

Die blauen Berge im Hintergrund symbolisieren die höheren Ziele und die Weisheit, die der Page in seiner Entwicklung erreichen möchte. Die Bäume weisen auf das Wachstum und die Entfaltung seiner intellektuellen Fähigkeiten hin.

Der Schwarm von Vögeln am Himmel könnte auf die Vielfalt der Möglichkeiten und die Fülle von Gedanken und Impulsen hinweisen, die der Page bei seiner Reise entdeckt – ähnlich wie Vögel in einem Schwarm verschiedene Flugbahnen einschlagen, aber am Ende doch ein gemeinsames Ziel verfolgen. Diese Vielfalt kann eine Quelle der Inspiration und des intellektuellen Wachstums sein.

Vögel sind bekannt für ihre Fähigkeit, große Höhen zu erreichen und neue Gebiete zu erkunden. Der Page ist offensichtlich bereit, sich auf unkonventionelle Wege des Denkens einzulassen. Es vertritt eine offene Haltung gegenüber unterschiedlichen Ansichten und Ideen. Er kann sich von traditionellen Denkmustern lösen und mutig neue Denkweisen erkunden.

Ein Schwarm von Vögeln kann auch auf die Bedeutung der Kommunikation und des Austauschs von Gedanken und Ideen hinweisen. Der Page der Schwerter agiert als Bote oder Kommunikator, der Informationen und Erkenntnisse teilt.

Nach der konzentrierten Aktion des Ritters der Schwerter ermutigt uns der Page, offen für neue Ideen und Perspektiven zu sein und den inneren Geist der Entdeckungsfreude zu bewahren. Er erinnert uns daran, dass Lernen und persönliche Entwicklung eine endlose Reise sind, die wir ebenso spielerisch wie ernsthaft angehen können.

Wie kannst Du intellektuell wachsen und neue Wissensgebiete erschließen?

König der Stäbe

Der ***König der Stäbe*** demonstriert die dynamische Kraft des Elements Feuer in seiner höchsten Ausdrucksform. Seine majestätische Haltung auf dem Thron strahlt Autorität und Führung aus. Seine Energie gleicht dem Feuer der Sonne, voller Leidenschaft und Tatendrang. Er ist der Inbegriff des Anführers und Pioniers, der mit Enthusiasmus vorangeht und andere durch sein Beispiel inspiriert.

Sein Blick nach links zeigt seine Offenheit für Neues und seine Bereitschaft, in unbekannte Gebiete vorzudringen. Sein feuerrotes Gewand, kombiniert mit einem gelben Umhang, verkündet die Intensität seines Willens, während die grüne Schulterpartie seine Verbindung zur Natur und seine kreative Energie betont.

Die rote Kappe auf seinem Kopf und die Krone mit Flammen unterstreichen seine königliche Macht und leidenschaftliche Energie. Mit Entschlossenheit und Führungsqualitäten setzt er die Dinge in Bewegung.

Für Transformation mutig durchs Feuer gehen

Die Salamander auf der hohen Lehne des Throns stehen für Transformation und Wiedergeburt. Seit der Antike galt der Salamander vor allem in der griechischen und römischen Mythologie als Fabelwesen, das unversehrt durch Feuer gehen konnte. Er steht für die Fähigkeit, Flammen zu überleben. Außerdem repräsentiert er Unsterblichkeit, ähnlich wie Phönix. Dieser Vogel verbrennt und ersteht aus seiner Asche wieder neu.

Die beiden Löwen auf der Lehne zeigen uns die Stärke und den Mut, kurzum die königliche Natur des Königs der Stäbe. Die Zahl Drei, vertreten durch die Salamander, wird oft als Zahl der kreativen Harmonie gesehen. Sie ist mit Schaffenskraft, Wachstum und Entfaltung verbunden. Die Zahl Drei kann auch die dreifache Einheit von Körper, Geist und Seele darstellen. Zudem weisen die drei Salamander auf verschiedene Stadien des Wegs in höhere Ebenen des Bewusstseins hin.

Die Zwei der Löwen stellt eine Verbindung zu Dualität, Gleichgewicht und Partnerschaft her. In diesem Kontext könnte die Zwei die Union von Gegensätzen im König der Stäbe signalisieren. Stärke und Mut der Löwen auf der physischen Ebene vereinen sich mit der Transformation der Salamander auf der spirituellen Ebene. Der König der Stäbe beherrscht die Kunst, die Dualität von Materie und Geist zu meistern und in eine kraftvolle Einheit zu integrieren.

Der König hält den Stab in seiner rechten Hand, ein Symbol seiner Macht und Führung. Seine linke Faust zeigt Entschlossenheit und Willensstärke.

Der Stab steht auf dem Erdboden vor dem Podest des Throns und verbindet den König mit der materiellen Welt. Das demonstriert seine Fähigkeit, Ideen in die Tat umzusetzen. Die grünen Blätter am Stab zeigen, dass Wachstum und Leben mit dieser Energie verbunden ist.

Der kleine Salamander im Vordergrund rechts könnte auf das Potenzial für Veränderungen und Wachstum in seiner Umgebung hinweisen. Der Einfluss des Königs der Stäbe beschränkt sich nicht auf seinen Thron, sondern dominiert sein ganzes Reich.

Der König der Stäbe erinnert uns an die kraftvolle Union von Leidenschaft, Führung und Transformation. Er ermutigt dazu, mutig voranzuschreiten und Herausforderungen anzunehmen. Mit unserer Leidenschaft und unserem Einsatz können wir Veränderungen und Fortschritte herbeiführen.

Wie kannst Du Dein inneres Feuer entfachen und Deine Visionen in die Realität umsetzen?

Königin der Stäbe

Die ***Königin der Stäbe*** wird von Energie und Selbstbewusstsein durchdrungen. Die Dame sitzt in königlicher Haltung auf ihrem Thron, eingehüllt von einer Aura an Selbstsicherheit und Leuchtkraft. Ihre sanfte und gleichzeitig machtvolle Energie inspiriert zu Kreativität und zieht Bewunderer an. Sie verkörpert das urweibliche Feuer, das starke Frauen ausstrahlen.

Ihr sonnengelbes Gewand verkündet Vitalität, Schaffenskraft und Lebensfreude. Die Farbe Gelb steht für Optimismus und Freude. In diesem Kontext repräsentiert sie die positive Energie der Königin der Stäbe. Ihre Kleidung verkündet ihre innere Kraft und Entschlossenheit zum Leuchten, die sie in die Welt bringt.

Der weiße Umhang mit der roten Brosche verrät einen Widerspruch zwischen Reinheit und Leidenschaft. Weiß symbolisiert Klarheit und Spiritualität, während Rot für sexuelle Energie und entschlossenes Handeln steht. Diesen Kontrast überwindet die Königin der Stäbe, indem sie ihre inneren Emotionen in positive Bahnen steuert. Ihre Krone mit grünen Juwelen in Form von Flammen unterstreicht ihre Verbindung zum Feuerelement und verdeutlicht ihre Führungskraft und Inspiration.

Balancierender Tanz zwischen Selbstvertrauen, Stärke, Intuition und Instinkt

Die beiden Fabelwesen auf der Lehne des Thrones, möglicherweise ein Löwe und ein Wolf, könnten die Balance zwischen Stärke und Intuition repräsentieren. Der Löwe steht für Stärke, Selbstvertrauen und Mut, während der Wolf oft mit Intuition, Instinkt und Sinnlichkeit in Verbindung gebracht wird. Der Tanz der Fabelwesen kann auf die harmonische Vereinigung dieser Eigenschaften in der Königin hinweisen.

Die drei Sonnenblumen auf der Lehne symbolisieren Wachstum, Vitalität und Optimismus. Die Sonnenblumen richten sich immer zur Sonne aus. Das verdeutlicht uns das Talent der Königin, sich konsequent positiver Energie und Lichtquellen zuzuwenden. Die Blumen können auch für ihre kreative und inspirierende Natur stehen, die wie die Sonne anderen Wesen Wärme und Lebensfreude verleiht.

Die drei Sonnenblumen entsprechen den drei Salamandern auf der Karte des Königs. Sonnenblumen und Salamander sind Symbole für transformierende Energie. Die Sonnenblumen streben nach Licht, Wachstum und Lebenskraft. Die Salamander dagegen erleben ständig eine Wiedergeburt, ein Wiederauferstehen ihrer Existenz.

Die beiden Fabelwesen der Königin sehen wir auf der Karte des Königs als Löwen. Löwen stehen für Stärke, Mut und Führung. Zudem zeigen sie die Dualität von äußerer und innerer Stärke. Die Fabelwesen der Königin stellen eine ähnliche Dualität dar, aber mit einem Schwerpunkt auf intuitiven und emotionalen Aspekten. Die weibliche Energie ist mit Intuition, Einfühlungsvermögen und Kreativität verbunden. Die Dualität besteht hier in instinktiver Energie und Selbstvertrauen, die eine Balance erfordern.

Auf den Seitenteilen des Throns sehen wir Raubkatzen. Sie verweisen auf die bewusste Steuerung ihrer wilden und leidenschaftlichen Instinkte. Die Katze kann ihre hohe Energie mühelos in konstruktiver Weise nutzen.

Die schwarze Katze mit dem roten Halsband vor dem Thron deutet das Unbewusste und die intuitive Seite der Königin an.

Schwarze Katzen werden oft mit Mysterium und Intuition assoziiert, während das rote Halsband ihre leidenschaftliche Natur betonen könnte.

Nach der autoritären Führung des Königs der Stäbe vereint die Königin Selbstbewusstsein, Lebensfreude und Inspiration. Ihre Energie ist ansteckend. Sie ermutigt dazu, unseren eigenen Leidenschaften zu folgen. Schaffenskraft kreativ auszuleben, stärkt unsere Lebenskraft.

Wie kannst Du in Dir das Feuer der Kreativität und des Selbstvertrauens entfachen?

Ritter der Stäbe

Der ***Ritter der Stäbe*** führt uns das dynamische Aufstreben der menschlichen Natur vor Augen. Der Reiter springt auf einem feurigen roten Fuchs, ein Symbol für Geschwindigkeit, Bewegung und Entschlossenheit. Er verfolgt seine Ziele mit Elan, Tatendrang und Abenteuerlust. Er rät uns, diese Qualitäten in uns zu nutzen.

Das gelbe Übergewand des Ritters ist reich verziert mit schwarzen Salamandern. Dieses Symbol erinnert an die Karte des Königs der Stäbe, wo die Salamander ebenfalls stark präsent sind. Der Legende nach, können Salamander Feuer überstehen. Sie signalisieren deshalb Unsterblichkeit. Dies könnte auf die Fähigkeit des Ritters hinweisen, aus stürmischen Begegnungen und Ereignissen gestärkt hervorzugehen.

Sieben Salamander weisen auf die Zahl des großen Trumpfes ***Wagen*** hin. Auf seiner Reise verbindet der Ritter inneres Wachstum mit dem Einsatz für seine Ziele. Die drei Blumen am grünen Zaumzeug des Pferdes ergänzen den Tatendrang des Ritters, die Energie der Drei, der Zahl der Herrscherin.

Durch Tatendrang und Leidenschaft zu innerem Gleichgewicht

Der Ritter kann seine inneren Leidenschaften und sein Handeln in Einklang bringen, wenn er spirituelles Gleichgewicht findet. Das Grün des Zaumzeugs und die grünen Blätter am Stab signalisieren Wachstum, Naturverbundenheit und einen erweiterten Aktionskreis. Der Ritter der Stäbe ist kein leichtsinniger Abenteurer, der sich ins Ungewisse stürzt.

Obwohl er nach außen Überschwang zeigt, ist er tief in seinem Innern ein Suchender, der nach Erleuchtung strebt. Er ermutigt uns, äußere Ziele zu verfolgen und unsere innere Welt zu erforschen. So können wir das Leben in seiner Fülle erfahren.

Die Federn auf dem Helm des Ritters erinnern an Flammen und zeigen seine enge Union mit der Energie des Feuers. Die Farben Gelb und Rot herrschen auf dieser Karte vor. Sie repräsentieren Kommunikation, Intellekt und Leidenschaft. Der Ritter hält einen Stab mit grünen Blättern in seiner rechten Hand, ein Symbol für Wachstum, Vitalität und Lebenskraft.

Das Pferd des Ritters beeindruckt mit seiner Sprungkraft. Diese Darstellung spiegelt den Mut und die Entschlossenheit des Ritters wider, sich den Herausforderungen seines Lebens zu stellen und diese zügig zu bewältigen.

Die Pyramiden im Hintergrund erinnern an die Pyramiden von Gizeh, welche zu den Weltwundern gehören. Sie zeigen die menschliche Fähigkeit, monumentale Werke zu erschaffen. Außerdem werden Pyramiden oft mit Erkenntnis, Wissen und spiritueller Entwicklung in Verbindung gebracht. Der Ritter der Stäbe strebt nicht nur nach äußerer Erfüllung, sondern auch nach innerem Wachstum und Weisheit.

Nach dem Selbstvertrauen und der Inspiration der Königin der Stäbe demonstriert der Ritter die Energie der schnellen Bewegung, die Leidenschaft des Herzens und starken Tatendrang.

Wie kannst Du die Kraft Deines Willens nutzen, um Dein Leben aktiv zu gestalten?

Page der Stäbe

Der ***Page der Stäbe*** strahlt jugendlichen Enthusiasmus und Entdeckungsfreude und Wissbegier aus. Der junge Mann im Profil blickt auf zu seinem Stab. Er scheint ihn als Wegweiser und Führer zu betrachten, der ihm den Weg in die Welt ebnet. Der Page ist bereit für alles, was auf ihn zukommen wird.

Er hebt den Blick, um seinen Stab zu betrachten. Das zeigt seine innere Ausrichtung auf eigene Ideen und Ziele. Der Stab hat die Flamme seiner Kreativität entzündet und ermuntert ihn nun, den Weg zu beginnen. Dieser Blick kann auch als Metapher für den inneren Antrieb des Pagen dienen.

Er weiß, dass sein Potenzial und seine Möglichkeiten unbegrenzt sind. Er ist bereit, die feurige Energie des Stabes als Werkzeug für seine persönliche Entwicklung zu nutzen.

Diesen Blick können wir auch als einen Ausdruck der Hoffnung sehen. Der Page freut sich auf die Abenteuer, die vor ihm liegen. Er wird entschlossen alle Chancen ergreifen, die sich ihm bieten werden. Das Universum und seine eigenen inneren Kräfte werden gemeinsam sein Vorhaben unterstützen. Der Page ist bereit, in Aktion zu treten. Er möchte neue Dinge entdecken und die Welt mit eigenen Augen sehen.

Wie eine Flamme für eigene Ideen brennen

Die Feder auf seinem Hut ähnelt einer roten Flamme. Sie verleiht seinen Gedanken den Fokus auf ein Ziel und Begeisterung für seine Pläne. Der Page kann wie eine Flamme für seine Ideen brennen. Die orangeroten Hosen und die grünen Stiefel des Pagen spiegeln die Farben des Feuers und der Natur wider.

Orange ist eine Mischung aus roter Feuer- und gelber Geistenergie. Diese Kombination von Handeln und Verstand verträgt sich gut mit dem Grün des Elements Erde. Staunen über die Wunder von Mutter Natur wird den Pagen auf seinem Weg vorantreiben. Er nutzt seine feurige Tatkraft, um seine Projekte praktisch in die Tat umzusetzen.

Die schwarzen Salamander auf seinem gelben Hemd erinnern an Transformation und Wachstum. Obwohl er in erster Linie auf Abenteuer aus ist, wird er sich in der aktiven Auseinandersetzung mit den Stürmen des Lebens auch spirituell weiterentwickeln.

Die spitzen Berge im Hintergrund erinnern an die Pyramiden des Ritters, sie sind jedoch natürlichen Ursprungs. Sie können auf die Höhen und Tiefen hinweisen, die der Page auf seiner Reise erleben wird. Grüne Blätter sprießen aus seinem Stab. Sie zeigen die Frische seiner Ideen und ihr enormes Potenzial für Wachstum.

Nach dem leidenschaftlichen Tatendrang des Ritters der Stäbe geht es beim Pagen um Abenteuerlust und Entdeckerfreude. Er fordert uns auf, die Welt zu entdecken.

Wie kannst Du Deine Kreativität dazu verwenden, neue Projekte zu entwickeln?

König der Münzen

Der ***König der Münzen*** präsentiert die solide Essenz des Elements Erde. Seine bedachte Haltung auf dem Thron verkündet Macht, die in sich ruht. Er verwaltet die materiellen Aspekte des Lebens hervorragend und schafft so Wohlstand. Er ist der Prototyp des Finanzmoguls, der kluge Entscheidungen für finanzielle Stabilität zum Wohle aller trifft.

Der König der Münzen sitzt mit Bedacht auf seinem Thron inmitten eines üppigen Gartens. Stierköpfe schmücken seinen Thron. Das Sternzeichen Stier gehört zum Element Erde. Das Sternzeichen steht für bodenständige Qualitäten wie Halt und Zuverlässigkeit. Stiere lieben Luxus und Genuss, aber sie denken praktisch und konkret. Ihr Temperament ist bedächtig. Wenn sie in Fahrt kommen, hält sie wenig auf. Materielle Dinge und finanzielle Stabilität sind wichtig, um ein Gefühl von Sicherheit zu erzeugen.

Reben von Weintrauben schmücken die Stierköpfe und das Gewand des Königs. Sie verbinden die Energie der Erde mit der Fülle von Fruchtbarkeit und Genuss. Der Reichtum von Mutter Natur kann uns viele sinnliche Freuden schenken. Der Blick des Königs ruht auf der Münze mit dem Pentagramm in seiner linken Hand. Das Pentagramm repräsentiert die Verbindung zwischen fünf Elementen. Neben den im Tarot vertretenen vier Elementen wird in vielen esoterischen Systemen Äther als fünftes Element genannt. Äther wird manchmal mit Raum übersetzt und entspricht in etwa dem Quantenfeld.

Emotionale Intelligenz und praktische Vernunft zugleich

Der König hält die Münze in seiner linken Hand und blickt sie fast mit Andacht an. Er schätzt die Münze mit dem Schutzsymbol, weil ihm die Verbindung zum Wohlstand der Erde Selbstsicherheit verleiht. Er kann seine Umgebung durch Umsicht und kluges Analysieren der vorhandenen Umstände kontrollieren, verwalten und so zu Wohlstand kommen. Die linke Hand wird oft mit dem Empfangen, dem Unbewussten und der intuitiven Seite in Verbindung gebracht. Er ist sich dieser inneren Ressourcen bewusst und achtet nicht nur auf rationale Faktoren, sondern auch auf die spirituelle Führung.

Das Zepter mit einer Scheibe in seiner rechten Hand unterstreicht seine Autorität über die materiellen Angelegenheiten. Der König der Münzen weiß, wie er seine Ressourcen lenken und nutzen kann, um ein Leben in Luxus zu führen. Die rechte Hand wird oft mit Handeln, Bewusstsein und der rationalen Seite in Verbindung gebracht. Der König handelt klug und strategisch, um seinen Wohlstand zu mehren.

Die Münze in der linken Hand und das Zepter in der rechten Hand verdeutlichen die Integration von Intuition und Handeln, von Materie und Geist. Der König der Münzen erkennt, dass sowohl emotionale Intelligenz als auch praktische Vernunft notwendig sind, um erfolgreich zu sein.

Seine Rüstung und sein wallendes Gewand mit dem Muster von roten Weintrauben spiegeln seinen Gefallen an prächtiger Kleidung wider. Das rote Halstuch und die rote Kappe betonen Leidenschaft und Energie. Rot symbolisiert Vitalität und Durchsetzungsvermögen – wichtige Eigenschaften, um in der materiellen Welt erfolgreich zu sein.

Der König sitzt in einem prachtvollen Garten, der Fruchtbarkeit und Wachstum signalisiert. Die Burgmauer umgibt den Garten. Das weist auf die Fähigkeit hin, seine materielle Welt zu schützen und zu verteidigen. Die Weinreben im Hintergrund repräsentieren nicht nur Reichtum, sondern auch Geduld und Pflege. Wir brauchen sie, um materielle Ressourcen zu kultivieren und zu vermehren.

Der König der Münzen zeigt uns die ruhige Beständigkeit eines souveränen Herrschers über die materielle Welt. Er teilt uns mit, dass wir mit Herz und Verstand die Verantwortung für unser Leben übernehmen und so zu wahrem Reichtum gelangen können.

Wie kannst Du Dich mit der Erde verbinden und Wohlstand, Stabilität und Erfolg manifestieren?

Königin der Münzen

Die ***Königin der Münzen*** verkündet materielle Fülle, natürliche Sinnlichkeit und Einklang mit der physischen Welt. Sie hütet ihren materiellen Wohlstand sorgfältig und verteilt ihn mit mütterlicher Fürsorge. So erschafft sie eine harmonische Union zwischen Mensch und Materie, zwischen Bewusstsein und Sinneserfahrungen.

Die Königin sitzt besonnen auf ihrem Thron. Ihr Gewand und ihre Umgebung wirken eher schlicht und zurückhaltend. Doch Putten und Früchte zieren den Thron, Symbole von Schutz, Überfluss und Reichtum. Sie hält die Münze in beiden Händen, fast wie ein kostbares Kind. Das zeigt nicht nur materielle Ressourcen, sondern auch ihren tiefen Respekt und ihre Wertschätzung für die Gaben der physischen Welt. Ihr Gesicht vermittelt den Eindruck, dass sie die Schönheit und den Wert der materiellen Güter auf meditative Weise erfasst.

Wir sehen die Königin schräg von vorne – ein Hinweis, dass es in der Materie und im Wohlstand mehr zu entdecken gibt, als auf den ersten Blick sichtbar ist. Wir müssen die Oberfläche durchdringen, um die verborgene Bedeutung von Reichtum und materiellen Gütern zu verstehen.

Materielle Bedürfnisse und Spiritualität harmonisch vereinen

Die Königin der Münzen ist fest in der realen Welt verwurzelt. Dennoch schätzt sie neben materiellen Ressourcen vor allem auch den inneren Reichtum. Die schräge Position betont auch die Balance zwischen materiellen Bedürfnissen und spirituellen Aspekten des Lebens. Die Königin integriert beide Aspekte auf harmonische Weise und mit sorgfältiger Aufmerksamkeit.

Auf der Armlehne ihres Throns ist der Kopf eines Steinbocks zu sehen. Dieser verbindet sie mit dem Element Erde und symbolisiert Stabilität, Ausdauer und praktisches Handeln. Das Sternzeichen Steinbock steht für Ausdauer und harte Arbeit. Damit lässt sich Wohlstand aufbauen und bewahren.

Steinböcke haben eine ruhige Ader, sind aber geborene Karrieremenschen. Zäh, beharrlich und geduldig klettern sie auf der Leiter nach oben.

Diese Menschen sind objektiv und gerecht, aber spontane Leichtlebigkeit ist ihnen manchmal fremd. Das typisch deutsche Pflichtbewusstsein und Akzeptieren von Regeln passt zu diesen Qualitäten.

Das schlichte rote Kleid verrät uns jedoch, dass die Königin durchaus etwas über die Leidenschaften des Lebens weiß. Aber ihre Motive sind rein und wie bei einer Mutter auf das Allgemeinwohl ausgerichtet. Ihr weißes Untergewand symbolisiert ihre Integrität in Bezug auf materielle Angelegenheiten. Die Krone auf ihrem Haupt ist ebenfalls schlicht gestaltet. Die ungewöhnlichen Flügel-Verzierungen in Rot spiegeln ihre geistige Verbindung zur Welt der Materie wider. Diese Krone betont ihre königliche Würde und ihre Fähigkeit, Wohlstand mit Weisheit und Würde zu verwalten.

Ein grüner Schleier bedeckt ihr Haar unter der Krone und fließt wie ein Umhang herab. Er steht für die starke Verbindung mit der Natur und den Rhythmen des Lebens. Sie ist nicht nur eine Hüterin des materiellen Wohlstands, sondern auch eine Hüterin der natürlichen Zyklen.

Der Boden unter dem Thron ist bare Erde, auf der Blumen blühen. Wohlstand und materielle Fülle sind eng mit der Erde und der Natur verbunden. Die blauen Berge im Hintergrund symbolisieren Stabilität und die Fähigkeit, auf festem Grund zu stehen. Die roten Rosen, die den oberen Bildrand umranken, stehen für Schönheit, Liebe und Leidenschaft. Sie unterstreichen die Verbindung zwischen Sinnlichkeit und materieller Welt in der Königin der Münzen. Sie ist weder reine Jungfrau noch ***„Heimchen am Herd"***.

Nach der Souveränität des Königs der Münzen repräsentiert die Königin eine liebevolle Verbindung zur Welt der materiellen Ressourcen. Ihre Weisheit, Empathie und innere Stärke machen sie zu einer weisen Matriarchin, die sich um das Wohlbefinden ihrer Familie und Gemeinschaft mit Fürsorglichkeit und Verständnis kümmert. Sie erinnert uns daran, dass wir materielle Güter mit Würde, Anstand und Achtsamkeit verwalten können.

Wie kannst Du Deine Ressourcen vermehren, indem Du respektvolle Beziehungen pflegst?

Ritter der Münzen

Der ***Ritter der Münzen*** demonstriert ruhiges Handeln auf der Basis unerschütterlicher Erdung. Er, beziehungsweise sein Rappe, steht mit beiden Beinen fest auf dem Erdboden. Bevor er sich gemächlich in Bewegung setzt, kontempliert er die Lage ausgiebig. Ist ein Entschluss gefasst, verfolgt er seine Ziele beharrlich und zäh.

Im Gegensatz zu den Vollblütern der anderen Ritter sitzt der Ritter der Münzen auf einem schwarzen Kaltblut. Diese Großpferde vereinen imposanten Körperbau mit liebenswertem Charakter. Sie sind umgänglich und sanftmütig und lassen sich kaum aus der Ruhe bringen. Als Helfer in der Landwirtschaft wurde ihre Stärke viele Jahrhunderte geschätzt.

Die Charaktereigenschaften des Pferdes treffen auch auf den Ritter zu. Er handelt niemals überstürzt, sondern mit Bedacht und Konzentration. Die Münze mit dem Pentagramm hält er in der rechten Hand des rationalen Handelns. Das Pentagramm weist darauf hin, dass er spirituelle Prinzipien und praktisches Handeln verbindet. Der Ritter hütet die Münze sorgfältig, denn sie zeigt seine Verbindung zwischen innerem Glauben und äußerem Wohlstand.

Beharrliches Voranschreiten nach Innehalten und Abwägen

Wir sehen den Ritter im Profil. Das können wir als Metapher für Besonnenheit verstehen. Es vermittelt den Eindruck, dass er innehält und abwägt, bevor er in Aktion tritt. Die Haltung des Ritters zeigt uns, dass wir mit Sorgfalt und Überlegung langfristige Stabilität und Erfolg erreichen können. Die seitliche Perspektive können wir auch als Ausdruck der Bewegung interpretieren. Obwohl der Ritter ruhig sitzt, gibt uns sein Blick nach vorne das Gefühl, dass er sich langsam in Bewegung setzt. Er bleibt ruhig und kontrolliert, während er beharrlich voranschreitet.

Seine silberne Rüstung strahlt Stärke und Schutz aus, während der rote Umhang und die Handschuhe seine Leidenschaft und Entschlossenheit betonen. Die grünen Eichenblätter auf seinem Kelch verweisen auf Wachstum und Stabilität. Der Ritter hat keine Absichten, kurzfristigen Gewinn zu erzielen. Er möchte langfristige Stabilität und nachhaltigen Erfolg erreichen.

Das rote Zaumzeug des Pferdes ist mit Sternen verziert. Das betont den Einfluss von Himmelskörpern und kosmischen Kräften, den der Ritter durchaus kennt. Seine Handlungen sind von einem tiefen Verständnis für die Zusammenhänge zwischen materieller Welt und spiritueller Ebene geprägt.

Die braune Decke unter dem Sattel und der grüne Rasen, auf dem das Pferd steht, betonen die Verbindung zur Natur und zur Erde. Der sanft geschwungene Horizont repräsentiert die Weite des Pfades, der vor dem Ritter der Münzen liegt. Die beiden Bäume im Hintergrund symbolisieren Wachstum und Stabilität und unterstreichen erneut den Fokus des Ritters auf langfristige Erfolge. Die fernen Berge stehen für Herausforderungen und Ziele, die noch vor ihm liegen. Der Ritter der Münzen wird diese Herausforderungen mit ruhiger Entschlossenheit angehen.

Nach der liebevollen Fülle der Königin der Münzen liegt beim Ritter der Fokus auf Nachhaltigkeit und Stabilität. Er ermuntert uns, materiellen Wohlstand beharrlich in unser Leben zu ziehen. Praktisches Handeln muss dabei im Einklang mit spirituellen Prinzipien und innerer Weisheit stehen.

Wie kannst Du Deine langfristigen Ziele verwirklichen und gleichzeitig das Leben genießen?

Page der Münzen

Der ***Page der Münzen*** entdeckt die Welt mit verhaltener Begeisterung – ähnlich wie ein neugieriges Kind, das sich aber nicht richtig traut und deshalb Vorsicht walten lässt. Sein andächtiger Blick auf die Münze drückt seine tiefe Wertschätzung für die materielle Welt und deren Potenzial aus. Er ist bereit für neue Erfahrungen und kontinuierliche Weiterentwicklung.

Der Page zeigt ein Bild der behutsamen Hingabe und des bewussten Fokus auf materielle Angelegenheiten. Er steht auf einer Wiese mit wenigen bunten Blumen. Das bedeutet Wachstum, Fruchtbarkeit und natürliche Fülle, die noch voll zum Tragen kommen werden. Die Münze mit dem Pentagramm hält der Page mit beiden Händen. Er respektiert die materiellen Ressourcen, die ihm zur Verfügung stehen. Die fröhliche Ausstrahlung des Pagen zeigt seine Unbekümmertheit und seine offene Haltung gegenüber den Möglichkeiten, die sich ihm in der physischen Welt bieten.

Sein freundliches Lächeln steht für die Freude, die er aus dem Umgang mit materiellen Dingen und praktischen Angelegenheiten schöpft. Gleichzeitig betrachtet er die Münze mit einem gewissen Staunen, als würde er die Schönheit und den Wert der materiellen Welt erst jetzt entdecken.

Aktives Auseinandersetzen mit materiellen Angelegenheiten

Der rote Turban mit der herabhängenden Schärpe verleiht seinem Aussehen eine gewisse Exotik. Der Page ist offensichtlich bereit, auch ungewöhnliche Erfahrungen und Erkenntnisse zu gewinnen. Das grüne Obergewand spiegelt seine Verbundenheit mit der Natur und zum Wachstum wider.

Die kurzen Ärmel enden in Fransen, die an Eichenblätter erinnern. Sie repräsentieren Stärke und Ausdauer. Eichen sind mächtige und langlebige Bäume. Manche Eichen sind so robust, dass sie ihre Blätter selbst im Winter behalten. Zudem verkünden Eichenblätter eine reiche Ernte, Fülle und Überfluss. Das braune Untergewand und die Stiefel zeigen dagegen, dass der Page fest in der physischen Welt verwurzelt ist. Die Kombination von Braun und Grün spiegelt sein Gleichgewicht zwischen spirituellen und materiellen Aspekten wider. Wir sehen den Pagen im Halbprofil. Dies verleiht dem Bild eine gemäßigte Dynamik und eine subtile Nuance von Geheimnis und Zurückhaltung. Diese Darstellung lässt Raum für Interpretation und erzeugt gleichzeitig eine gewisse Intimität. Die Blickrichtung des Pagen in Richtung der Münze demonstriert seine aktive Auseinandersetzung mit materiellen Angelegenheiten.

Die Bäume und das gepflügte Feld verdeutlichen die Verbindung des Pagen zur Natur und zur Erde. Die gepflügte Erde steht für Arbeit und Mühe, um materielle Ergebnisse zu erzielen. Die blauen Berge in der Ferne verweisen auf die Weite und Potenziale der Welt, die vor ihm liegen.

Nach dem Innehalten und Abwägen des Ritters der Münzen betrachtet der Page die materielle Welt als eine Quelle der Freude, des Lernens und des Wachstums. Seine achtsame und fröhliche Haltung ermutigt uns, unsere praktischen Angelegenheiten zu regeln und mit unserem spirituellen Weg zu integrieren.

Wie kannst Du Geld mit Freude verdienen und Dich gleichzeitig spirituell weiterentwickeln?

Schneller Zugang zu Tarotkarten

Das Ziel dieses Buchs ist es, Anfängern einen schnellen Zugang zum Tarot zu ermöglichen. Dies ist ein persönliches Anliegen für mich. Ich selbst habe Jahre gebraucht, um mich an die Bedeutung von Tarot heranzutasten.

Im Jahr 1982 kam ich zum ersten Mal in Kontakt mit Tarotkarten. Damals studierte ich in Erlangen Theaterwissenschaften, politische Wissenschaften und Germanistik. Wie viele Studentinnen schlug ich mir häufig die Nächte bei feuchtfröhlichen Partys um die Ohren. Bei einer dieser Feiern in einer Studenten-WG fragte mich eine Frau, ob sie mir die Karten legen soll.

Ich kann mich nicht mehr an die Bedeutung der Karten erinnern. Aber ich war von Anfang an fasziniert. Von diesem Zeitpunkt an haben mich Tarotkarten auf meiner Reise begleitet. Im Lauf der Jahre haben sie sich zu treuen Freunden entwickelt. Sie lassen mich nie im Stich und geben mir immer eine Antwort.

Aber die Karten waren für mich eine mühsame Lernkurve. Damals gab es noch kein Internet und keine Google-Suchmaschine. Wissen war in erster Linie in Büchern zu finden. Ich hatte mir zwar brav mehrere Bücher über Tarot gekauft. Doch das ermöglichte mir noch nicht, den Sinn der Karten zu entziffern.

Oft las ich über die Bedeutung einer bestimmten Karte nach und konnte keine Beziehung zu meinem Leben und meinen persönlichen Erfahrungen herstellen. Doch ich blieb dabei und mit der Zeit sah ich Zusammenhänge in Legemustern. Meine Intuition stärkte sich und ich erkannte das leise Flüstern der Intuition.

1986 lernte ich in Nepal Handlesen und erkannte, dass ich mit meinen Händen feinstoffliche Energie fühlen kann. Von diesem Zeitpunkt an entwickelte sich meine Intuition stärker. Ich lernte, auf plötzliche Eingebungen zu hören und die Worte meines inneren Dialogs ernst zu nehmen. Der richtige Durchbruch kam aber erst im Jahr 1994. Damals gab ich meine Karriere als Journalistin auf, flog nach Indien und kaufte ein Motorrad, eine Enfield Bullet. Den Winter verbrachte ich in Goa. Dort setzte ich mich mittwochs auf den Flohmarkt und bot meine Dienste an.

Ich weiß nicht mehr, was mich dazu veranlasste. Aber diese Erfahrung hat mich davon überzeugt, dass ich etwas von Tarotkarten verstehe.

Indem ich Hunderten von Menschen die Karten legte, entwickelte ich mein eigenes Verständnis. Mit meinen Worten und Deutungen lag ich meistens richtig.

Lieber Leserin und lieber Leser, ich wünsche mir, dass Du keine so lange Reise unternehmen musst. Deshalb stelle ich dir hier Techniken vor, die sich für mich als nützlich erwiesen haben. Mein größter Wunsch ist es, Dir ein nützliches Werkzeug für den Alltag zugänglich zu machen.

Nicht alle von uns sind medial begabt und können direkt mit ihren geistigen Führern in Kontakt treten. Die Tarotkarten sind ein einfacher Vermittler, um mit höheren Ebenen der Existenz zu kommunizieren. Ich kann Dir aufgrund jahrzehntelanger Erfahrung versichern: ***Die Karten lügen nie***.

Respektvoller Umgang mit den Karten

Wie wir die unbelebten Objekte in unserem Besitz behandeln, spiegelt wider, wie wir mit uns selbst umgehen. Ich glaube, dass die Wohnung eines Menschen seinen aktuellen Zustand anzeigt. Wer in ungeordneten, schmutzigen Verhältnissen lebt, hat definitiv Defizite in seiner Entwicklung.
Deshalb rate ich Dir, Deine Tarotkarten mit Achtung und Respekt zu behandeln – wie jeden anderen Gegenstand auch, den Du benutzt. Tarotkarten verdienen zusätzliche Aufmerksamkeit, weil sie sich besonders stark mit Deiner Energie aufladen.
Daher empfehle ich Dir, einen besonderen Aufbewahrungsort für Deine Karten zu finden. Ich hülle meine Tarotkarten in ein seidenes Tuch, das eine Künstlerin von Hand bemalt hat. Außerdem liegen die Karten immer an ihrem speziellen Platz in meinem Regal. Besucher können sie hier nicht sehen.
Du brauchst nicht unbedingt Seide für die Aufbewahrung Deiner Tarotkarten, obwohl dieses natürliche Material sich ausgezeichnet eignet. Du kannst Deine Karten auch in einem speziellen Kästchen oder in einem schönen Säckchen aufbewahren. Wichtig ist, dass Dir die Aufbewahrungsweise gefällt. Die Karten sollen ein gutes Gefühl in Dir auslösen und Dich auch ästhetisch erfreuen.

Mir persönlich gefällt es, meine Karten von ihrer seidenen Hülle zu befreien. Dieser meditative Akt stimmt mich bereits auf die Legung ein und zeigt mir, dass Magie in unserem Alltag durchaus einen Platz hat.

Karten regelmäßig reinigen

Wir leben nicht im luftleeren Raum. Elektrosmog durchdringt jede Zelle unseres Körpers, wenn wir nicht besondere Maßnahmen ergreifen. Ich persönlich glaube, dass die aktuelle Physik bisher nur einen Bruchteil der vorhandenen Schwingungen entziffern konnte. Zwischen Himmel und Erde gibt es noch viel zu entdecken.

Deshalb ist es wichtig, Deine Karten regelmäßig zu reinigen und mit guter Energie aufzuladen. Schamanen verwenden gerne Rauch zum Reinigen. Du kannst Deine Karten durch Räuchern reinigen, etwa, indem Du sie mit Räucherstäbchen behandelst. Ich persönlich bevorzuge ***Palo santo***, heiliges Holz aus Südamerika. Du kannst dieses Holz bspw. im Internet bestellen. Stäbchen aus ***Palo santo*** zündest Du einfach an. Du solltest diese nicht ausblasen, sondern nur auswedeln. Schamanen sagen, Ausblasen vertreibt die guten Geister.

Nach der Reinigung bietet es sich an, die Karten mit Energie aufzuladen. Du kannst dafür entweder Sonnen- oder Mondlicht nutzen. Breite die Karten hierfür auf einem ausreichend großen Untergrund aus, sodass die Oberfläche jeder Karte das Licht aufnehmen kann. In der Sonne genügen zwei bis drei Stunden. Vollmondlicht ist etwas schwächer. Hier bietet es sich an, die Karten eine ganze Nacht lang bescheinen zu lassen.

Tägliches Üben macht den Meister

In den Anfangsjahren legte ich mir die Karten in unregelmäßigen Abständen. Meist verstrichen mehrere Wochen oder Monate zwischen den einzelnen Sitzungen. Heute ist mir klar, dass dies meinen Zugang zu den Karten verzögert hat.

Falls Du Dich wirklich mit dem Tarot anfreunden willst, empfehle ich Dir unbedingt täglichen Umgang mit den Karten. Heute beginne ich fast jeden Tag mit einer Tarotkarte, die als grobe Richtlinie für die vorherrschenden Energien dient. Manchmal ziehe ich auch mehrere Karten, wenn ich Rat bei Fragen brauche.

Meiner Erfahrung nach brauchen die Karten nicht nur respektvolles Verhalten Deinerseits. Um ihre Geheimnisse preiszugeben, sollte das ganze Ambiente des Tarots in Dir ein Gefühl von komfortabler Erhabenheit erzeugen.

Dein persönliches Tarot-Tagebuch

Deshalb halte ich ein Tarot-Tagebuch gerade am Anfang für essenziell. Besorge Dir ein schönes Notizbuch. Die Betonung liegt hier auf ***schön***. Es soll Dir bereits sinnliches Vergnügen bereiten, Dein Tarotbuch in die Hand zu nehmen. Bspw. erfreut handgeschöpftes Papier durch eine solide, tastbare Textur.

Achte auf einen Einband, der wertvoll wirkt. Dein Tarotbuch soll sich von anderen Notizbüchern abheben. Idealerweise lässt es die Magie erahnen, die sich auf seinen Seiten verbirgt.

Ziehe jeden Tag eine Karte, um Dich schnell mit den Karten vertraut zu machen. Idealerweise kommst Du mit Atemübungen in Deine innere Mitte.

Wenn wir länger aus- als einatmen, stärken wir automatisch das parasympathische Nervensystem. Dieser Gegenspieler zum sympathischen Nervensystem sorgt dafür, dass wir im gesamten Körper entspannen.

- Du kannst einfach bewusst lange ausatmen oder die beliebte Boxatmung ausführen.
- Konzentriere Dich auf Deinen Atem.
- Nun zählst Du beim Einatmen bis 4,
- Mach eine Pause, während Du bis 4 zählst und
- Atme aus, während Du bis 8 zählst.

Die Pause dient dazu, Deine Konzentration aufs Atmen zu fördern. 4 bis 5 dieser Atemzüge entspannen Dich zuverlässig. Du kannst diese Atemübung so oft durchführen, wie du möchtest.

Nun nimmst Du Deine Tarotkarten in die Hand. Du kannst sie auch vor Dir ausbreiten. Bitte Deine Geistführer, Dich zu beraten und ziehe eine Karte.

Betrachte nun die Karte: Welche Gedanken kommen Dir zuerst in den Sinn? Das ist eine wesentliche Technik beim Umgang mit dem Tarot. Meine Lehrer haben mir wiederholt gesagt, dass Zweifel hinderlich sind.

Horche einfach in Dich hinein und betrachte die Worte, die auftauchen. Das müssen keine hoch philosophischen Erörterungen sein. Meist sind es ganz einfache Sätze.

Das hört sich simpel an, ist aber in der Praxis etwas tückisch. Es erfordert Vertrauen, damit diese Methode wirklich funktioniert. Viele von uns zweifeln an unseren eigenen Gedanken. Viele tun sie gerne als Hirngespinste ab. Ich kann ein Lied davon singen, denn ich gehöre zu diesen Menschen. Aber ich habe immer wieder die Erfahrung gemacht, dass die unmittelbare Reaktion die richtige ist.

Die Bedeutung jeder Karte ist nicht in Stein gemeißelt. Die Erklärungen der einzelnen Karten und die Symbolik geben Dir nur Anhaltspunkte. Was eine Karte in dem jeweiligen Moment bedeutet, kannst nur Du selbst herausfinden.

Vertraue darauf, dass Dein höheres Selbst und Deine geistigen Führer immer für Dich da sind. Im Laufe der Jahrzehnte habe ich für Hunderte von Menschen Tarotkarten gelegt. Dabei ist es für mich am wichtigsten, meine eigenen Worte nicht zu hinterfragen. Ich rede einfach los, was mir in den Sinn kommt. Dank Zoom gebe ich Lesungen auf der ganzen Welt, die ich auf Wunsch aufzeichne. Viele meiner Klienten haben mir versichert, dass meine Aussagen genau den Kern treffen.

Sei also achtsam, was Dir beim Anblick der Karte zuerst in den Sinn kommt. Dies schreibst Du in Dein Tarot-Tagebuch. Dieser ganze Vorgang muss nicht lange dauern. Die meisten von uns haben wenig Zeit. Inklusive Atemübung kannst Du die Tarotkarte in weniger als fünf Minuten erledigen.

Besonders schön ist es natürlich, wenn Du Dein Tagebuch schmückst. Du kannst es mit Deinen eigenen Zeichnungen verzieren oder mit Dingen, die eine Bedeutung für Dich haben – etwa eine Feder, die Du bei einem Spaziergang findest. Wie bereits erwähnt, ist ästhetisches Vergnügen ein wichtiger Aspekt beim Umgang mit Tarotkarten. Sie sollen Deinen Alltag bereichern und nicht zu einer Pflichtübung entarten.

Ich kann Dir versichern, dass sich tägliches Üben lohnt. Wenn Dir danach ist, kannst Du nach dem Niederschreiben Deiner Inspirationen die genaue Deutung der Karte durchlesen.

Denke aber immer daran, dass Dir die Karten zu verschiedenen Zeiten verschiedene Botschaften übermitteln können. Besonders interessant ist es, wenn Du gelegentlich Deine Aufzeichnungen anschaust. So kannst Du nachvollziehen, ob Deine Eingebungen richtig waren oder nicht.

Die Tarotkarte des Tages gehört zu meinem morgendlichen Ritual. Um den Stress der schnöden Wirklichkeit im digitalen Wahnsinn zu lindern, erinnere ich mich nach dem Aufwachen ausgiebig daran, dass wir so viel mehr sind als unser Körper und unser Dasein in der dreidimensionalen Realität der Erde. Am Morgen meditiere ich erst einmal, dann widme ich mich beim Morgenkaffee der spirituellen Seite. Tarot ist nur ein Teil davon. Ich trete gerne auch in Kontakt mit Engeln.

Falls Dir Schreiben nicht liegt und Dich ein Tarot-Tagebuch nicht begeistert: Du kannst Deine Interpretation der Karten auch einfach mit dem Handy aufnehmen. Manche Menschen sprechen einfach besser auf gehörte Informationen an. Ebenso ist es möglich, ein kurzes Video zu drehen. Das könntest Du sogar mit Deinen Liebsten oder auf sozialen Medien teilen, wenn Dir danach ist.

Allerdings ist Tarot für mich eine persönliche Sache, die zu meiner Intimsphäre gehört. Was meine Karten sagen, wissen nur meine allernächsten Mitmenschen.

Botschaft zum Mitnehmen: Tarotkarten sollen Dir ein gutes Gefühl vermitteln. Der respektvolle Umgang und Schönheit beim Zubehör spielen eine wichtige Rolle. Tägliches Üben benötigt nicht viel Zeit, ermöglicht aber einen schnellen Zugang zu den Karten.

Motorischer Draht zu Symbolen

Während langer Jahre des Reisens im Innen und Außen habe ich die Erfahrung gemacht, dass wir die Bedeutung von Symbolen auch über unseren Körper erfassen können. Genauer gesagt, über unsere Bewegungen. Ich nenne das den motorischen Draht zu Symbolen. Wir können mit unseren Händen die Zeichen bestimmter Symbole in der Luft nachziehen. Ich mache das gerne beim Tanzen. Diese Technik funktioniert gut mit den astrologischen Zeichen für Sternbilder und Planeten. Du kannst sie aber auch mit Zahlen anwenden – oder mit Symbolen Deiner Wahl.

Es ist auch möglich, die Pose von Personen auf einer Tarotkarte einzunehmen. Schau Dir hierzu die Haltung genau an und bilde sie mit Deinem Körper nach. Die Bewegung überträgt das Symbol in Dein Gehirn. Das ermöglicht intuitives Verständnis der Symbole.

Dieses Verständnis kommt häufig nicht sofort in Form einer klaren Botschaft. Aber wenn Du offen an das Thema herangehst, können sich Geistesblitze oder plötzliche Ideen einstellen. Es würde nach neuen Erkenntnissen von Neurologen sogar ausreichen, dass Du diese Bewegungen nur vor Deinem inneren Auge ausführst, mit Deiner Vorstellungskraft.

Wenn wir uns etwas vorstellen, aktivieren wir im Gehirn dieselben Zellen wie bei der tatsächlichen Handlung. Ein Musiker aktiviert beim Lesen einer Partitur die motorischen Zellen im Gehirn, die er für die tatsächlichen Bewegungen brauchen würde. Psychologen sagen, innere Bilder erzeugen Verschaltungsmuster von Nervenzellen. Auf diese Muster können wir immer wieder zurückgreifen.

SOS: Was tun, wenn Dir absolut nichts einfällt?

Manchmal stehen wir alle auf der ***„Leitung"***. Dies kann unterschiedliche Gründe haben, etwa:

- Dein Kehlkopf-Chakra für Kommunikation ist blockiert.
- Dein Kiefer ist verspannt.
- Dein Kopf ist mit einem Problem beschäftigt.

In diesem Fall empfiehlt es sich, zunächst einmal Abstand von Selbstzweifeln oder -kritik zu nehmen. Dein innerer Dialog kann Dein schärfster Kritiker sein. Meditation kann hier helfen. Dabei kommst Du unweigerlich in Kontakt mit Deinen Gedanken, die oft eher unbewusst nebenherlaufen. Allerdings braucht Meditieren Zeit, um wirklich einen Wandel herbeizuführen.

Deshalb stelle ich hier drei einfache Techniken vor, um Dich schnell wieder in den Fluss zu bringen und die Inspiration durch Tarotkarten zu fördern.

Kiefer ausschütteln und ausklopfen

Ein verspannter Kiefer kann bei vielen Menschen die Kommunikation auf allen Ebenen blockieren. Das Kehlkopfchakra befindet sich am Hals. Meiner Erfahrung nach gehört das Kiefergelenk zu diesem Chakra. Stress wirkt sich sofort auf den Kiefer aus. Das ist ein natürliches Phänomen.

Das Kiefergelenk ausschütteln, fühlt sich deshalb manchmal befreiend an. Lasse dafür Deinen Kiefer locker hängen. Mit offenem Mund schüttelst Du nun Deinen ganzen Kopf. Das löst Verspannungen in der Kiefermuskulatur.

Du kannst auch das Kiefergelenk ausklopfen. Wenn Du den Mund leicht öffnest und schließt, kannst Du das Kiefergelenk mit den Fingern ertasten. Nun klopfst Du bei geöffnetem Mund leicht den gesamten Bereich des Gelenks ab. Der Druck sollte unterschiedlich stark sein.

Du kannst die Kiefermuskulatur ebenfalls lockern, indem Du den Mund mehrmals öffnest und schließt. Den Kiefer bei geschlossenem Mund seitlich zu verschieben, löst auch Verspannungen.

Die Zunge kann etwas zur Entspannung des Kiefers beitragen. Dazu fährst Du mit der Zunge langsam über die Zähne: Beginne bei den Backenzähnen und bearbeite die Vorder- und Rückseite der Zähne.

Auf den Boden legen

Manchmal hilft bereits ein anderer Blickwinkel, um Dinge in den Fluss zu bringen. Lege Dich auf den Boden und erlebe bewusst, wie anders die Welt aus dieser Perspektive aussieht. Betrachte Deine Umgebung genau und lasse sie auf Dich wirken: Wie verändern sich die Dinge, wenn Du sie vom Boden aus betrachtest?

Wenn Du willst, kannst Du nach einer Weile den Effekt mit gezielter Bauchatmung verstärken. Lege dafür Deine Hände auf den Bauch. Nun atmest Du ganz natürlich und ohne Druck durch die Nase in den Bauch ein. Beim Einatmen solltest Du fühlen, wie der Bauch sich hebt. Anschließend füllst Du auch Deine Brust. Beim Ausatmen senkt sich dann zunächst Deine Brust und anschließend der Bauch. Diese Atemtechnik versorgt Deinen Körper besser mit Sauerstoff als das herkömmliche Atmen.

Kniebeugen

Die guten alten Kniebeugen sind eine hervorragende Übung, um Blockaden im Kopf zu lösen. Wenn etwas nicht so klappt, wie wir es uns wünschen, verkrampfen wir uns oft – sowohl mental als auch körperlich. Daher ist es hilfreich, die Muskeln in Schwung zu bringen, was sich auch positiv auf unsere Gehirnaktivität auswirkt.

Zahlreiche Studien belegen zudem, dass regelmäßige Bewegung gegen Depressionen und Angstzustände hilft. Unser Körper ist nicht dazu geschaffen, stundenlang still zu sitzen und vielleicht dabei noch auf einen Bildschirm zu blicken. Als ehemalige Jäger und Sammler brauchen wir Bewegung, um richtig in Schwung zu kommen. Kniebeugen können auch von Menschen mit Gelenkproblemen durchgeführt werden. Diese einfache Übung beansprucht fast alle Muskelgruppen des Körpers. Allerdings kommt es dabei auf die richtige Technik an.

Stelle Deine Füße schulterbreit auf, mit den Fußspitzen leicht nach außen. Prüfe, dass Du Dein Gewicht gleichmäßig auf die Füße verteilst. Ballen, Außenkante und Ferse sollten belastet sein. Spanne Po und Bauchmuskeln an: Sie bleiben während der gesamten Kniebeuge fest. Dein Rücken bleibt gerade. Die Schultern ziehst Du leicht nach hinten. Die Wirbelsäule sollte während der gesamten Kniebeuge gerade bleiben.

Bei der Kniebeuge bewegst Du dich, als ob Du Dich auf einen Stuhl hinter Dir setzen würdest. Bewege zunächst Deinen Po nach hinten unten. Beim Beugen gehen die Knie etwas nach außen, bis Deine Oberschenkel parallel zum Boden sind. Gleichzeitig bewegst Du Deine Arme nach vorne in Richtung Deines Blicks.

Beim ***„Runtergehen"*** atmest Du ein, beim ***„Hochgehen"*** aus. Das Runtergehen führst Du so langsam wie möglich aus. Das Hochgehen kann etwa doppelt so schnell passieren. Achte dabei darauf, Druck auf die Fersen zu geben.

Häufige Fehler, die bei Kniebeugen gemacht werden:

- Die Knie fallen nach innen. Du machst X-Beine.
- Die Fersen gehen hoch.
- Du machst den Rücken rund.
- Du beugst zuerst die Knie und nicht den Po.

Weitere Optionen, um Türen der Erkenntnis zu öffnen

Das Tarot-Tagebuch und die Karte des Tages sprechen Dich nicht an? Kein Problem. Es gibt kein Patentrezept, das für jeden Menschen passt. Wichtig ist, dass Du Dich auf die Reise einlässt. Du kannst Deinen ganz persönlichen Weg finden, das Tarot zu einem treuen Freund zu machen.
Hier sind ein paar weitere Optionen, die Dir schnellen Zugang ermöglichen. Diese einfachen und zeitsparenden Ideen können Dir dabei helfen, die Tarotkarten spielerisch in Deinen Alltag zu integrieren und Dich mit ihnen vertraut zu machen.

Tarot im Büro

Lege eine kleine Tarotkarte auf Deinen Schreibtisch oder in Deine Brieftasche. Die Karte kann in stressigen Momenten einen Augenblick der Besinnung bieten. Wenn du Dich überfordert fühlst oder nach Inspiration suchst, schaue Dir die Karte an. Denke darüber nach, wie ihre Bedeutung in den Kontext Deiner aktuellen Aufgaben oder Herausforderungen passt. Manchmal kann schon ein kurzer Blick auf die Karte Deine Gedanken klären.

Tarot für Kreativität

Wenn Du an kreativen Projekten arbeitest, kann das Ziehen einer Tarotkarte vor Beginn Deiner Arbeit eine erfrischende Quelle für Inspiration sein. Lass Dich von den Symbolen und Bildern auf der Karte leiten. Diese können als Ausgangspunkt oder sogar als Leitfaden für Deine kreative Arbeit dienen. Manchmal führen uns die Karten auf unerwartete Wege, die erstaunliche Ergebnisse nach sich ziehen.

Tarot für Achtsamkeit

Integriere Tarotkarten in Deine täglichen Achtsamkeitsübungen. Während Du eine Tasse Tee trinkst oder einen Spaziergang machst, ziehe eine Karte und betrachte sie aufmerksam. Denke darüber nach, wie ihre Bedeutung in Deine gegenwärtige Situation passt. Dies hilft Dir, bewusster im Moment zu leben und Dich auf die Details und Erfahrungen des Augenblicks zu konzentrieren.

Tarot für Selbstreflexion

Nutze Tarotkarten als Werkzeug, Dich besser kennenzulernen. Ziehe am Ende des Tages eine Karte und denke über Deine Erlebnisse, Emotionen und Handlungen nach. Frage Dich, wie sich die gezogene Karte auf Deine Stimmung oder Deine Entscheidungen auswirkt. Dies kann Dir helfen, Dich selbst besser zu verstehen und bewusster Entscheidungen zu treffen.

Tarot für Inspiration

Wenn Du schreibst oder nach kreativen Ideen suchst, kann das Ziehen einer Tarotkarte eine großartige Methode sein, um Deinen kreativen Fluss in Gang zu bringen. Verwende die Symbole und Bilder auf der Karte als Ausgangspunkt für Deine Arbeit. Sie können Dir unerwartete Einsichten und neue Ideen vermitteln, die Deine Kreativität anregen.

Tarot für Meditation

Du kannst Tarotkarten in Deine Meditationspraxis integrieren. Betrachte eine Karte und schließe dann die Augen. Lasse die Bilder und Symbole auf der Karte vor Deinem inneren Auge erscheinen und wirken. Dies kann eine tiefe innere Ruhe und Einsicht fördern, während Du Dich auf die Symbolik der Karten konzentrierst.

Tarot für Traumdeutung

Lege eine Tarotkarte neben Dein Bett, bevor Du schlafen gehst. Wenn Du morgens aufwachst, erinnere Dich an Deine Träume und versuche, Verbindungen zwischen den Symbolen und Themen in Deinen Träumen und der gezogenen Karte herzustellen. Dies kann Dir helfen, Deine Träume besser zu verstehen und möglicherweise verborgene Botschaften in ihnen zu erkennen.

Tarot für Dankbarkeit

Ziehe eine Tarotkarte und reflektiere, wofür Du an diesem Tag dankbar bist. Dies ist eine einfache Übung, die Dir hilft, Deine Wertschätzung für die kleinen Freuden und Segnungen im Leben zu steigern. Die Karten können Dich daran erinnern, den Fokus auf die positiven Aspekte Deines Lebens zu richten.

Das Legen der Tarotkarten

Tarotkarten in einem Muster zu legen, kann Dir Antworten auf alle Fragen liefern, die Dir auf der Seele liegen. Über Tarotkarten stellst Du eine direkte Verbindung zu höheren Ebenen der Existenz her. Deshalb ist es wichtig, dabei eine gewisse Form einzuhalten. Das zeigt Respekt vor Deinem höheren Selbst und den Tarotkarten. Schöne Rituale fördern die Magie im Alltag.

Rahmenbedingungen, die den Flow der Energie fördern

Für das Legen der Tarotkarten brauchst Du einen ruhigen Ort, an dem Du vor Störungen sicher bist. Schließe die Tür zu Deinem Zimmer und schalte das Handy aus oder auf stumm. Sorge für eine passende Unterlage: Ein schöner Tisch mit einer Platte aus Holz oder ein Tischtuch bieten sich an. Ich nehme immer das Seidentuch als Unterlage, in dem ich meine Tarotkarten aufbewahre.

Wichtig ist auch, die Lesung zu dokumentieren. Du kannst sie in Deinem Tarot-Tagebuch festhalten. Eine andere Möglichkeit ist, die Karten zu fotografieren. Du kannst bspw. auf Deinem Handy ein Album für Tarotkarten anlegen. Das Aufzeichnen von Legemustern hilft Dir, die Antwort der Karten zu einem späteren Zeitpunkt nachzuprüfen. Ich schätze dies auch bei meinen Klienten. So können wir nachvollziehen, was das Tarot zu einem früheren Zeitpunkt geraten hat. Dies kann bisweilen als Ausgangspunkt für eine neue Lesung dienen.

Achte auf Ordnung in Deiner Umgebung. Der tibetische Lehrer **Chögyam Trungpa (1939-1987)** schreibt in seinem Buch ***The Sacred Path of the Warrior*** über die Dralas, Gottheiten der ursprünglichen Religion Tibets: Diese lieben schöne Plätze, die gut gepflegt sind. Wer Dralas, oder andere höhere Wesen in sein Heim einladen möchte, sollte für eine ansprechende Umgebung sorgen. Außerdem spiegelt die Umwelt unsere innere Einstellung wider.

Du kannst einfach keine Ordnung halten? Manche Menschen würden Dich sogar als Chaoten bezeichnen? Das sollte Deinem Zugang zum Tarot nicht im Weg stehen. Du bist eben einfach an diesem Punkt in Deiner Entwicklung. Bemühe Dich aber darum, Raum für die Karten freizuschaufeln.

Bevor Du mit dem Legen beginnst, bereitest Du den Platz vor. Rauch ist eine traditionelle Methode, um einen Raum zu reinigen. Das geht mit Räucherstäbchen, Salbei oder anderen Rauchwaren. Ich mag besonders gerne ***Palo santo***, das heilige Holz von Schamanen aus Südamerika. Du kannst es für das Reinigen der Tarotkarten benutzen, aber auch für die Vorbereitung einer Sitzung.

Außerdem rate ich Dir, direkt vor dem Legen der Tarotkarten eine der folgenden Atemtechniken durchzuführen. Ein gerader Rücken ist bei allen Atemübungen wichtig, weil diese Haltung den Fluss der Kundalini-Energie fördert.

Tiefes Bauchatmen

Setze Dich mit geradem Rücken hin und schließe Deine Augen. Konzentriere Dich auf Deinen Atem. Atme langsam und tief in Deinen Bauch ein, sodass sich Dein Bauch beim Einatmen ausdehnt. Halte den Atem einen Moment an und atme dann langsam aus. Wiederhole diesen Vorgang mehrere Male, um Dich zu beruhigen und zu zentrieren.

4-7-8 Atemtechnik

Diese Technik hilft dabei, Stress abzubauen und den Geist zu beruhigen. Atme durch die Nase ein, während Du bis vier zählst. Halte den Atem sieben Sekunden lang an und atme dann in einem ruhigen, gleichmäßigen Strom aus, während Du bis acht zählst. Diese Atemtechnik kannst du mehrmals wiederholen, um Dich zu entspannen.

Pranayama-Atmung

Pranayama ist eine Atemtechnik aus dem Yoga, die zur Steigerung der Energie und Konzentration angewandt wird. Eine einfache Form ist die ***Wechselatmung***. Schließe abwechselnd ein Nasenloch mit dem Daumen und atme tief durch das andere Nasenloch ein. Dann schließe das zweite Nasenloch mit dem Ringfinger und atme durch das erste Nasenloch aus. Wechsle die Nasenlöcher mehrere Male.

Zählen des Atems

Setze Dich mit geradem Rücken hin und beginne, Deine Atemzüge zu zählen. Atme ein und zähle ***eins***, atme aus und zähle ***zwei***, und so weiter, bis du zehn erreicht hast. Dann beginne wieder von vorne. Wenn du merkst, dass deine Gedanken abschweifen, kehre einfach zur ***Eins*** zurück. Diese einfache Methode hilft, den Geist zu beruhigen und zu fokussieren.

Achtsame Atmung

Diese Atemtechnik kombiniert die Aufmerksamkeit auf den Atem mit einer positiven Affirmation. Atme ein und sage leise oder in Deinem Inneren: ***Ich atme Frieden ein.*** Atme aus und sage: ***Ich atme Unruhe aus.*** Wiederhole diese Affirmationen während des Atmens, um Dich auf positive Energie und Ruhe auszurichten.

Die Fragestellung: Brauchst Du eine Frage?

Tarotkarten brauchen nicht unbedingt eine Frage, um Dir wichtige Einblicke zu vermitteln. Die Karten spiegeln immer die Energie im Moment, verborgene Einflüsse und mögliche Entwicklungen in einer Situation wider – auch ohne konkrete Fragestellung. Je nach Legesystem erhältst Du diverse Erkenntnisse über Dein Leben. Wenn Dir keine Frage einfällt, kann diese Herangehensweise dazu beitragen, die aktuelle Energie zu verstehen oder aber die Themen, die gerade wichtig sind. Das kann Dir einen Ausgangspunkt für weitere Überlegungen bieten.

Dennoch haben spezifische Fragen ihren eigenen Wert. Sie erlauben es, die Karten gezielt auf bestimmte Bereiche oder Probleme zu fokussieren. Auf diese Weise bekommst Du klare Handlungsempfehlungen und Hintergrundinformationen über eine bestimmte Situation. Eine gut formulierte Frage kann den Tarot-Leseprozess präzise gestalten und dazu beitragen, spezifische Antworten auf dringende Fragen zu erhalten.

Fragen richtig formulieren

Bei der Fragestellung ist es ratsam, folgende Regeln zu beachten.

Klarheit und Präzision

Deine Frage sollte so klar und präzise wie möglich formuliert sein. Vermeide vage oder mehrdeutige Formulierungen, da dies zu verwirrenden Antworten führen kann. Manchmal kann das Nachdenken über eine Frage zu verblüffenden Einsichten führen. Bspw. habe ich wiederholt festgestellt, dass ich gar nicht genau weiß, was ich von den Karten erfahren möchte. In diesem Fall verzichtest Du besser auf eine konkrete Frage.

Beispiel: ***„Wie wird meine finanzielle Zukunft sein?"*** ist eine allgemein vage Frage. Präziser formuliert könnte sie lauten: ***„Wie kann ich meine finanzielle Situation in den nächsten sechs Monaten verbessern?"***

Ja/Nein oder offene Fragen?

Überlege, welche Art von Antwort Du suchst. Geschlossene Fragen, auch Ja/Nein-Fragen genannt, können hilfreich sein, wenn Du eine klare Antwort auf eine spezifische Frage benötigst. Offene Fragen ermöglichen jedoch eine tiefere Reflexion und erlauben den Karten, komplexere Aspekte deiner Situation zu beleuchten.

Beispiel (geschlossene Frage): ***„Werde ich den neuen Job bekommen, für den ich mich beworben habe?"***
Beispiel (offene Frage): ***„Was sollte ich beachten, wenn es um meine berufliche Zukunft geht?"***

Fokussiere Dich auf Dich selbst

Stelle die Frage immer in Bezug auf Dich selbst und nicht auf andere Personen. Die Karten sollen Dir Einblicke in Deine eigene Situation geben. Dies fördert persönliche Verantwortung und Selbstreflexion. Du solltest die Karten nicht nutzen, um Menschen zu manipulieren.

Beispiel: Anstelle von ***„Wird meine Partnerin/Partner mich in der Zukunft lieben?"*** frage lieber: ***„Wie kann ich meine Beziehung vertiefen und für mehr Liebe sorgen?"***

Positiv formulieren

Formuliere Deine Frage immer positiv und konstruktiv. Vermeide es, nach negativen Ereignissen oder Worst-Case-Szenarien zu fragen. Positiv formulierte Fragen ermutigen zu Lösungen und zu einer kreativen Herangehensweise an Probleme.
Beispiel: ***„Wird sich meine Krankheit verschlimmern?"*** - Das ist ein typisches Beispiel für eine negative Frage. Formuliere Dein Anliegen besser so: ***„Wie kann ich meine Gesundheit verbessern?"***

Eine Frage auf einmal

Konzentriere Dich auf eine Frage pro Sitzung. Das Ziehen mehrerer Karten für verschiedene Fragen in derselben Sitzung kann zu widersprüchlichen oder verwirrenden Antworten führen. Löse deshalb immer erst die Beantwortung einer Frage, bevor du zur nächsten übergehst.

Respektiere Grenzen

Achte darauf, ethische Grenzen einzuhalten. Stelle keine Fragen, die in die Privatsphäre anderer Menschen eindringen oder negative Absichten verfolgen. Missbrauch der Karten fällt immer auf Dich zurück. Wer Magie im Alltag nutzen will, sollte immer aus Liebe handeln. Alles andere wäre schwarze Magie.

Das Mischen der Karten

Wenn Du eine Frage gestellt hast, so behalte diese Frage beim Mischen der Karten in Deinem Kopf. Nun konzentrierst Du Dich auf den gegenwärtigen Moment. Du kannst die Karten wie ein normales Kartenspiel mit zwei Händen mischen. Ich ziehe es vor, die Karten auf meiner Unterlage auszubreiten. Dann mische ich sie mit beiden Händen in einer kreisförmigen Bewegung, bevor ich sie wieder einsammele.

Das Mischen stellt sicher, dass die Energie gleichmäßig in den Karten verteilt wird. Es hilft auch dabei, alte, verbrauchte Energie zu entfernen und die Karten auf Deine spezifische Frage oder Situation auszurichten. Du kannst das Mischen als eine Art energetische Vorbereitung für die Tarot-Sitzung betrachten. Mit dem Mischen versetzt Du die Karten in den optimalen Zustand, der Dir die besten Antworten gibt.

Nach dem Mischen teilst Du die Karten mit der linken Hand in 3 Stapel ein. Du hebst also zwei Mal ab. Die linke Hand ist mit der rechten Gehirnhälfte verbunden. Sie ist bspw. zuständig für Bildsprache, Intuition und Kreativität.

Nun suchst Du Dir einen Stapel aus. Gehe einfach danach, welches Päckchen von Karten Dich anspricht. Du brauchst Dir keine Gedanken darüber zu machen. Ich habe die Erfahrung gemacht, dass die Karten immer Erkenntnisse vermitteln – egal, wie die genaue Kombination aussieht. Viele Wege führen nach Rom.

Vor einiger Zeit habe ich einem skeptischen Zeitgenossen die Karten gelegt. Er meinte nach der ersten Lesung, dass alles nur Zufall sei. Deshalb habe ich ihm vorgeschlagen, erneut das gleiche Muster noch einmal zu legen. Das mache ich üblicherweise nicht, weil es Misstrauen in die Karten ausdrückt. In diesem Fall hat es sich jedoch ausgezahlt, dass ich eine Ausnahme gemacht habe. Von den 10 Karten in dem Muster (es war das Keltische Kreuz), erschienen 6 gleiche Karten – allerdings auf unterschiedlichen Positionen.

Ich bin kein Mathematiker und verstehe nur die Grundsätze der Wahrscheinlichkeitsrechnung. Die Mathematiker unter meinen Lesern können mich gerne verbessern, falls diese einfache Milchmädchenrechnung nicht stimmen sollte. Die Wahrscheinlichkeit, 1 von 78 Karten zu ziehen, beträgt 1/78. Das ergibt eine Wahrscheinlichkeit für 6 gleiche Karten von 1/468 oder 0,00213675 Prozent.

Das Legen der Karten

Die Karten legst Du nun in dem Muster aus, das Du Dir ausgesucht hast. Du findest hier 3 verschiedene Legemuster. Du kannst aber auch Dein eigenes Muster kreieren oder Dich inspirieren lassen.

Die Karten lege ich zunächst mit dem Gesicht nach unten hin. Dann decke ich die Karten nach und nach auf.

Normalerweise beginne ich mit der ersten Karte und arbeite mich dann durch die einzelnen Positionen durch. Sofort nach dem Aufdecken erkläre ich jede einzelne Karte. Anschließend betrachte ich das ganze Muster und die Zusammenhänge.

Die Karten deuten

Manchmal erscheint der Sinn der Karten sofort völlig klar. Ein anderes Mal erinnert die Deutung mehr an ein Puzzle oder ein Detektivspiel. Du verstehst erst einmal überhaupt nichts...Nun gilt es, sich nicht entmutigen zu lassen. Wie das ***Orakel von Delphi***, antwortet das Tarot manchmal in Rätseln. Ich kann Dir aber versichern: ***Die Karten lügen nicht***. Unzählige Male habe ich erst im Nachhinein erkannt, was die Karten eigentlich bedeutet haben.

Verzögertes Verständnis muss nichts Schlechtes sein. Manchmal sind wir einfach noch nicht dazu bereit, eine Situation klar zu sehen. Mit folgenden Techniken kannst Du Dich an eine Deutung herantasten.

Um die Karten zu verstehen, beantworte folgende Fragen:

- Welche Elemente treten verstärkt auf?
- Wie viele große Trümpfe sind erschienen?
- Was sagen die Hofkarten aus?
- Was ist die Quersumme der Karten?

Welche Elemente treten verstärkt auf?

Die Elemente geben Hinweise darauf, welche Bereiche Deiner Existenz jetzt besonders gefordert sind. Z. B. könnten Schwerter mit dem Element Luft gehäuft erscheinen. Das weist darauf hin, dass Gedanken und Kommunikation in der gegenwärtigen Situation wichtig sind. Kelche deuten als Wasserelement auf das Reich der Gefühle hin. Bei mehreren Stäbe-Karten geht es darum, durch Handeln die Lage zu beeinflussen. Bei Münzen kommen materielle und finanzielle Aspekte ins Spiel.

Achte auch auf die Kombination von Elementen. Kelche und Stäbe erklären bspw., dass Du mit Gefühl handeln solltest. Schwerter und Münzen raten zu einem überlegten Umgang mit Finanzen. Auch die großen Trümpfe können Hinweise auf Elemente geben.

Bspw. ist der Thron des Herrschers, Trumpf Nummer 4, mit Widderköpfen geschmückt. Das Sternzeichen Widder ist dem Element Feuer zugeordnet.

Wie viele große Trümpfe sind erschienen?

Die großen Trumpfkarten im Tarot stehen für wichtige Lebensereignisse oder Entwicklungen, die länger andauern. Als Daumenregel nenne ich immer einen Zeitraum von 6 Monaten bis zu 2 Jahren, in dieser Zeit ist der Einfluss von großen Trümpfen verstärkt zu spüren.
Wenn mehrere Trümpfe der großen Arkana in einer Lesung auftauchen, verstärkt das ihre Bedeutung. Es kann darauf hinweisen, dass große Veränderungen oder Herausforderungen bevorstehen. Achte auch hierbei auf die Kombination der Trümpfe und ziehe daraus Schlüsse. Erinnere Dich auch an die 3 Reihen, die Reise des Helden. Zu welchen Reihen gehören die großen Trümpfe: Zur Reihe des Selbst, zur Reihe der Herausforderungen oder zur Reihe der spirituellen Ernte?

Was sagen die Hofkarten aus?

Die Hofkarten repräsentieren Menschen oder Persönlichkeiten in Deinem Leben. Sie können auch auf Aspekte Deiner Persönlichkeit hinweisen, die Probleme verursachen oder entwickelt werden müssen. Der König kontrolliert seine Situation wie ein Herrscher und steht für Autorität, Führung und Macht. Die Königin agiert wie eine Matriarchin mit Weisheit, Empathie und innerer Stärke. Der Ritter bringt Aktion, Bewegung und Abenteuer ins Spiel. Der Bube entdeckt gerade seine Welt und verkörpert Neugierde und Lernbereitschaft.
Erscheinen viele Hofkarten in einer Lesung, spielen zwischenmenschliche Beziehungen oder Charaktereigenschaften eine wichtige Rolle in der aktuellen Situation. Zum Beispiel könnte die Königin der Kelche auf Fürsorglichkeit hinweisen, die Du gerade brauchst.

Was ist die Quersumme der Karten?

Die Quersumme der Karten ist eine interessante Methode, um die geheime Quintessenz der Lesung zu entdecken. Hierfür addierst Du einfach die Zahlen auf den Karten, bis du eine einzelne Ziffer erhältst. Hofkarten haben keine Zahl. Das Ass wird als Eins gezählt.

Die Quersumme verdeutlicht die allgemeine Energie, die an diesem Zeitpunkt zum Tragen kommt. Der entsprechende Trumpf kann weitere Erkenntnisse über die Bedeutung der Karten liefern.

Die Bedeutung von Karten in einer Lesung solltest Du niemals isoliert betrachten, sondern immer im Kontext der umliegenden Karten. Die oben genannten Fragen sind hilfreiche Werkzeuge, um eine Tarot-Lesung besser zu verstehen. Die Betonung liegt hier auf Werkzeug. Deine Intuition und Deine Geistesblitze sollten bei der Deutung der Karten immer im Vordergrund stehen.

Drei verschiedene Legemuster

Es gibt zahllose und verschiedene Legemuster für Tarotkarten. Du kannst auch Dein eigenes System entwerfen. Für einen kurzen Blick auf eine bestimmte Situation verwende ich gerne 3 Karten: Eine Karte für die Vergangenheit, eine für die Gegenwart und eine für die Zukunft. Wenn ich eine Situation genauer verstehen möchte, wende ich das traditionelle ***Keltische Kreuz*** an. Für mich ist es das perfekte Muster, um die Lage genau zu analysieren.

Außerdem stelle ich Dir hier zwei weitere Legemuster vor: ***Das Liebesorakel*** und ***die Entscheidungsfindung***. Mit diesen Mustern bist Du für alle Eventualitäten versorgt. Du kannst aber auch Dein eigenes Muster entwerfen. Beim Tarot gibt es keine Grenzen, nur Möglichkeiten.

Das Keltische Kreuz

Das ***Keltische Kreuz*** ist eines der bekanntesten und am häufigsten verwendeten Tarot-Legemuster. Es hat 10 Kartenpositionen und bietet eine tiefgehende Analyse der gegenwärtigen Situation. Das Keltische Kreuz zeigt auch künftige Entwicklungen und Möglichkeiten einer Kurskorrektur.

Unklare Entstehungsgeschichte

Die Wurzeln des Keltischen Kreuzes verlieren sich im mystischen Nebel der Geschichte und die Entstehungsgeschichte bleibt weitgehend im Dunkeln. Trotzdem ist das Keltische Kreuz eines der ältesten und am meisten praktizierten Tarot-Legemuster. Es wird heute auf der ganzen Welt verwendet.

Die Bezeichnung ***Keltisches Kreuz*** suggeriert eine keltische Herkunft, doch diese Annahme ist irreführend. Die keltische Kultur hat sich im Jahrtausend von Christi Geburt entwickelt. Historisch gesehen gibt es keine direkte Verbindung zum Tarot. Die Bezeichnung ***Keltisches Kreuz*** entstand vermutlich erst viel später, möglicherweise im 19. oder frühen 20. Jahrhundert. Damals wuchs das Interesse an Spiritualität und mystischen Traditionen in Europa und den Vereinigten Staaten.

Die genaue Entstehung des ***Keltischen Kreuzes*** ist schwer zu verfolgen. Man darf aber vermuten, dass es sich aus älteren Systemen entwickelt hat, die bereits seit Jahrhunderten existierten. Wahrscheinlich wurde es im Laufe der Zeit von verschiedenen Tarot-Lesern modifiziert und angepasst, bis es die Form annahm, die wir heute kennen.

Eine Theorie stellt eine Beziehung zwischen dem Keltischen Kreuz und anderen Techniken der Wahrsagung her, wie zum Beispiel die ***Lenormand-Karten***. Diese Karten verwendeten bereits komplexere Muster und Bedeutungen von Positionen, die später in das Keltische Kreuz integriert wurden.

Lenormand-Karten sind nach ihrer Schöpferin **Marie Anne Lenormand** benannt. Sie lebte von 1772 bis 1843 in Paris und verdiente sich ihren Lebensunterhalt mit Wahrsagen für alle Schichten der Bevölkerung. Die schillernde Figur wurde mehrfach inhaftiert, kam jedoch immer wieder frei. Sie starb als reiche Frau. Marie Anne Lenormand entwarf die Karten, die dem Geschmack der damaligen Zeit entsprachen. Sie wurden jedoch erst nach ihrem Tod veröffentlicht.

Das Legemuster mit 10 Karten

Das Keltische Kreuz besteht aus 10 Karten. Oft wird dabei ein Signifikator empfohlen, der die Person des Fragestellers repräsentiert. Dabei handelt es sich in der Regel um eine Hofkarte.

Wähle dafür die Karte, die Dir entspricht oder von der Du Dich gerade angesprochen fühlst. Was beschäftigt Dich im Moment am meisten? ***Gedanken*** (Schwerter), ***Gefühle*** (Kelche), ***Handlungen*** (Stäbe) oder ***materielle Angelegenheiten*** (Münzen)?

Ich persönlich lege das Keltische Kreuz immer ohne Signifikator. Meiner Erfahrung nach funktioniert das ebenso gut und ist weniger kompliziert. Falls Du einen Signifikator verwenden möchtest: Bei der Deutung der Karten kannst Du Verbindungen zwischen einzelnen Karten und dem Signifikator herstellen – etwa durch gleiche Farben, gleiche Zahlen oder Symbole, die gehäuft erscheinen.

Das Keltische Kreuz besteht aus einem Kreuz von zwei Karten, das vier Karten wie die Arme eines gleich langen Kreuzes umgeben. Vier Karten an der Seite unterstützen die Aussage des Kreuzes und geben zusätzliche Erklärungen.

Das kleine Kreuz: Karte 1 und 2

Die ersten beiden Karten bilden das kleine Kreuz, das Zentrum der Lesung. Die erste Karte zeigt den Haupteinfluss im Moment. Die zweite Karte, auch Kreuzkarte genannt, zeigt traditionsgemäß eine Strömung, die im Widerspruch zur ersten Karte steht. Aber oftmals zeigt sich hier eine Energie, welche die erste Karte stützt und fördert. Manchmal kann auch beides zutreffen.

Die beiden Karten des kleinen Kreuzes sind oft von entscheidender Bedeutung, um das gesamte Muster zu verstehen.

Karte 3: Die Basis

Die dritte Karte wird unter das kleine Kreuz gelegt. Diese Karte beschreibt oft ein Ereignis oder eine Erfahrung in der Vergangenheit, die zu der jetzigen Situation wesentlich beigetragen hat. Diese Karte kann manchmal die Bedeutung aller anderen Karten erhellen. Auf jeden Fall erklärt sie den Hintergrund der Fragestellung.

Karte 4: Jüngste Vergangenheit

Links neben dem kleinen Kreuz ist der Platz der vierten Karte. Sie beschreibt die jüngste Vergangenheit, deren Einfluss sich bis in die Gegenwart erstreckt. Im Gegensatz zur Basis wird die Wirkung dieser Karte bereits schwächer. Diese Energie ist bereit, sich zu verabschieden.

Karte 5: Mögliches Ergebnis

Diese Karte liegt über dem kleinen Kreuz. Sie zeigt ein mögliches Ergebnis der Lesung an. Wir können sie aber auch als bewussten Einfluss auf den Fragesteller beschreiben. Diese Karte zeigt uns, welche Einstellung der oder die Fragende zu der Situation hat. Sie kann uns manchmal zeigen, wo der Schlüssel zum Problem liegt.

Karte 6: Nächste Zukunft

Gegenüber der jüngsten Vergangenheit kommt die nächste Zukunft zu liegen. Sie vervollständigt das Kreuz. Diese Karte informiert uns darüber, was in den kommenden Wochen und Monaten zu erwarten ist. Sie hat einen geringeren Einfluss als das Ergebnis und kann sich stark davon unterscheiden. Ist dies der Fall, können die übrigen Karten der Lesung diesen Unterschied erklären.

Karte 7: Das Selbst

Diese Karte startet die Säule der 4 Karten rechts neben dem Kreuz. Sie liegt auf der untersten Position dieser 4 Karten. Sie wird ***Selbst*** genannt und demonstriert, was der Fragende zu der Situation beiträgt. Im Gegensatz zum möglichen Ergebnis handelt es sich dabei nicht um die Einstellung, sondern meist um konkrete Aktionen. Wir können diese Karte auch als Rat für die bestmögliche Handlung verstehen.

Karte 8: Die Umwelt

Der Einfluss unserer Mitmenschen und anderer Faktoren in der Umwelt ist in dieser Karte sichtbar. Wenn hier eine Hofkarte erscheint, so deutet dies auf eine Person in der Umgebung des Fragestellers hin. Manchmal erklärt diese Karte auch, wie der Betroffene auf die Umwelt und die Mitmenschen reagiert.

Karte 9: Hoffnungen und Ängste

Die letzte Karte vor dem Ergebnis beschreibt die verborgene Seite des Fragenden. Während das Selbst die mentale Einstellung widerspiegelt, handelt es sich bei dieser Karte eher um unbewusste Aspekte. Unsere Hoffnungen sind unweigerlich mit Ängsten verbunden, weil Hoffen die Möglichkeit des Scheiterns beinhaltet. Oft liegen diese Ängste jedoch jenseits unseres bewussten Verstands. Deshalb kann diese Karte wichtige Aspekte der gesamten Lesung erläutern.

Karte 10: Das Ergebnis

Diese Karte fasst alle anderen zusammen und gibt ihnen Perspektive. Wenn bei dieser Position eine schwierige Karte auftaucht, etwa Trumpf 16, der Turm, kann dies eine Zeit voller Herausforderungen ankündigen.

In diesem Fall ist es ratsam, die Gründe für dieses Ergebnis in den anderen Karten zu suchen. Die Karte des Selbst, des möglichen Ergebnisses und der Umwelt, können dabei Hinweise liefern.

Bei einer Tarotlesung mit schwierigem Ergebnis lasse ich den Fragesteller oft noch einmal eine Karte ziehen mit der Frage: Was kommt danach?

Außerdem ist es immer wichtig, sich zu vergegenwärtigen, dass wir alle einen freien Willen haben. Die Zukunft steckt voller Möglichkeiten, nichts ist in Stein gemeißelt. Wir haben in jedem Moment die Freiheit, unseren Kurs zu ändern.

Das Liebesorakel

Du stehst am Anfang einer Beziehung? Du möchtest Klarheit über die Dynamik einer Partnerschaft? In Liebesdingen ist es oft schwierig, turbulente Gefühle zu verstehen. Das Liebesorakel kann helfen, Deine eigene Position besser zu verstehen. Außerdem zeigen Dir die Karten, was Du von einem Partner erwarten kannst oder welche Rolle er spielt.

Diese einfache Lesung verwendet nur vier Karten. Das genügt nicht für eine genaue Analyse der Situation wie beim Keltischen Kreuz. Das Liebesorakel gibt Dir einen groben Überblick.

Für Hintergrundinformationen kannst Du die vierte Karte nehmen, den Ratschlag für die Handlung, und sie als Signifikator beim Keltischen Kreuz verwenden.
Auf diese Weise bekommst Du eine wirklich detaillierte Beschreibung der gegenwärtigen Situation.
Für das Liebesorakel legst Du vier Karten der Reihe nach hin.

Karte 1: Ausgangsposition

Diese Karte beschreibt, was sich im gegenwärtigen Moment zwischen Dir und der anderen Person abspielt. Welche Konflikte gibt es? Welche Aspekte des Lebens spielen im Moment eine besondere Rolle? Worauf kommt es bei Euch an?

Karte 2: Selbst

Die zweite Karte erklärt Deine Rolle in der Liebesbeziehung. Wie siehst Du Deinen Partner? Was geht in Dir selbst vor? Was beschäftigt Dich?

Karte 3: Partner

Die dritte Karte bezieht sich auf den Partner. Wie sieht er oder sie Dich? Was tragen die Partner zu der Beziehung bei? Welche Gefühle oder Gedanken liegen in der Luft?

Karte 4: Ratschlag für Handlung

Hier handelt es sich um einen Ratschlag, was Du tun kannst. An dieser Karte kannst Du sehen, ob Euere Beziehung Potenzial hat. Bitte verstehe dies immer als Möglichkeit. Der Mond beispielsweise könnte darauf hindeuten, dass unerkannte Strömungen im Spiel sind. Falls eine schwierige Karte auftaucht, lasse Dir auf jeden Fall Zeit. Breche keine Beziehung sofort ab, nur weil die Karten Dir dazu raten. Lasse ein paar Tage oder auch Wochen verstreichen, um die Lage genau zu beurteilen.
Höre auf Dein Bauchgefühl und Deine Intuition: Sie werden Dir mitteilen, wann es Zeit ist, zu handeln.

Entscheidungsfindung

Du stehst vor einer wichtigen Entscheidung und brauchst einen Ratschlag? Oft stehen wir an einer Kreuzung und müssen uns für eine Richtung entscheiden. Dabei hilft Dir dieses Muster bei der Entscheidungsfindung, es werden sieben Karten verwendet. Eine Karte beschreibt die gegenwärtige Situation. Zwei weitere Reihen mit jeweils drei Karten zeigen Dir, welche Ergebnisse eine Entscheidung nach sich ziehen wird.

Lege zunächst die Karte für den gegenwärtigen Moment hin. Anschließend platzierst Du zwei Reihen mit jeweils drei Karten rechts davon hin. Sie zeigen Dir für die jeweilige Entscheidung, was passieren wird, in chronologischer Reihenfolge. Du bestimmst, welche Reihe sich auf welche Entscheidung bezieht.

Was kann Tarot für Dich leisten?

Tarot kann eine wertvolle Ressource für persönliches Wachstum, Selbstreflexion und Lebensberatung sein, das Dir immer zur Verfügung steht. Es bietet Dir die Möglichkeit, tief in Deine eigene Psyche einzutauchen und Antworten auf alle Fragen zu finden, die Dich beschäftigen. Tarot agiert als direkter Draht zu höheren Ebenen der Existenz. Über die Karten kannst Du direkt mit Deinen Geistführern und Deinem hohen Selbst kommunizieren. Allerdings bietet das Tarot keine magische Lösung für alle Probleme des Lebens. Es ist ein Werkzeug für die Selbstentwicklung und kann Dein Verständnis für Deine Lebensreise erweitern.

Hier sind die wichtigsten Aspekte, bei denen Dich das Tarot unterstützen kann:

Persönliche Selbstfindung

Tarot kann Dir helfen, Dich selbst besser zu verstehen. Du kannst dadurch Deine Stärken, Schwächen und Potenziale erkennen. Indem es tief in das Unbewusste eindringt, kann Tarot verborgene Gedanken, Gefühle und Wünsche ans Licht bringen. Es ermöglicht eine tiefe Reflexion über das eigene Leben, die Beziehungen zu anderen und die persönlichen Lebensziele.

Entscheidungshilfe

Eine der häufigsten Anwendungsgebiete des Tarots ist die Unterstützung bei Entscheidungsprozessen. Wenn Du vor einer wichtigen Entscheidung stehst, kann das Tarot Licht auf die verschiedenen Optionen werfen und Hinweise darauf geben, welche Entscheidung am besten zu Deinen Zielen und Werten passt. Es hilft, die möglichen Konsequenzen und Chancen einer Entscheidung zu erkennen.

Problemlösung

Tarot kann auch bei der Bewältigung von Problemen und Herausforderungen nützlich sein. Es erlaubt Dir, ein Problem aus verschiedenen Blickwinkeln zu betrachten und neue Perspektiven zu gewinnen. Wenn Du in einer schwierigen Situation bist, kann Tarot helfen, Lösungsansätze zu finden und Wege zur Überwindung von Hindernissen aufzuzeigen.

Achtsamkeit

Tarot fördert die Selbstreflexion und Achtsamkeit im täglichen Leben. Wenn Du regelmäßig Tarotkarten ziehst und darüber nachdenkst, wie die Karten auf Deine aktuellen Erfahrungen und Emotionen zutreffen, kannst Du ein tiefes Verständnis für Dich selbst und Deine Umgebung entwickeln. Diese Achtsamkeit kann dazu beitragen, bewusst im Moment zu leben und eine positive Einstellung zu kultivieren.

Intuition und Selbstvertrauen

Die Interpretation der Tarotkarten erfordert intuitive Fähigkeiten. Wenn Du regelmäßig mit dem Tarot arbeitest, kannst Du Deine Intuition schärfen und ein tiefes Vertrauen in Deine eigenen intuitiven Fähigkeiten entwickeln. Dieses gestärkte Selbstvertrauen kann sich auf verschiedene Lebensbereiche auswirken und dazu beitragen, Dein Leben zu transformieren.

Emotionale Verarbeitung

Tarot kann als Werkzeug zur emotionalen Verarbeitung dienen. Das zeigt sich, wenn Du durch herausfordernde Zeiten gehst oder mit starken Emotionen konfrontiert bist. In diesen Zeiten kann das Tarot helfen, Gefühle und deren Motive zu erkennen, zu akzeptieren und besser zu verstehen. Es kann auch Wege aufzeigen, wie Du mit emotionalen Belastungen umgehen kannst.

Epilog

Liebe Leserin und lieber Leser,

zuerst einmal möchte ich mich ganz herzlich für Dein Interesse an meinem Buch bedanken. Wie bereits im Vorwort beschrieben, stellen wir auf diese Weise eine mentale Verbindung zwischen uns her.
Ob und wie die Tarotkarten Dir zu Diensten sein können, bestimmst allein Du selbst. Meine Karten sind für mich treue Freunde, die mich seit vielen Jahrzehnten begleiten. Ich hoffe, Du findest einen ähnlichen Zugang zum Tarot.
Wie jeder Mensch, freue ich mich sehr über positives Feedback. Du kannst mich auch gerne mit Anregungen kontaktieren.
Als preisgekrönte Autorin mehrerer Bücher und als erfahrene Journalistin gibt es viele Quellen über mich im Internet. Wenn Du einen Überblick über mein Leben und Schaffen bekommen möchtest, google einfach meinen Namen. Du findest mich auch auf vielen sozialen Medien wie Facebook und Instagram.
Ich danke Dir noch einmal ganz herzlich und wünsche Dir und Deinen Lieben alles Glück dieser Welt!

Für Lesungen stehe ich jederzeit zur Verfügung. Bitte schreibe mir dafür an die E-Mail-Adresse info@rebeltext.de

Burglengenfeld, 15. September 2023

Kornelia C. Rebel

Zur Autorin

Die Autorin Kornelia C. Rebel ist preisgekrönte Buchautorin mit fast 40 Jahren Erfahrung im Schreiben auf professionellem Niveau. Seit dem Jahr 1982 beschäftigt sie sich intensiv mit dem Tarot. Als langjährige Praktizierende des Kartenlegens hat sie Hunderte von Menschen beraten. Ihre Kunden sind über die ganze Welt verteilt, von Australien bis in die USA.

Ihr Buch ***„Tarot - Geheimer Spiegel unserer Seele"*** zielt darauf ab, die Geschichte und Symbolik des Tarots einfach zu erklären und den Lesern durch praktische Übungen einen schnellen Zugang zu den Karten zu ermöglichen.

Dieses Buch beschreibt Tarot als einen Weg, mühelos mit dem höheren Selbst und Geistführern zu kommunizieren. So kann jeder unmittelbar spirituelle Führung für die persönliche Entwicklung und Entscheidungsfindung bekommen. Kornelias Botschaft der universellen Liebe, Selbstakzeptanz und ihre ganzheitliche Weltsicht helfen den Lesern, den bestmöglichen Weg zu finden.

published © 2023

Achiel
Verlag ®